高等院校**数字艺术**
精品课程系列教材

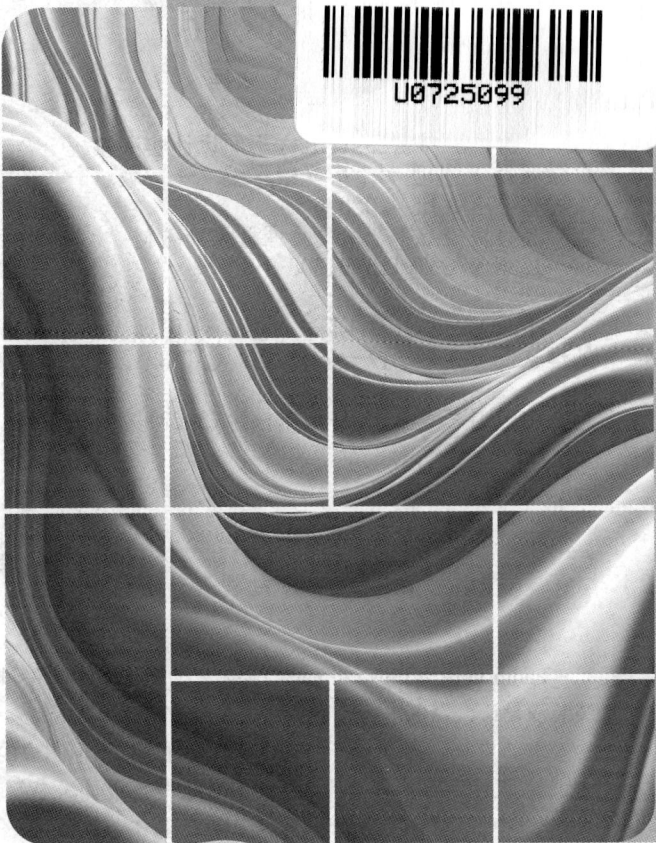

电子活页微课版

Photoshop+Illustrator

平面
设计 实例教程 ·第2版·

陈明明 彭光荣◎主编 刘敬伟 彭翌晖 刘筱晨◎副主编

人民邮电出版社
北京

图书在版编目(CIP)数据

Photoshop+Illustrator平面设计实例教程:电子活页微课版 / 陈明明, 彭光荣主编. -- 2版. -- 北京:人民邮电出版社, 2023.6
高等院校数字艺术精品课程系列教材
ISBN 978-7-115-61398-1

Ⅰ. ①P… Ⅱ. ①陈… ②彭… Ⅲ. ①平面设计-图像处理软件-高等学校-教材 Ⅳ. ①TP391.413

中国国家版本馆CIP数据核字(2023)第048863号

内 容 提 要

Photoshop 和 Illustrator 是当今流行的图像处理和矢量图形设计软件,被广泛应用于平面设计、包装装潢设计、彩色出版等诸多领域。

本书共 16 章,包括平面设计的基础知识、图形图像的基础知识、图标设计、标志设计、卡片设计、Banner 设计、宣传单设计、广告设计、海报设计、书籍设计、画册设计、包装设计、网页设计、UI 设计、H5 设计和 VI 设计等内容。

本书根据高等院校教师和学生的实际需求,以平面设计的典型应用为主线,通过多个精彩实用的案例,全面细致地讲解如何利用 Photoshop 和 Illustrator 完成专业的平面设计项目;帮助学生在掌握软件功能和制作技巧的基础上,开拓设计思路,提高设计能力。

本书适合作为高等院校数字媒体艺术专业课程的教材,也可供 Photoshop 和 Illustrator 的初学者及有一定平面设计经验的读者阅读,同时适合作为培训机构 Photoshop 和 Illustrator 平面设计课程的教材。

◆ 主　　编　陈明明　彭光荣
　　副 主 编　刘敬伟　彭翌晖　刘筱晨
　　责任编辑　马　媛
　　责任印制　王　郁　焦志炜

◆ 人民邮电出版社出版发行　　北京市丰台区成寿寺路 11 号
　　邮编　100164　电子邮件　315@ptpress.com.cn
　　网址　https://www.ptpress.com.cn
　　北京天宇星印刷厂印刷

◆ 开本:787×1092　1/16
　　印张:16.75　　　　　　　2023 年 6 月第 2 版
　　字数:428 千字　　　　　　2024 年 8 月北京第 3 次印刷

定价:59.80 元

读者服务热线:(010)81055256　印装质量热线:(010)81055316
反盗版热线:(010)81055315
广告经营许可证:京东市监广登字 20170147 号

前 言   FOREWORD

Photoshop 和 Illustrator 自推出之日起就深受平面设计人员的喜爱，广泛应用于平面设计、包装装潢设计、彩色出版等诸多领域。在实际的平面设计和制作工作中，很少用单一软件来完成工作，要想出色地完成平面设计作品，需利用不同软件各自的优势，并将其巧妙地结合使用。

本书全面贯彻党的二十大精神，完整、准确、全面贯彻新发展理念，在深刻领悟高质量发展的基础上，将二十大精神与实际工作结合起来，全面提高人才自主培养质量。

本书遵循"平面设计基础—课堂案例示范—课后习题提升"的学习规律，以专业的平面设计公司的商业设计项目作为案例，对 Photoshop 和 Illustrator 结合使用的方法和技巧进行深入的剖析；详细地讲解运用 Photoshop 和 Illustrator 制作这些案例的流程和技法，并在讲解过程中融入实践经验和相关知识，努力做到操作步骤清晰、准确。

本书配套云盘中包含书中所有案例的素材及效果文件。另外，为方便教师教学，本书配备了详尽的视频、PPT 课件、教学教案和教学大纲等丰富的教学资源，任课教师可到人邮教育社区（www.ryjiaoyu.com）免费下载。本书的参考学时为 64 学时，其中实训环节为 28 学时，各章的参考学时参见下面的学时分配表。

章	课程内容	学时分配	
		讲 授	实 训
第 1 章	平面设计的基础知识	1	—
第 2 章	图形图像的基础知识	1	—
第 3 章	图标设计	2	2
第 4 章	标志设计	2	2
第 5 章	卡片设计	2	2
第 6 章	Banner 设计	2	2
第 7 章	宣传单设计	2	2
第 8 章	广告设计	2	2
第 9 章	海报设计	2	2
第 10 章	书籍设计	4	2
第 11 章	画册设计	2	2
第 12 章	包装设计	4	2
第 13 章	网页设计	2	2
第 14 章	UI 设计	2	2
第 15 章	H5 设计	2	2
第 16 章	VI 设计	4	2
	课 时 总 计	36	28

由于编者水平有限，书中难免存在不妥之处，敬请广大读者批评指正。

编 者
2022 年 12 月

教学辅助资源

资源	数量	资源	数量
教学大纲	1 套	课堂实例	19 个
电子教案	16 章	课后实例	14 个
PPT 课件	16 个	课后答案	14 个

配套视频列表

章	视频微课	章	视频微课
第 3 章 图标设计	扁平风格旅行箱图标设计	第 10 章 书籍设计	少儿读物封面设计
	拟物风格时钟图标设计		旅游书籍封面设计
	扁平风格家电图标设计	第 11 章 画册设计	房地产画册封面设计
第 4 章 标志设计	速益达科技标志设计		房地产画册内页 1 设计
	伯仑酒店标志设计		房地产画册内页 2 设计
第 5 章 卡片设计	产品宣传卡设计	第 12 章 包装设计	苏打饼干包装设计
	音乐会门票设计		坚果食品包装设计
第 6 章 Banner 设计	电商类 App 主页 Banner 设计	第 13 章 网页设计	生活家居类网页设计
	生活家电类 App 主页 Banner 设计		品茗茶业网页设计
	生活家居类网站 Banner 设计	第 14 章 UI 设计	食品餐饮类 App 首页设计
第 7 章 宣传单设计	家居宣传单三折页设计		食品餐饮类 App 收藏页设计
	食品宣传单设计		食品餐饮类 App 购物车页设计
第 8 章 广告设计	咖啡厅广告设计	第 15 章 H5 设计	文化传媒行业企业招聘 H5 首页设计
	汽车广告设计		文化传媒行业企业招聘 H5 工作环境页设计
第 9 章 海报设计	店庆海报设计		文化传媒行业企业招聘 H5 待遇页设计
	篮球赛海报设计	第 16 章 VI 设计	速益达科技 VI 手册设计
			伯仑酒店 VI 手册设计

目录

CONTENTS

CONTENTS

目录

CONTENTS

01

第 1 章
平面设计的基础知识

本章介绍

　　本章主要介绍平面设计的基础知识，其中包括平面设计的概念、应用、基本要素、常用软件和工作流程等内容。作为一个平面设计师，只有对平面设计的基础知识进行全面的了解和掌握，才能更好地完成平面设计的创作和制作任务。

学习目标

- ✔ 了解平面设计的概念。
- ✔ 了解平面设计的应用。
- ✔ 了解平面设计的基本要素。

技能目标

- ✔ 掌握平面设计的常用软件。
- ✔ 掌握平面设计的工作流程。

素养目标

- ✔ 培养对平面设计的兴趣。
- ✔ 培养对设计行业敏锐的观察能力。
- ✔ 培养良好的团队沟通能力及设计流程把控能力。

1.1　平面设计的概念

　　1922 年，美国人威廉·阿迪逊·德威金斯最早提出和使用了"平面设计"（Graphic Design）一词。20 世纪 70 年代，设计艺术得到了充分的发展，"平面设计"成为国际设计界认可的术语。

　　平面设计是一个涉及经济学、信息学、心理学和设计学等领域的创造性视觉艺术学科。它通过二维空间进行表现，通过图形、文字、色彩等元素的编排和设计来进行视觉沟通与信息传达。平面设计师可以利用专业知识和技术来完成创作。

1.2　平面设计的应用

　　目前，常见的平面设计应用可以归纳为九大类：广告设计、书籍设计、期刊设计、包装设计、网页设计、标志设计、VI 设计、UI 设计、H5 设计。

1.2.1　广告设计

　　现代社会中，信息的传递速度日益加快，传播方式多种多样。广告凭借着各种信息传递媒介遍布人们日常生活的方方面面，已成为社会生活中不可缺少的一部分。与此同时，广告艺术也凭借着异彩纷呈的表现形式、丰富多彩的内容信息及快捷便利的传播条件，强有力地冲击着我们的视听神经。

　　广告的英语为 Advertisement，从拉丁文 Adverture 演化而来，其含义是"吸引人注意"。通俗意义上讲，广告即广而告之。广告还包含两方面的含义：从广义上讲，广告是指向公众通知某一件事并最终达到广而告之的目的；从狭义上讲，广告主要指营利性的广告，即广告主为了某种特定的需要，通过一定形式的媒介，耗费一定的费用，公开而广泛地向公众传递某种信息并最终从中获利的宣传手段。

　　广告设计是指通过图像、文字、色彩、版面、图形等视觉元素，结合广告媒体的使用特征而构成的艺术表现形式，是传达广告目的和意图的艺术创意设计。

　　平面广告的类别主要包括 DM（Direct Mail，又称"快讯商品广告"）广告、POP（Point of Purchase，又称"店头陈设"）广告、杂志广告、报纸广告、招贴广告、网络广告和户外广告等。广告设计的效果如图 1-1 所示。

图 1-1

图 1-1（续）

1.2.2　书籍设计

书籍是人类思想交流、知识传播、经验宣传、文化积累的重要依托，承载着古今中外的智慧结晶，而书籍设计的艺术领域更是丰富多彩。

书籍设计（Book Design）又称书籍装帧设计，是指书籍的整体策划及造型设计。策划和设计过程包含了印前、印中、印后对书籍的形态与传达效果的分析。书籍设计的内容有很多，包括开本、封面、扉页、字体、版面、插图、护封、纸张、印刷、装订和材料的艺术设计，这些属于平面设计范畴。

书籍的分类有许多种方法，标准不同，分类也就不同。一般而言，我们按书籍的内容涉及的范围来分类，可分为文学艺术类、少儿动漫类、生活休闲类、人文科学类、科学技术类、经营管理类、医疗教育类等。书籍设计的效果如图 1-2 所示。

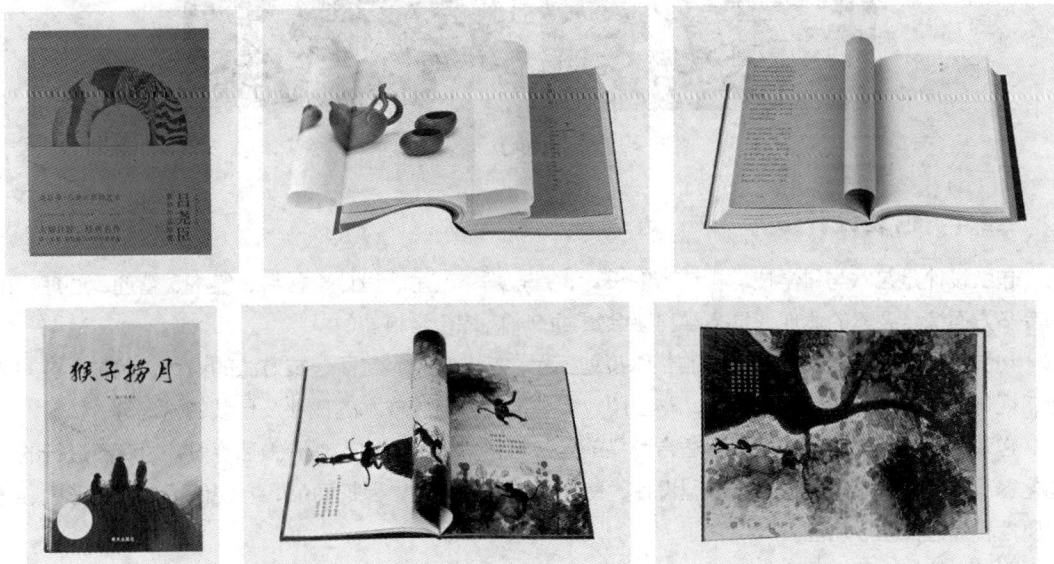

图 1-2

1.2.3　期刊设计

作为定期出版物，期刊一般是指经过装订的带有封面的刊物，同时期刊也是大众类印刷媒体之一。这种媒体形式最早出现在德国，但在当时，期刊与报纸并无太大区别。随着科技的发展和生活水平的不断提高，期刊变得与报纸越来越不一样，其内容也越偏重专题、质量、深度，而非时效性。

期刊的读者群体有其特定性和固定性，所以，期刊媒体对特定的人群更具有针对性，例如进行专业性较强的行业信息交流。正是由于这种特点，期刊内容的传播才相对比较精准。同时，由于期刊大多为月刊和半月刊，注重内容质量的打造，所以期刊比报纸的保存时间要长很多。

在设计期刊时要参照其样本和开本进行版面划分，设计的艺术风格、元素和色彩都要和期刊本身的定位相呼应。由于期刊一般会选用质量较好的纸张进行印刷，所以图片印刷质量高、细腻光滑，画面图像的印刷工艺精美、还原效果好、视觉形象清晰。

期刊类媒体分为消费者期刊、专业性期刊、行业性期刊等不同类别。具体包括财经期刊、IT 期刊、动漫期刊、家居期刊、健康期刊、教育期刊、旅游期刊、美食期刊、汽车期刊、人物期刊、时尚期刊、数码期刊等。期刊设计的效果如图 1-3 所示。

图 1-3

1.2.4　包装设计

包装设计是艺术与科学技术相结合的设计，是技术、艺术、设计、材料、经济、管理、心理、市场等多方面综合要素的体现，是多学科融会贯通的一门综合学科。

包装设计的广义概念是指包装的整体策划工程，其主要内容包括包装方法的设计、包装材料的设计、视觉传达设计、包装机械的设计与应用、包装试验、包装成本的设计及包装的管理等。

包装设计的狭义概念是指选用适合商品的包装材料，运用巧妙的制造工艺手段，为商品进行的功能化容器结构设计和形象化视觉造型设计，使之具备整合容纳、保护商品、方便储运、优化形象、传达属性和促进销售等功能。

包装设计按商品内容分类，可以分为日用品包装、食品包装、烟酒包装、化妆品包装、医药包装、文体包装、工艺品包装、化学品包装、五金家电包装、纺织品包装、儿童玩具包装、土特产包装等。包装设计的效果如图 1-4 所示。

图 1-4

1.2.5 网页设计

网页设计是指根据网站所要表达的主旨，对网站信息进行整合与归纳后，进行的版面编排和美化设计。网页设计让网页信息更有条理，让页面更有美感，能提高网页的信息传达效率。网页设计者要掌握平面设计的基础知识和设计技巧，熟悉网页配色、网站风格、网页制作技术等网页设计相关知识，创造出符合项目设计需求的艺术化和人性化的网页。

根据网页的不同属性，可将网页分为商业性网页、综合性网页、娱乐性网页、文化性网页、行业性网页、区域性网页等类型。网页设计的效果如图 1-5 所示。

图 1-5

1.2.6　标志设计

标志是具有象征意义的视觉符号。它借助图形和文字的巧妙设计组合，艺术地传递出某种信息，表达某种特殊的含义。标志设计是指将具体的事物和抽象的精神通过特定的图形和符号固定下来，使人们在看到标志的同时，自然地产生联想，从而对企业产生认同感。对于一个企业而言，标志渗透到了企业运营的各个环节，如日常经营活动、广告宣传、对外交流、文化建设等。作为企业的无形资产，它的价值会随企业的增值而不断提升。

标志按功能分类，可以分为政府标志、机构标志、城市标志、商业标志、纪念标志、文化标志、环境标志、交通标志等。标志设计的效果如图 1-6 所示。

图 1-6

1.2.7　VI 设计

VI（Visual Identity）即视觉识别，是指将企业理念、企业使命、企业价值观等概念变为静态的具体识别符号，并进行具体化、视觉化的传播。企业视觉识别具体指通过各种媒体将企业形象广告、标志、产品包装等有计划地传递给社会公众，树立企业整体统一的形象。

VI 是 CI（Corporate Identity System，企业视觉形象识别系统）中项目最多、层面最广、效果最直接，最具有传播力和感染力，最容易被公众所接受，短期内获得的影响最明显的部分。通过 VI 设计，社会公众可以一目了然地掌握企业的信息，产生认同感，进而达到识别企业的目的。成功的 VI 设计能使企业及产品在市场中获得较强的竞争力。

VI 主要由两大部分组成，即基础识别部分和应用识别部分。其中，基础识别部分主要包括企业标志、标准字体与印刷专用字体、色彩系统、辅助图形、品牌角色（吉祥物）等。应用识别部分包括办公系统、标识系统、广告系统、旗帜系统、服饰系统、交通系统、展示系统等。VI 设计的效果如图 1-7 所示。

图 1-7

图 1-7（续）

1.2.8　UI 设计

UI 即 User Interface（用户界面）的缩写，UI 设计是指对软件的人机交互界面、操作逻辑等进行整体设计。

从早期的 UI 设计专注于工具的技法型表现，到现在要求 UI 设计师参与到整个商业链条，兼顾商业目标和用户体验，可以看出国内的 UI 设计行业的发展是跨越式的。UI 设计从设计风格、技术实现到应用领域都发生了巨大的变化。

UI 设计的风格经历了由拟物化到扁平化的转变，现在扁平化风格依然为主流，但加入了 Material Design 语言（材料设计语言，是由 Google 推出的全新设计语言），使设计变得更为醒目且细腻。

UI 设计的应用领域已由原来的 PC 端和移动端扩展到可穿戴设备、无人驾驶汽车、AI 机器人等，变得更为广阔。今后无论技术如何进步，设计风格如何转变，应用领域如何不同，UI 设计都将参与到产品设计的整个链条中，实现人性化、包容化、多元化的目标。UI 设计的效果如图 1-8 所示。

图 1-8

1.2.9　H5 设计

　　H5 指的是移动端上基于 HTML5 技术的交互动态网页，是用于移动互联网的一种新型营销工具，通过移动平台传播。

　　H5 具有跨平台、多媒体、强互动以及易传播的特点。H5 的应用形式多样，常见的应用领域有品牌宣传、产品展示、活动推广、知识分享、新闻热点、会议邀请、企业招聘、培训招生等。

　　H5 的类型可分为营销宣传、知识新闻、游戏互动以及网站应用这 4 类。H5 设计的效果如图 1-9 所示。

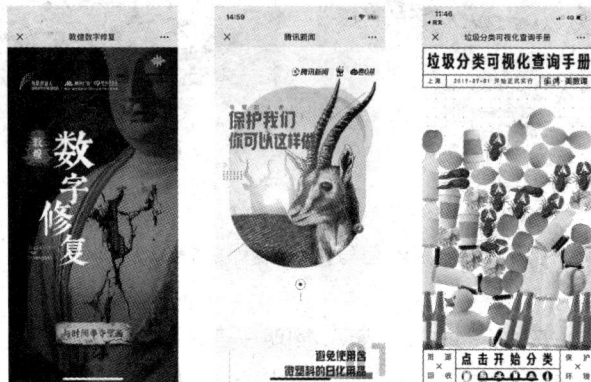

图 1-9

1.3　平面设计的基本要素

　　平面设计主要包括图形、文字及色彩 3 个基本要素，这 3 个基本要素可以组成一个完整的平面设计作品。每个基本要素在平面设计作品中都起到了举足轻重的作用，3 个基本要素之间的相互影响和不同的变化都会使平面设计作品产生丰富的视觉效果。

1.3.1 图形

通常，人们在欣赏一个平面设计作品的时候，首先注意到的是图形，其次是标题，最后才是正文。标题和正文作为符号化的文字受地域和语言背景的限制，但图形则不受国家、民族、种族的限制，它是一种通行于世界的语言，具有广泛的传播性。因此，图形创意策划的选择直接关系到平面设计的成败。图形的设计是整个设计内容最直观的体现，它最大限度地表现了作品的主题和内涵，效果如图 1-10 所示。

图 1-10

1.3.2 文字

文字是最基本的信息传递符号。在平面设计工作中，相对于图形而言，文字的设计也占有相当重要的地位，是体现内容传播功能最直接的形式。在平面设计作品中，文字的字体造型和构图编排恰当与否都直接影响到作品的诉求效果和视觉表现力，效果如图 1-11 所示。

图 1-11

1.3.3 色彩

平面设计作品给人的整体感受取决于作品画面的整体色彩。作为平面设计的基本要素之一，色彩的色调与搭配受宣传主题、企业形象、推广地域等因素的共同影响。因此，在平面设计中要考虑消费者对色彩的一些固定心理感受以及相关的地域文化，效果如图 1-12 所示。

图 1-12

1.4　平面设计的常用软件

目前在平面设计工作中，平面设计师经常使用的主流软件有 Photoshop、Illustator 和 InDesign，这 3 款软件都有鲜明的功能特色。要想根据创意制作出完美的平面设计作品，就需要熟练使用这 3 款软件，并需要很好地利用不同软件的优势，将其巧妙地结合使用。

1.4.1　Photoshop

Photoshop 是 Adobe 公司出品的最强大的图像处理软件之一，是集编辑修饰、制作处理、创意编排、图像输入与输出于一体的图形图像处理软件，深受平面设计师、电脑艺术和摄影爱好者的喜爱。通过软件版本升级，Photoshop 的功能不断完善，它已经成为迄今为止世界上最畅销的图像处理软件。Photoshop 2020 的启动界面如图 1-13 所示。

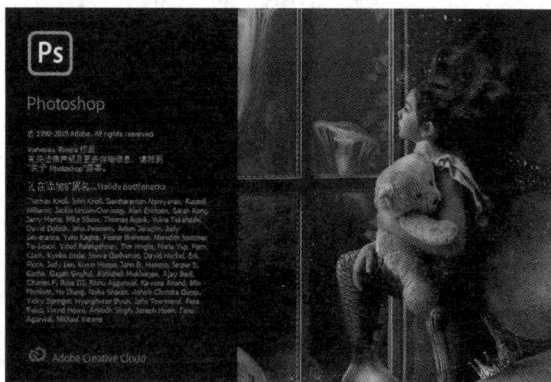

图 1-13

Photoshop 的主要功能包括绘制和编辑选区、绘制与修饰图像、绘制图形及路径、调整图像的色彩和色调、图层的应用、文字的使用、通道和蒙版的使用、滤镜及动作的应用。这些功能可以全面地辅助平面设计作品的创作。

Photoshop 适合的平面设计任务有图像抠像、图像调色、图像特效制作、文字特效制作、插图设计等。

1.4.2　Illustrator

Illustrator 是 Adobe 公司推出的专业矢量绘图工具，是出版、多媒体和在线图像行业使用的工业标准矢量插画软件。Illustrator 的应用人群主要包括印刷出版线稿的设计者和专业插画家、绘制多媒体图像的艺术家和网页或在线内容的制作者。Illustrator 2020 的启动界面如图 1-14 所示。

图 1-14

Illustrator 的主要功能包括图形的绘制和编辑、路径的绘制与编辑、图像对象的组织、填充与描边的编辑、文本的编辑、图表的编辑、图层和蒙版的使用、混合与封套效果的使用、滤镜效果的使用、样式与外观效果的使用。这些功能可以全面地辅助平面设计作品的创作。

Illustrator 适合的平面设计任务包括插图设计、标志设计、字体设计、图表设计、单页设计与排版、折页设计与排版等。

1.4.3　InDesign

InDesign 是 Adobe 公司开发的专业排版设计软件，是专业出版方案的新平台。它功能强大、易学易用，能够使用户通过内置的创意工具和精确的排版控制为打印或数字出版物设计出极具吸引力的页面版式。InDesign 深受版式编排人员和平面设计师的喜爱，已经成为图文排版领域最流行的软件之一。InDesign 2020 的启动界面如图 1-15 所示。

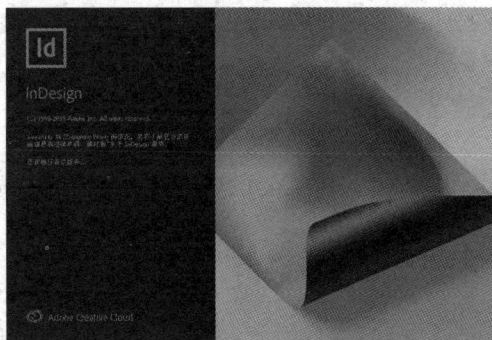

图 1-15

InDesign 的主要功能包括绘制和编辑图形对象、绘制与编辑路径、编辑描边与填充、编辑文本、处理图像、版式编排、处理表格与图层、页面编排、编辑书籍和目录。这些功能可以全面地辅助平面设计作品的创意设计与排版制作。

InDesign 适合的平面设计任务包括图表设计、单页排版、折页排版、广告设计、报纸设计、杂志设计、书籍设计等。

1.5 平面设计的工作流程

平面设计的工作流程是一个有明确目标、有正确理念、有负责态度、有周密计划、有清晰步骤、有具体方法的工作过程。好的平面设计作品都是在完美的工作流程中产生的。平面设计的工作流程如图 1-16 所示。

图 1-16

1.5.1 信息交流

客户提出项目的设计构想和要求，并提供与项目相关的文本和图片资料，包括公司介绍、项目描述、基本要求等。

1.5.2 调研分析

根据客户提出的设计构想和要求，运用客户提供的相关文本和图片资料，对客户的设计需求进行分析，并对同行业或同类型的设计产品进行市场调研。

1.5.3 草稿讨论

根据分析和调研结果组织设计师团队，依据创意构想设计出项目的草稿，并制作出样稿。拜访客户，双方就设计的草稿进行沟通与讨论；就双方的设想，根据需要补充相关资料，达成设计构想上的共识。

1.5.4 签订合同

在双方就设计草稿达成共识后，双方确定设计的具体细节、价格和完成时间，双方签订设计协议，客户支付项目预付款，设计工作正式展开。

1.5.5 提案讨论

设计师团队根据前期的市场调研和客户需求，结合双方的讨论意见，开始设计方案的策划、设计和制作工作。设计师一般要完成 3 个设计方案，并提交给客户选择。拜访客户，与客户开会讨论提案，客户根据提案提出修改建议。

1.5.6　修改完善

根据提案会议的讨论内容和修改意见，设计师团队对客户基本满意的方案进行修改与调整，进一步完善整体设计，并提交给客户进行确认；等客户再次反馈意见后，设计师再次根据客户提出的意见进行更细致的调整，使方案顺利完成。

1.5.7　验收完成

在项目完成后，设计师和客户一起对完成的项目进行验收，并由客户在设计合格确认书上签字。客户按协议规定支付项目余款，设计方将项目制作文件提交给客户，整个项目设计完成。

1.5.8　后期制作

在项目完成后，客户可能需要设计方进行项目的印刷包装等后期制作工作。如果设计方承接了后期制作工作，那么设计方需要和客户签订详细的后期制作合同，并认真执行，给客户提供满意的印刷和包装成品。

02

第 2 章
图形图像的基础知识

本章介绍 ⚏

　　本章主要介绍图形图像的基础知识，包括位图、矢量图、分辨率、颜色模式和文件格式等内容。通过本章的学习，读者可以快速掌握图形图像的基础知识和操作技巧，有助于更好地完成平面设计作品的创意设计与制作。

学习目标 ⚏

✔ 了解位图与矢量图的区别。
✔ 了解图像的分辨率。
✔ 了解常用的颜色模式和文件格式。

技能目标 ⚏

✔ 掌握位图和矢量图的分辨方法。
✔ 掌握图像颜色模式的转换方法。
✔ 掌握文件格式的相互交换方法。

素养目标 ⚏

✔ 培养敏锐的感知能力。
✔ 培养对专业知识积累和理解的能力。
✔ 培养对信息加工处理、合理使用的能力。

2.1 位图和矢量图

图像可以分为两大类：位图和矢量图。在处理图像或绘图的过程中，这两种类型的图像可以交叉使用。

2.1.1 位图

位图也称为点阵图，由许多单独的小方块组成，这些小方块又称为像素。每个像素都有其特定的位置和颜色值，位图的显示效果与像素是紧密联系在一起的，不同排列方式和颜色的像素在一起组成了一幅色彩丰富的图像。像素越多，图像的分辨率越高，相应地，图像的文件也会越大。

位图的原始效果如图 2-1 所示，使用放大工具放大后，可以清晰地看到不同颜色的像素，效果如图 2-2 所示。

图 2-1   图 2-2

位图与分辨率有关，如果在屏幕上以较大的倍数放大显示图像，或以低于创建时的分辨率打印图像，那么图像就会出现锯齿状的边缘，并且会丢失细节。

2.1.2 矢量图

矢量图也称为向量图，它是一种基于图形的几何特性来描述的图像。矢量图中的各种图形元素称为对象，每一个对象都是独立的个体，都具有大小、颜色、形状、轮廓等特性。

矢量图与分辨率无关，将矢量图缩放到任意大小，其清晰度不变，也不会出现锯齿状的边缘。在任何分辨率下显示或打印，矢量图都不会丢失细节。矢量图的原始效果如图 2-3 所示，使用放大工具放大后，其清晰度不变，效果如图 2-4 所示。

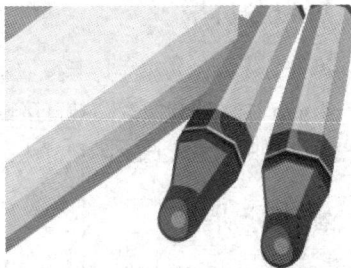

图 2-3   图 2-4

矢量图的文件较小，但矢量图的缺点是不易制作色调丰富的图像，而且无法像位图那样精确地描绘各种绚丽的景象。

2.2 分辨率

分辨率是用于描述图像文件信息的术语，分为图像分辨率、屏幕分辨率和输出分辨率。下面将分别进行讲解。

2.2.1 图像分辨率

在 Photoshop 中，图像中每个单位长度上的像素数目称为图像的分辨率，其单位为像素/英寸或像素/厘米。

在尺寸相同的两幅图像中，高分辨率图像包含的像素比低分辨率图像包含的像素多。例如，一幅尺寸为 1 英寸×1 英寸（1 英寸=2.54 厘米）的图像，其分辨率为 72 像素/英寸，这幅图像包含 5184 个像素（72×72＝5184）；同样尺寸，分辨率为 300 像素/英寸的图像包含 90000 个像素。尺寸相同的情况下，分辨率为 300 像素/英寸的图像效果如图 2-5 所示，分辨率为 72 像素/英寸的图像效果如图 2-6 所示。由此可见，在尺寸相同的情况下，高分辨率的图像更清晰。

图 2-5

图 2-6

> **提示**
>
> 如果一幅图像所包含的像素是固定的，那么增加图像尺寸后，会降低图像的分辨率。

2.2.2 屏幕分辨率

屏幕分辨率是显示器上每个单位长度显示的像素数目。屏幕分辨率取决于显示器大小和其像素设置。在 Photoshop 中，图像像素会被直接转换成显示器像素，当图像分辨率高于显示器分辨率时，屏幕中显示出的图像的尺寸会比实际尺寸大。

2.2.3 输出分辨率

输出分辨率是照排机或打印机等输出设备产生的每英寸的油墨点数（DPI）。打印机的分辨率在 150 dpi 以上可以使图像获得比较好的效果。

2.3 颜色模式

Photoshop 和 Illustrator 提供了多种颜色模式，这些颜色模式是作品能够在屏幕和印刷品上成功表现的重要保障。这里重点介绍几种经常使用的颜色模式，即 RGB 模式、CMYK 模式、灰度模式及 Lab 模式。每种颜色模式都有不同的色域，并且各颜色模式之间可以转换。

2.3.1 RGB 模式

RGB 模式是一种加色模式，它通过红色、绿色、蓝色 3 种色光叠加形成更多的颜色。RGB 是色光的彩色模式，一幅 24bit 的 RGB 图像有 3 个颜色信息通道：红色（R）、绿色（G）和蓝色（B）。

在 Photoshop 中，RGB "颜色"控制面板如图 2-7 所示，可以在其中设置 RGB 颜色。在 Illustrator 中，RGB "颜色"控制面板也可以用于设置 RGB 颜色，如图 2-8 所示。

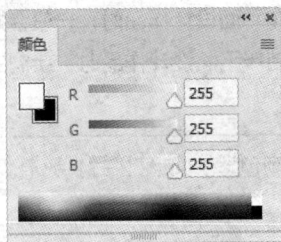

图 2-7

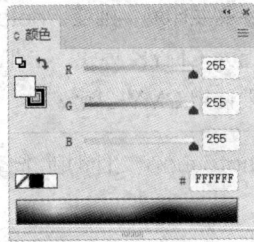

图 2-8

每个通道都有 8 位的颜色信息——一个 0 ~ 255 的亮度值色域。也就是说，每一种颜色都有 256 个亮度级别。3 种颜色相叠加，可以有 $256 \times 256 \times 256 = 16777216$ 种可能的颜色，足以表现出绚丽多彩的世界。

在 Photoshop 中编辑图像时，RGB 模式应是最佳的选择。因为它可以提供全屏幕的多达 24 位的色彩范围，一些计算机领域的色彩专家称之为"True Color"（真彩色）。

> **提示**
>
> 一般在视频编辑和设计过程中使用 RGB 颜色来编辑和处理图像。

在制作过程中，可以随时选择"图像 > 模式 > CMYK 颜色"命令，将图像转换成 CMYK 四色印刷模式。但是一定要注意，图像在转换为 CMYK 四色印刷模式后，就无法再变回原来的 RGB 模式了。因为 RGB 模式在转换成 CMYK 模式时，色域外的颜色会变暗，这样才会使色彩可以印刷。因此，在将 RGB 模式转换成 CMYK 模式之前，可以选择"视图 > 校样设置 > 工作中的 CMYK"命令，预览一下图像转换成 CMYK 模式时的效果，如果不满意 CMYK 模式的效果，则可以根据需要调整图像。

2.3.2 CMYK 模式

CMYK 代表了印刷用的 4 种油墨颜色：C 代表青色，M 代表洋红色，Y 代表黄色，K 代表黑色。CMYK 模式在印刷时应用了色彩学中的减色法混合原理，即减色色彩模式，它是图片、插图和其他作品中最常用的一种印刷模式。这是因为在印刷时通常都要进行四色分色，制作出四色胶片，再进行印刷。

在 Photoshop 中，CMYK "颜色" 控制面板如图 2-9 所示，可以在其中设置 CMYK 颜色。在 Illustrator 中，CMYK "颜色" 控制面板也可以用于设置 CMYK 颜色，如图 2-10 所示。

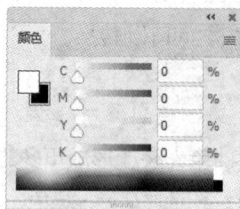
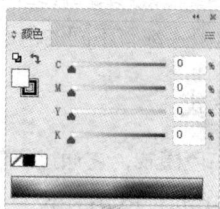

图 2-9　　　　　　　　　　　　　　　图 2-10

> **提示**
>
> 若作品需要印刷，则在 Photoshop 中制作平面设计作品时，一般会把图像文件的颜色模式设置为 CMYK 模式；在 Illustrator 中制作平面设计作品时，绘制的矢量图和制作的文字都要使用 CMYK 颜色。

可以在建立新的 Photoshop 文件时就选择 "CMYK 颜色"，如图 2-11 所示。

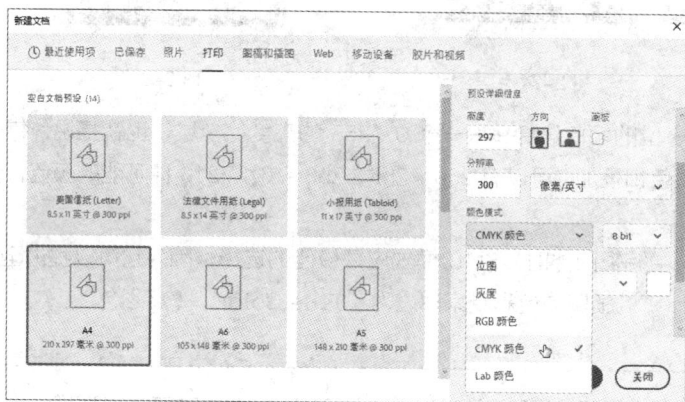

图 2-11

> **提示**
>
> 在新建 Photoshop 文件时选择 "CMYK 颜色" 的优点是可以避免成品的颜色失真，因为在整个作品的制作过程中，所制作的图像都在可印刷的色域中。

2.3.3　灰度模式

灰度模式（灰度图）又称为 8bit 深度图。每个像素用 8 个二进制位表示，能产生 2^8（即 256）级灰色调。当一个彩色文件被转换为灰度文件时，所有的颜色信息都将丢失。尽管 Photoshop 允许将一个灰度文件转换为彩色文件，但不可能将原来的颜色完全还原。所以，当图像要转换为灰度模式时，应先做好图像的备份。

像黑白照片一样,灰度模式的图像只有明暗值,没有色相与饱和度这两种颜色信息。在 Photoshop 中,"颜色"控制面板如图 2-12 所示。在 Illustrator 中,也可以用"颜色"控制面板设置灰度颜色,如图 2-13 所示,0%代表白色,100%代表黑色,其中的 K 值用于衡量黑色油墨的用量。

2.3.4 Lab 模式

Lab 模式是 Photoshop 中的一种国际色彩标准模式,它由 3 个通道组成:一个通道是透明度通道,用 L 表示;另外两个通道是色彩通道,即色相与饱和度通道,用 a 和 b 表示。a 通道包括的颜色从深绿色到灰色,再到亮粉红色;b 通道包括的颜色从亮蓝色到灰色,再到焦黄色。Lab "颜色"控制面板如图 2-14 所示。

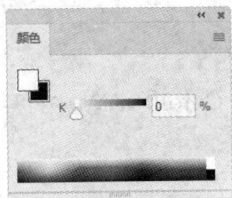 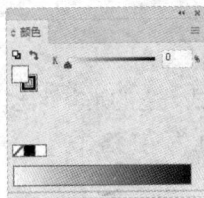 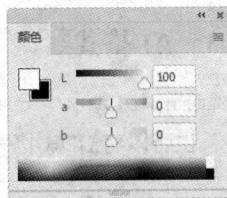

图 2-12　　　　　　　　　　图 2-13　　　　　　　　　　图 2-14

Lab 模式在理论上包括了人眼可见的所有颜色,它弥补了 CMYK 模式和 RGB 模式的不足。在这种模式下,图像的处理速度比在 CMYK 模式下快数倍,与在 RGB 模式下的处理速度相仿。而且在把 Lab 模式转成 CMYK 模式的过程中,所有的颜色都不会丢失或被替换。

> **提示**
>
> 当 Photoshop 将 RGB 模式转换成 CMYK 模式时,可以先将 RGB 模式转换成 Lab 模式,再从 Lab 模式转换成 CMYK 模式。这样会减少图片的颜色损失。

2.4 文件格式

在平面设计作品制作完成后,需要对其进行存储。这时,选择一种合适的文件格式就显得十分重要。在 Photoshop 和 Illustrator 中有 20 多种文件格式可供选择。在这些文件格式中,既有 Photoshop 和 Illustrator 的专用格式,也有用于应用程序交换的文件格式,还有一些比较特殊的格式。下面重点讲解几种常用的文件格式。

2.4.1 TIF(TIFF)格式

TIF 格式是标签图像格式。TIF 格式可以用于 Windows、Mac 及 UNIX 工作站三大平台,是这三大平台上使用最广泛的绘图格式。

用 TIF 格式存储时应考虑到文件的大小,因为 TIF 格式的结构要比其他格式更大更复杂。TIF 格式支持 24 个通道,能存储多于 4 个通道的文件。TIF 格式还允许使用 Photoshop 中的复杂工具和滤镜特效。

> **提示**
>
> TIF 格式非常适合用于印刷和输出。在 Photoshop 中编辑处理完成的图像文件一般都会存储为 TIF 格式，然后将其导入 Illustrator 中再进行编辑处理。

2.4.2　PSD 格式

PSD 格式是 Photoshop 自身的专用文件格式，PSD 格式能够保存图像的细小部分，如图层、蒙版、通道等，以及其他特殊处理信息。在没有最终决定图像的存储格式前，最好先以这种格式存储。另外，Photoshop 打开和存储这种格式的文件较其他格式更快。

2.4.3　AI 格式

AI 格式是 Illustrator 的专用文件格式。它的兼容性比较好。可以在 CorelDRAW 中打开 AI 格式的文件，也可以将 CDR 格式的文件导出为 AI 格式。

2.4.4　Indd 和 Indb 格式

Indd 格式是 InDesign 的专用文件格式。由于 InDesign 是专业的排版软件，所以 Indd 格式可以记录排版文件的版面编排、文字处理等内容。但它在兼容性上比较差，一般不为其他软件所用。Indb 格式是 InDesign 的书籍格式，它只是一个容器，通过这个容器可以把多个 Indd 文件集合在一起。

2.4.5　JPEG 格式

JPEG（Joint Photographic Experts Group）译为"联合图片专家组"。JPEG 格式既是 Photoshop 支持的一种文件格式，也是一种压缩方案。它是 Mac 上常用的一种存储格式。JPEG 格式是压缩格式中的"佼佼者"，与 TIF 格式采用的无损压缩相比，它的压缩比例更大。但它使用的是有损压缩，会丢失部分数据。用户可以在存储前选择图像的最后质量，这样就能控制数据的损失程度了。

在 Photoshop 中，有低、中、高和最高 4 种图像压缩品质可供选择。以高质量保存图像会比其他几种占用更大的磁盘空间；而选择低质量保存图像则会损失较多数据，但占用的磁盘空间较小。

2.4.6　EPS 格式

EPS 格式为压缩的 PostScript 格式，是为了在 PostScript 打印机上输出图像而开发的格式。此格式的文件的最大优点是在排版软件中可以低分辨率预览，而在打印时以高分辨率输出。它不支持 Alpha 通道，但可以支持裁切路径。

EPS 格式支持 Photoshop 中所有的颜色模式，可以用来存储位图和矢量图。在存储位图时，可以将图像的白色像素设置为透明的效果。

2.4.7　PNG 格式

PNG 格式是用于无损压缩和在 Web 上显示图像的文件格式。它支持 24 位图像且能产生无锯齿状边缘的透明背景，还支持无 Alpha 通道的 RGB、索引颜色、灰度和位图模式的图像。某些 Web 浏览器不支持 PNG 图像。

03

第 3 章
图标设计

本章介绍 ⠿

　　图标设计是 UI 设计的重要组成部分，可以帮助用户更好地理解产品的功能，是提升用户体验的关键一环。本章以扁平风格旅行箱图标设计、拟物风格时钟图标设计为例，讲解图标的设计方法和制作技巧。

学习目标 ⠿

✔ 掌握图标的设计思路和过程。
✔ 掌握图标的制作方法和技巧。

技能目标 ⠿

✔ 掌握"扁平风格旅行箱图标"的制作方法。
✔ 掌握"拟物风格时钟图标"的制作方法。
✔ 掌握"扁平风格家电图标"的制作方法。

素养目标 ⠿

✔ 培养对图标的设计创意能力。
✔ 培养对图标的审美与鉴赏能力。

3.1 扁平风格旅行箱图标设计

案例学习目标

在 Illustrator 中，学习使用多种绘图工具、"变换"控制面板、"剪刀"工具、"直线段"工具、"描边"命令和"路径查找器"命令制作扁平风格旅行箱图标。

案例知识要点

在 Illustrator 中，使用"首选项"对话框设置键盘增量、单位和网格线间隔，使用"显示网格"命令打开网格系统，使用"矩形"工具、"变换"控制面板、"剪刀"工具、"圆角矩形"工具和"椭圆"工具绘制旅行箱箱体及滚轮，使用"轮廓化描边"命令、"路径查找器"命令合并旅行箱箱体。

效果所在位置

云盘 > Ch03 > 效果 > 扁平风格旅行箱图标设计.ai，效果如图 3-1 所示。

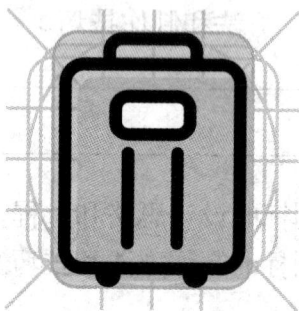

图 3-1

Illustrator 应用

3.1.1 绘制旅行箱箱体

（1）打开 Illustrator 2020，按 Ctrl+N 组合键弹出"新建文档"对话框，设置文件的宽度为 48 px、高度为 48 px、方向为纵向、颜色模式为 RGB 颜色、栅格效果为屏幕（72 ppi），单击"创建"按钮，新建一个文件。

（2）选择"编辑 > 首选项 > 常规"命令，弹出"首选项"对话框，将"键盘增量"选项设置为 1 px，如图 3-2 所示。选择"单位"选项，切换到相应的面板进行设置，如图 3-3 所示。

（3）选择"参考线和网格"选项，切换到相应的面板，将"网格线间隔"选项设置为 1 px，将"次分隔线"选项设置为 1，如图 3-4 所示，设置完成后，单击"确定"按钮。

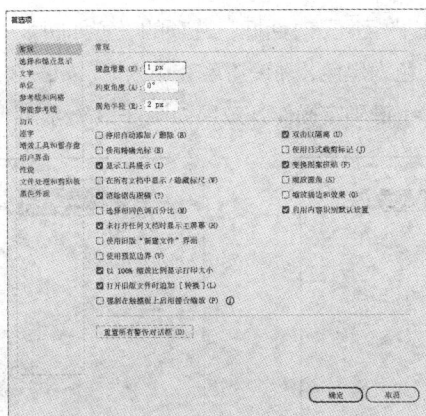

图 3-2

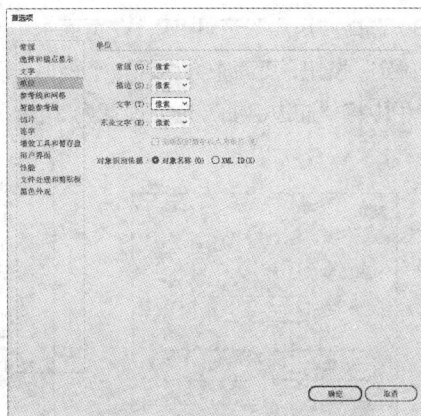

图 3-3

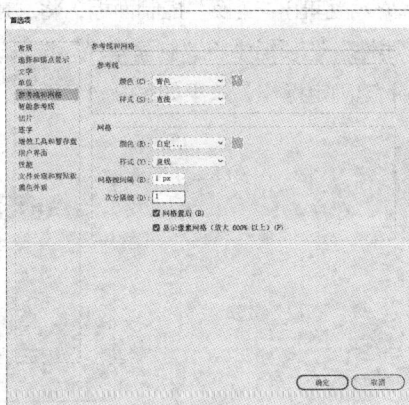

图 3-4

（4）选择"视图 > 显示网格"命令，显示网格。选择"视图 > 对齐网格"命令，对齐网格。选择"视图 > 对齐像素"命令，对齐像素。

（5）按 Ctrl+O 组合键弹出"打开"对话框，选择云盘中的"Ch03 > 素材 > 扁平风格旅行箱图标设计 > 01"文件，单击"打开"按钮，打开文件，如图 3-5 所示。选择"选择"工具 ▶，选取需要的网格系统，按 Ctrl+C 组合键复制网格系统。选择正在编辑的页面，按 Ctrl+V 组合键，将其粘贴到页面中，并拖曳复制的网格系统到适当的位置，效果如图 3-6 所示。按 Ctrl+2 组合键锁定所选对象。

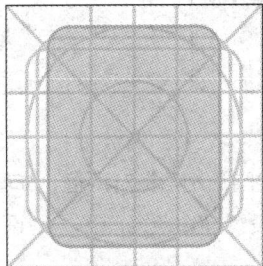

图 3-5

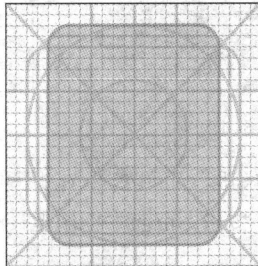

图 3-6

（6）选择"矩形"工具 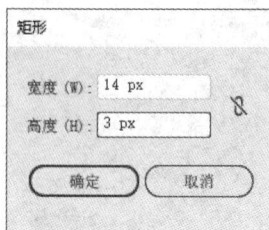，在页面中单击，弹出"矩形"对话框，选项的设置如图3-7所示。单击"确定"按钮，页面中会出现一个矩形，设置描边色为黑色，并设置填充色为无，如图3-8所示。在属性栏中将"描边粗细"选项设置为2 px，按Enter键确定操作，效果如图3-9所示。

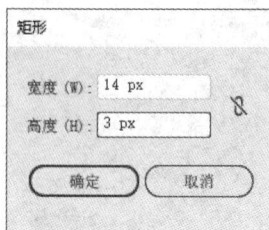

图3-7

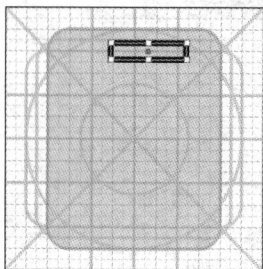

图3-8

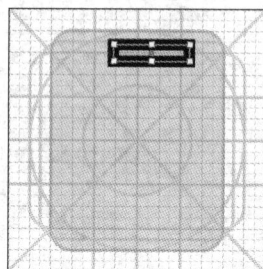

图3-9

（7）选择"窗口 > 变换"命令，弹出"变换"控制面板，将"X"选项设置为24 px，将"Y"选项设置为6.5 px，并在"矩形属性"选项组中将"圆角半径"选项设置为2 px和0 px，其他选项的设置如图3-10所示。按Enter键确定操作，效果如图3-11所示。

图3-10

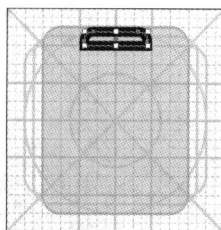

图3-11

（8）选择"剪刀"工具 ✂，分别单击矩形左下角与右下角的锚点，剪切路径，如图3-12所示。选择"选择"工具 ▶，选取下方路径，如图3-13所示。按Delete键将其删除，效果如图3-14所示。

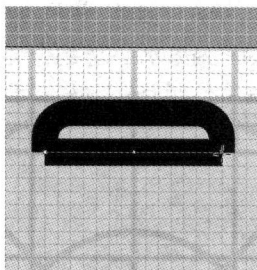

图3-12

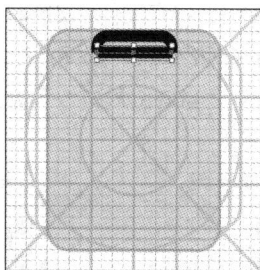

图3-13

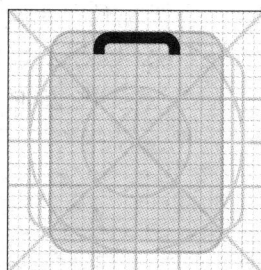

图3-14

（9）选择"圆角矩形"工具 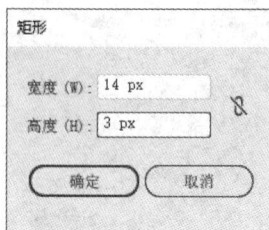，在页面中单击，弹出"圆角矩形"对话框，选项的设置如图3-15所示。单击"确定"按钮，页面中会出现一个圆角矩形。设置描边色为黑色，并设置填充色为无，效果如图3-16所示。

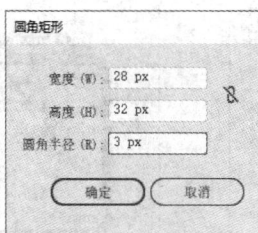

图 3-15

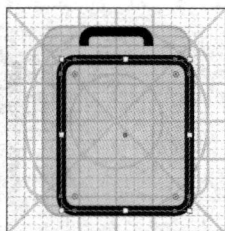

图 3-16

（10）在"变换"控制面板中，将"X"选项设置为 24 px，将"Y"选项设置为 25 px，其他选项的设置如图 3-17 所示。按 Enter 键确定操作，效果如图 3-18 所示。

（11）选择"选择"工具 ▶，选取圆角矩形，按住 Alt 键的同时，向右下方拖曳圆角矩形到适当的位置，如图 3-19 所示。设置填充色为黄色（其 RGB 值分别为 255、218、0），并设置描边色为无，效果如图 3-20 所示。

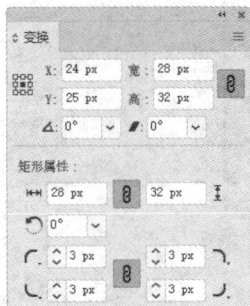

图 3-17

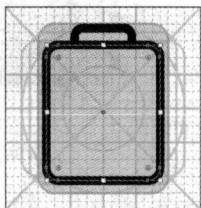

图 3-18

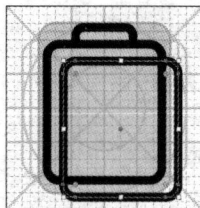

图 3-19

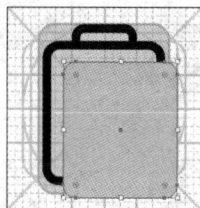

图 3-20

（12）在"变换"控制面板中，将"X"选项设置为 26 px，将"Y"选项设置为 27 px，其他选项的设置如图 3-21 所示。按 Enter 键确定操作，效果如图 3-22 所示。按 Ctrl + [组合键将图形后移一层，效果如图 3-23 所示。

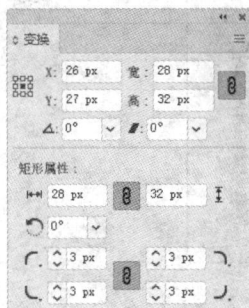

图 3-21

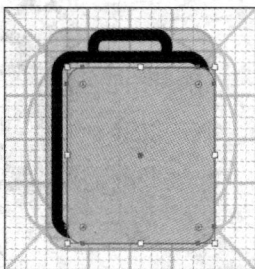

图 3-22

图 3-23

（13）选择"圆角矩形"工具 ▢，在页面中单击，弹出"圆角矩形"对话框，选项的设置如图 3-24 所示。单击"确定"按钮，页面中会出现一个圆角矩形。设置填充色为白色，并设置描边色为黑色，效果如图 3-25 所示。在属性栏中将"描边粗细"选项设置为 2 px，按 Enter 键确定操作，效果如图 3-26 所示。

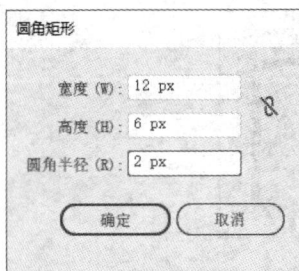
图 3-24

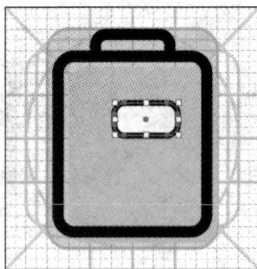
图 3-25

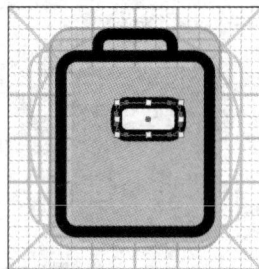
图 3-26

（14）在"变换"控制面板中，将"X"选项设置为 24 px，将"Y"选项设置为 17 px，其他选项的设置如图 3-27 所示。按 Enter 键确定操作，效果如图 3-28 所示。

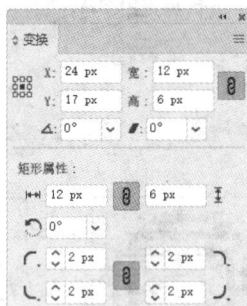
图 3-27

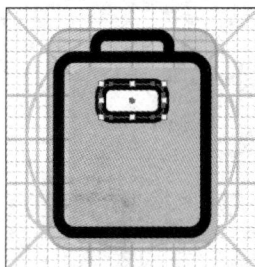
图 3-28

3.1.2　绘制旅行箱滚轮

（1）选择"直线段"工具，在页面中单击，弹出"直线段工具选项"对话框，选项的设置如图 3-29 所示。单击"确定"按钮，页面中会出现一条竖线，效果如图 3-30 所示。

扫码观看
本案例视频

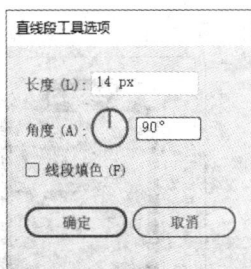
图 3-29

图 3-30

（2）选择"窗口 > 描边"命令，弹出"描边"控制面板，将"端点"选项设置为圆头端点，其他选项的设置如图 3-31 所示，效果如图 3-32 所示。

（3）在"变换"控制面板中，将"X"选项设置为 20 px，将"Y"选项设置为 30 px，其他选项的设置如图 3-33 所示。按 Enter 键确定操作，效果如图 3-34 所示。

图 3-31   图 3-32

（4）按 Ctrl+C 组合键复制直线段，按 Ctrl+F 组合键将复制的直线段粘贴在前面，在"变换"控制面板中，分别将"X"和"Y"选项设置为 28 px 和 30 px，如图 3-35 所示。按 Enter 键确定操作，效果如图 3-36 所示。

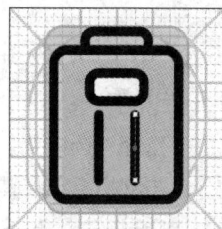

图 3-33   图 3-34   图 3-35   图 3-36

（5）选择"椭圆"工具 ◯，在页面中单击，弹出"椭圆"对话框，选项的设置如图 3-37 所示。单击"确定"按钮，页面中会出现一个圆形，设置填充色为黑色，并设置描边色为无，如图 3-38 所示。

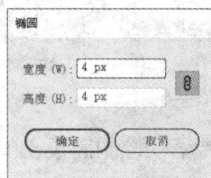

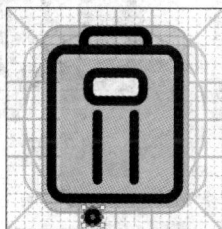

图 3-37   图 3-38

（6）选择"剪刀"工具 ✂，分别单击圆形左侧与右侧的锚点，剪切路径，如图 3-39 所示。选择"选择"工具 ▶，选取上方半圆形，如图 3-40 所示。按 Delete 键将其删除，效果如图 3-41 所示。

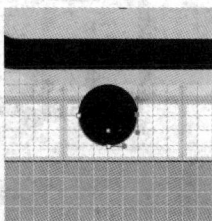

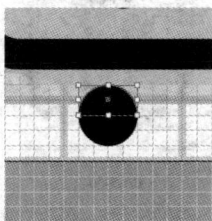

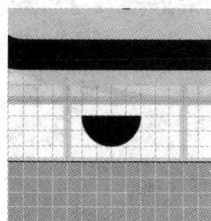

图 3-39   图 3-40   图 3-41

（7）在"变换"控制面板中，将"X"选项设置为 17 px，将"Y"选项设置为 43 px，其他选项的设置如图 3-42 所示。按 Enter 键确定操作，效果如图 3-43 所示。

（8）按 Ctrl+C 组合键复制半圆形，按 Ctrl+F 组合键将复制的半圆形粘贴在前面，在"变换"控制面板中，分别将"X"和"Y"选项设置为 31 px 和 43 px，如图 3-44 所示。按 Enter 键确定操作，效果如图 3-45 所示。

图 3-42   图 3-43   图 3-44   图 3-45

（9）选择"选择"工具 ，用框选的方法同时选取所有图形，如图 3-46 所示。按住 Shift 键的同时，单击网格系统将其取消选取，效果如图 3-47 所示。

（10）选择"对象 > 路径 > 轮廓化描边"命令，创建对象的描边轮廓，效果如图 3-48 所示。选择"选择"工具 ，按住 Shift 键的同时，依次单击需要的图形将其同时选取，如图 3-49 所示。

 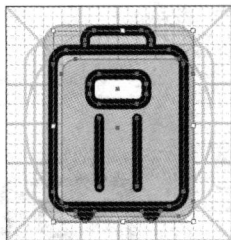 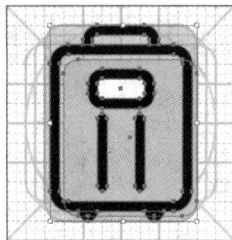 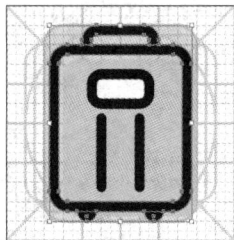

图 3-46   图 3-47   图 3-48   图 3-49

（11）选择"窗口 > 路径查找器"命令，弹出"路径查找器"控制面板，单击"联集"按钮 ，如图 3-50 所示，效果如图 3-51 所示。扁平风格旅行箱图标就制作完成了，效果如图 3-52 所示。

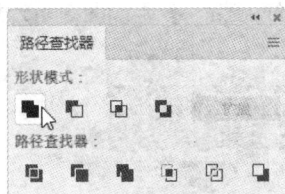 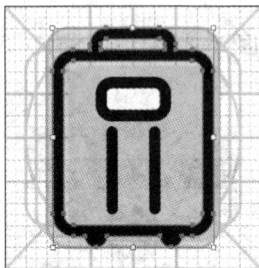 

图 3-50   图 3-51   图 3-52

（12）按 Ctrl+S 组合键，弹出"存储为"对话框，将文件命名为"扁平风格旅行箱图标设计"，选择 AI 格式，单击"保存"按钮，弹出"Illustrator 选项"对话框，单击"确定"按钮，保存文件。

3.2 拟物风格时钟图标设计

案例学习目标

在 Photoshop 中，学习使用多种路径绘制工具以及图层样式命令绘制拟物风格时钟图标。

案例知识要点

在 Photoshop 中，使用"椭圆"工具、"减去顶层形状"命令和"添加图层样式"命令绘制表盘，使用"圆角矩形"工具、"矩形"工具和创建剪贴蒙版的组合键绘制指针和刻度，使用"钢笔"工具、"图层"控制面板和"渐变"工具制作投影。

效果所在位置

云盘 > Ch03 > 效果 > 拟物风格时钟图标设计.psd，效果如图 3-53 所示。

图 3-53

Photoshop 应用

3.2.1 绘制时钟表盘和指针

（1）打开 Photoshop 2020，按 Ctrl+N 组合键弹出"新建文档"对话框，设置宽度为 1024 像素、高度为 1024 像素、分辨率为 72 像素/英寸、颜色模式为 RGB 颜色、背景内容为蓝色（其 RGB 值分别为 55、191、207），单击"创建"按钮，新建一个文件，如图 3-54 所示。

（2）选择"椭圆"工具 ◯，在属性栏的"选择工具模式"选项中选择"形状"，将填充色设置为白色，将描边色设置为无，按住 Shift 键，在图像窗口中绘制一个圆形，效果如图 3-55 所示，"图层"控制面板中将生成新的图层"椭圆 1"。

（3）按 Ctrl+J 组合键复制"椭圆 1"图层，将生成新的图层"椭圆 1 拷贝"。在属性栏中将填充色设置为红色（其 RGB 值分别为 237、62、58），效果如图 3-56 所示。

（4）在属性栏中单击"路径操作"按钮 ▢，在弹出的菜单中选择"减去顶层形状"命令，如图 3-57 所示。按住 Alt+Shift 组合键，在图像窗口中以大圆中心为中点绘制小圆，路径相减的效果如图 3-58 所示。

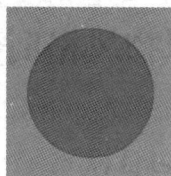

图 3-54　　　　　　　　　　图 3-55　　　　　　　　　　图 3-56

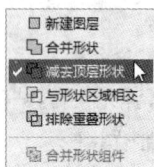

图 3-57　　　　　　　　　　图 3-58

（5）单击"图层"控制面板下方的"添加图层样式"按钮 *fx*，在弹出的菜单中选择"斜面和浮雕"命令，在弹出的对话框中进行设置，如图 3-59 所示；选择"投影"选项，切换到相应的面板中进行设置，如图 3-60 所示；单击"确定"按钮，效果如图 3-61 所示。

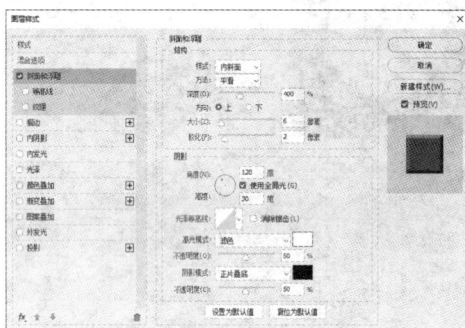
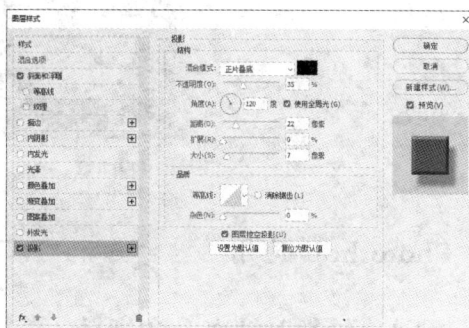

图 3-59　　　　　　　　　　　　　　　　　图 3-60

（6）新建图层组并将其命名为"指针"。选择"圆角矩形"工具 ▢，在属性栏中将"半径"选项设置为 15 像素，在图像窗口中绘制一个圆角矩形，设置填充色为蓝色（其 RGB 值分别为 55、191、207）、描边色为无，效果如图 3-62 所示，在"图层"控制面板中生成新的图层，将其命名为"分针"。

图 3-61　　　　　　　　　　图 3-62

（7）单击"分针图层"控制面板下方的"添加图层样式"按钮 fx ，在弹出的菜单中选择"投影"命令，在弹出的对话框中进行设置，如图 3-63 所示；单击"确定"按钮，效果如图 3-64 所示。

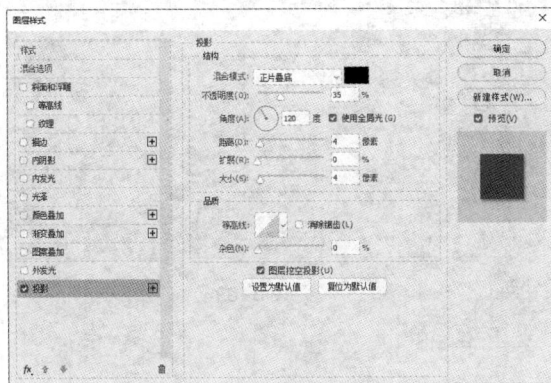

图 3-63　　　　　　　　　　　　　　　　　　图 3-64

（8）选择"矩形"工具 □ ，在属性栏中单击"路径操作"按钮 ⬚ ，在弹出的菜单中选择"新建图层"命令，在图像窗口中绘制一个矩形，将填充色设置为深蓝色（其 RGB 值分别为 15、142、157），将描边色设置为无，效果如图 3-65 所示，"图层"控制面板中将生成新的图层"矩形 1"。

（9）按 Alt+Ctrl+G 组合键，为"矩形 1"图层创建剪贴蒙版，图像效果如图 3-66 所示。用相同的方法绘制"时针""秒针""刻度"，效果如图 3-67 所示。

图 3-65　　　　　　　　　　图 3-66　　　　　　　　　　图 3-67

3.2.2　绘制时钟表芯

（1）选择"椭圆"工具 ○ ，按住 Shift 键，在图像窗口中绘制一个圆形，将填充色设置为粉红色（其 RGB 值分别为 255、145、144），将描边色设置为无，效果如图 3-68 所示，"图层"控制面板中将生成新的图层"椭圆 2"。

（2）单击"图层"控制面板下方的"添加图层样式"按钮 fx ，在弹出的菜单中选择"斜面和浮雕"命令，在弹出的对话框中进行设置，如图 3-69 所示；选择"投影"选项，切换到相应的面板中进行设置，如图 3-70 所示；单击"确定"按钮，效果如图 3-71 所示。

扫码观看
本案例视频

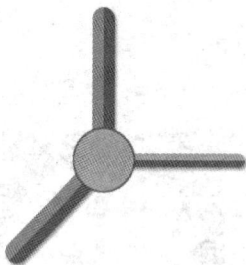

图 3-68

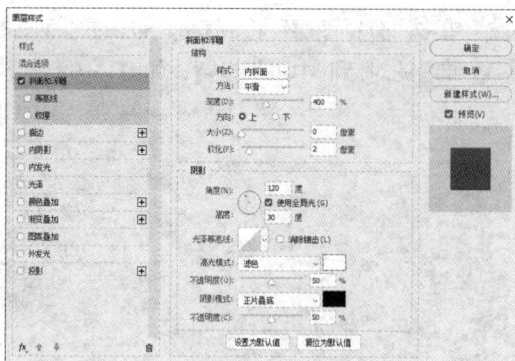

图 3-69

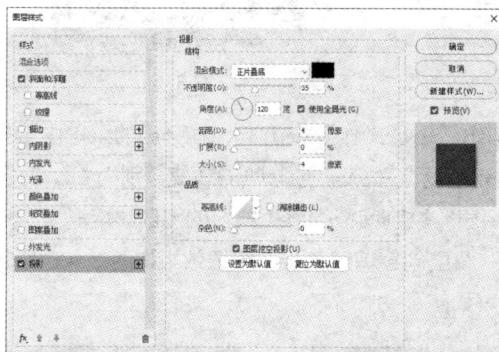

图 3-70

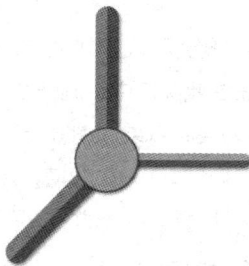

图 3-71

（3）按 Ctrl+J 组合键复制"椭圆 2"图层，生成新的图层"椭圆 2 拷贝"。按 Ctrl+T 组合键，圆形周围会出现变换框，单击属性栏中的"保持长宽比"按钮 ，按住 Alt+Shift 组合键的同时，向内拖曳右上角的控制点，等比例缩小圆形，如图 3-72 所示。按 Enter 键确定操作，效果如图 3-73 所示。

（4）在"图层"控制面板中，删除"斜面和浮雕"和"投影"样式，效果如图 3-74 所示。在属性栏中将填充色设置为红色（其 RGB 值分别为 237、62、58），效果如图 3-75 所示。

图 3-72

图 3-73

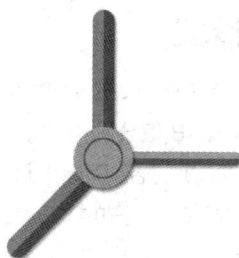

图 3-74

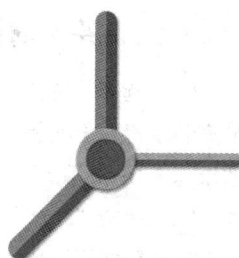

图 3-75

（5）单击"图层"控制面板下方的"添加图层样式"按钮 ，在弹出的菜单中选择"内阴影"命令，在弹出的对话框中进行设置，如图 3-76 所示；单击"确定"按钮，效果如图 3-77 所示。用相同的方法再复制一个圆形，将其等比例缩小并为其添加图层样式，效果如图 3-78 所示。

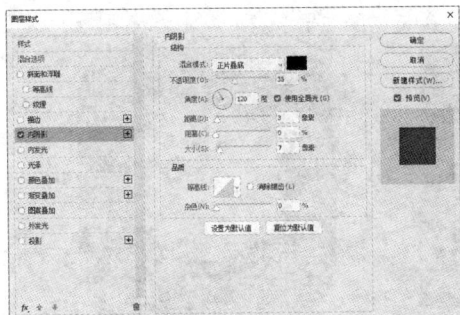

图 3-76

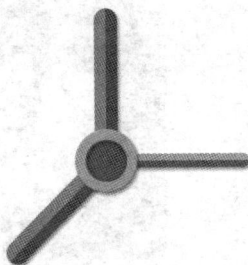

图 3-77

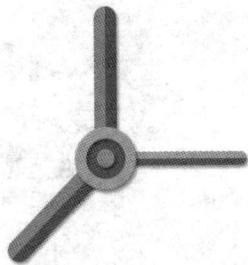

图 3-78

（6）选择"钢笔"工具 ，在属性栏的"选择工具模式"选项中选择"形状"，在图像窗口中绘制一个形状，将填充色设置为淡黑色（其 RGB 值分别为 29、29、29），将描边色设置为无，效果如图 3-79 所示，"图层"控制面板中将生成新的图层"投影"。

（7）在"图层"控制面板上方，将"投影"图层的"不透明度"选项设置为 60%，如图 3-80 所示，图像效果如图 3-81 所示。

图 3-79

图 3-80

图 3-81

（8）单击"图层"控制面板下方的"添加图层蒙版"按钮 ，为"投影"图层添加图层蒙版，如图 3-82 所示。选择"渐变"工具 ，单击属性栏中的"点按可编辑渐变"按钮 ，弹出"渐变编辑器"对话框，将渐变色设置为从黑色到白色，单击"确定"按钮，在形状上填充渐变色，效果如图 3-83 所示。

图 3-82

图 3-83

（9）在"图层"控制面板中，将"投影"图层拖曳到"指针"图层组的下方，如图 3-84 所示，图像效果如图 3-85 所示。至此，时钟图标就绘制完成了。将图标应用在手机中，会自动应用圆角遮罩，图标会呈现出圆角效果，如图 3-86 所示。

图 3-84　　　　　　　图 3-85　　　　　　　图 3-86

（10）按 Ctrl+S 组合键弹出"另存为"对话框，将文件命名为"拟物风格时钟图标设计"，选择 PSD 格式，单击"保存"按钮，弹出"Photoshop 格式选项"对话框，单击"确定"按钮，保存文件。

3.3 课后习题——扁平风格家电图标设计

🔗 习题知识要点

在 Illustrator 中，使用"圆角矩形"工具、"描边"控制面板、"椭圆"工具、"矩形"工具和"变换"控制面板绘制洗衣机外形和功能按钮，使用"椭圆"工具、"直线段"工具和"描边"控制面板绘制洗衣机滚筒。

📍 效果所在位置

云盘 > Ch03 > 效果 > 扁平风格家电图标设计.ai，效果如图 3-87 所示。

扫码观看
本案例视频

图 3-87

04

第4章
标志设计

本章介绍

　　标志是一种表达事物特征的特定视觉符号，它代表着企业的形象和文化。企业的服务水平、管理机制及综合实力都可以通过标志来体现。在企业视觉战略推广中，标志起着举足轻重的作用。本章以速益达科技标志设计为例，讲解标志的设计方法和制作技巧。

学习目标

- 掌握标志的设计思路和过程。
- 掌握标志的制作方法和技巧。

技能目标

- 掌握"速益达科技标志"的制作方法。
- 掌握"伯仑酒店标志"的制作方法。

素养目标

- 培养对标志的设计创意能力。
- 培养对标志的审美与鉴赏能力。

4.1　速益达科技标志设计

案例学习目标

在 Illustrator 中，学习使用绘图工具、"路径查找器"命令绘制标志图形；在 Photoshop 中，学习使用"置入嵌入对象"命令、"滤镜库"命令、"添加图层样式"按钮制作标志立体效果。

案例知识要点

在 Illustrator 中，使用显示网格组合键、对齐网格组合键显示和对齐网格，使用"椭圆"工具、"钢笔"工具、"分割"按钮绘制标志图形，使用"文字"工具、"字符"控制面板添加标准字；在 Photoshop 中，使用"滤镜库"命令添加背景纹理，使用"置入嵌入对象"命令添加标志图形，使用"斜面和浮雕"命令、"投影"命令为标志图形添加立体效果。

效果所在位置

云盘 > Ch04 > 效果 > 速益达科技标志设计 > 速益达科技标志.ai、速益达科技标志立体效果.psd，效果如图 4-1 所示。

图 4-1

Illustrator 应用

4.1.1　制作标志

（1）打开 Illustrator 2020，按 Ctrl+N 组合键弹出"新建文档"对话框，设置宽度为 210 mm、高度为 297 mm、方向为纵向、颜色模式为 CMYK 颜色，单击"创建"按钮，新建一个文件。

（2）按 Ctrl+"组合键显示网格。按 Shift+Ctrl+"组合键对齐网格。选择"椭圆"工具，按住 Alt+Shift 组合键，以其中一个网格点为圆心拖曳鼠标绘制一个圆形，设置描边色为黑色，并设置填充色为无，效果如图 4-2 所示。选择"钢笔"工具，在适当的位置分别绘制两个不规则的闭合图形，如图 4-3 所示。

（3）选择"选择"工具，用框选的方法将绘制的所有图形同时选取。选择"窗口 > 路径查找器"命令，弹出"路径查找器"控制面板，单击"分割"按钮，如图 4-4 所示，分割对象，效果如图 4-5 所示。按 Shift+Ctrl+G 组合键取消图形编组。

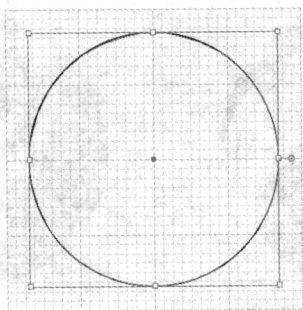

图 4-2

图 4-3

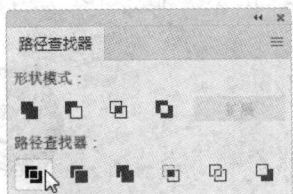

图 4-4

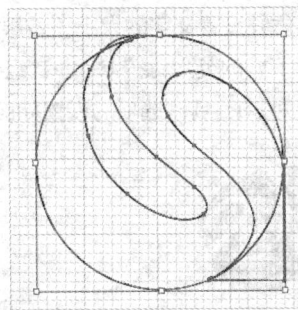

图 4-5

（4）选择"选择"工具 ▶，按住 Shift 键的同时，单击不需要的图形将其同时选中，如图 4-6 所示，按 Delete 键将其删除，效果如图 4-7 所示。按 Ctrl+"组合键隐藏网格。

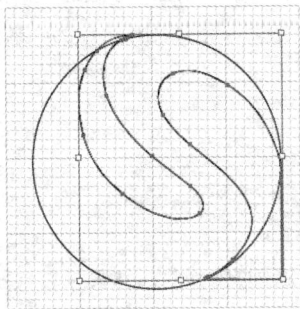

图 4-6

图 4-7

（5）使用"选择"工具 ▶ 选取余下的图形，设置图形的填充色为蓝色（其 CMYK 值分别为 100、50、0、0），填充图形，并设置描边色为无，效果如图 4-8 所示。选择"钢笔"工具 ✐，在适当的位置分别绘制两个不规则的闭合图形，如图 4-9 所示。

（6）选择"选择"工具 ▶，按住 Shift 键，将绘制的图形同时选取，设置图形的填充色为红色（其 CMYK 值分别为 0、100、100、10），填充图形，并设置描边色为无，取消图形的选取状态，效果如图 4-10 所示。用框选的方法将绘制的标志图形同时选取，按 Ctrl+G 组合键将其编组。

图 4-8

图 4-9

图 4-10

（7）选择"文字"工具 **T**，在页面中分别输入需要的文字。选择"选择"工具 ▶，在属性栏中选择合适的字体并设置文字的大小，效果如图 4-11 所示。

（8）选择下方的英文，按 Ctrl+T 组合键，弹出"字符"控制面板，将"设置所选字符的字距调整"选项设置为 50，其他选项的设置如图 4-12 所示；按 Enter 键确定操作，效果如图 4-13 所示。

图 4-11

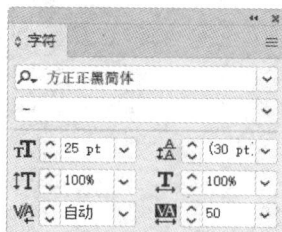
图 4-12

图 4-13

（9）至此，速益达科技标志就设计完成了。按 Ctrl+S 组合键，弹出"存储为"对话框，将文件命名为"速益达科技标志"，选择 AI 格式，单击"保存"按钮，弹出"Illustrator 选项"对话框，单击"确定"按钮，保存文件。

Photoshop 应用

4.1.2 制作标志立体效果

（1）打开 Photoshop 2020，按 Ctrl+N 组合键，弹出"新建文档"对话框，设置宽度为 20 厘米、高度为 12 厘米、分辨率为 150 像素/英寸、颜色模式为 RGB 颜色、背景内容为紫色（其 RGB 值分别为 187、195、223），单击"创建"按钮，新建一个文件，如图 4-14 所示。

（2）选择"滤镜 > 滤镜库"命令，在弹出的对话框中进行设置，如图 4-15 所示；单击"确定"按钮，效果如图 4-16 所示。

（3）选择"文件 > 置入嵌入对象"命令，弹出"置入嵌入的对象"对话框，选择云盘中的"Ch04 > 效果 > 速益达科技标志设计 > 速益达科技标志.ai"文件，单击"置入"按钮，将图片置入图像窗口中，并将其拖曳到适当的位置，按 Enter 键确定操作，效果如图 4-17 所示。"图层"控制面板中将生成新的图层。

扫码观看
本案例视频

图 4-14

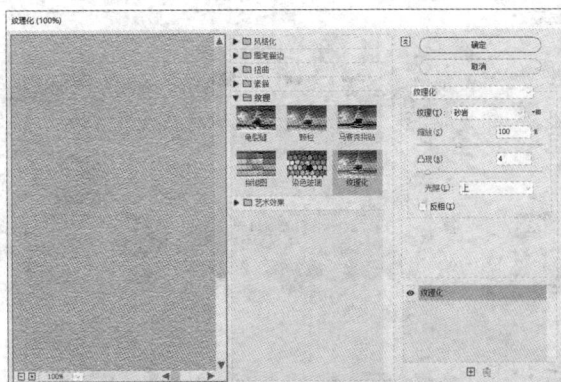

图 4-15

图 4-16

图 4-17

（4）单击"图层"控制面板下方的"添加图层样式"按钮 fx，在弹出的菜单中选择"斜面和浮雕"命令，在弹出的对话框中进行设置，如图 4-18 所示。单击"光泽等高线"选项右侧的按钮，在弹出的面板中选择"画圆步骤"等高线，如图 4-19 所示；选择"投影"选项，切换到相应的面板中进行设置，如图 4-20 所示，单击"确定"按钮，效果如图 4-21 所示。速益达科技标志的立体效果就制作完成了。

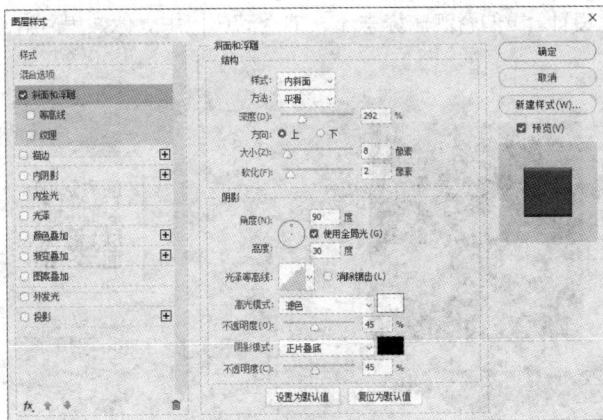

图 4-18

图 4-19

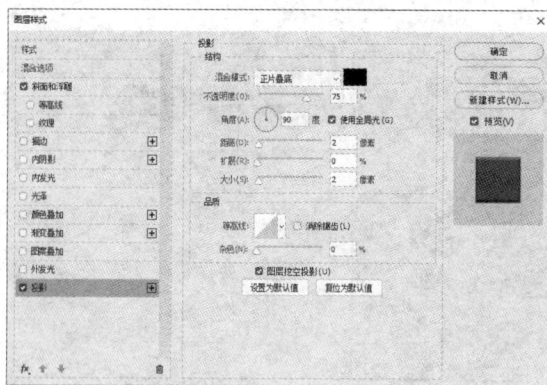

图 4-20

图 4-21

（5）按 Ctrl+S 组合键，弹出"另存为"对话框，将文件命名为"速益达科技标志立体效果"，选择 PSD 格式，单击"保存"按钮，弹出"Photoshop 格式选项"对话框，单击"确定"按钮，保存文件。

4.2 课后习题——伯仑酒店标志设计

习题知识要点

在 Illustrator 中，使用"钢笔"工具、"矩形"工具、"路径查找器"控制面板、"椭圆"工具、"填充"工具和"文字"工具制作标志；在 Photoshop 中，使用"创建新的填充或调整图层"按钮、"渐变"工具添加背景底纹，使用"置入嵌入对象"命令、"添加图层样式"按钮制作标志立体效果。

效果所在位置

云盘 > Ch04 > 效果 > 伯仑酒店标志设计 > 伯仑酒店标志.ai、伯仑酒店标志立体效果.psd，效果如图 4-22 所示。

图 4-22

扫码观看
本案例视频

05

第5章
卡片设计

本章介绍

　　卡片是人们进行交流的一种载体，是传递信息、交流情感的一种方式。卡片的种类繁多，有邀请卡、祝福卡、生日卡、中秋卡、新年贺卡等。本章以产品宣传卡设计为例，讲解卡片的设计方法和制作技巧。

学习目标

- ✔ 掌握卡片的设计思路和过程。
- ✔ 掌握卡片的制作方法和技巧。

技能目标

- ✔ 掌握"产品宣传卡"的制作方法。
- ✔ 掌握"音乐会门票"的制作方法。

素养目标

- ✔ 培养对卡片的设计创意能力。
- ✔ 培养对卡片的审美与鉴赏能力。

5.1 产品宣传卡设计

案例学习目标

在 Photoshop 中，学习使用"渐变"工具、"矩形选框"工具、"变换选区"命令和"添加图层样式"按钮制作产品宣传卡的背景图；在 Illustrator 中，学习使用绘图工具、效果命令、"文字"工具、"字符"控制面板、"字形"控制面板制作产品宣传卡正面和背面。

案例知识要点

在 Photoshop 中，使用"矩形选框"工具、"变换选区"命令等制作放射光效果，使用"添加图层蒙版"按钮、"渐变"工具制作放射光渐隐效果，使用"颜色叠加"命令为图片叠加颜色；在 Illustrator 中，使用"矩形"工具、"倾斜"工具制作矩形倾斜效果，使用"星形"工具、"圆角矩形"工具、"旋转"工具和"文字"工具制作装饰星形，使用"箭头"控制面板添加符号图形，使用"高斯模糊"命令为文字添加模糊效果，使用"文字"工具添加标题及相关信息。

效果所在位置

云盘 > Ch05 > 效果 > 产品宣传卡设计 > 产品宣传卡.ai，效果如图 5-1 所示。

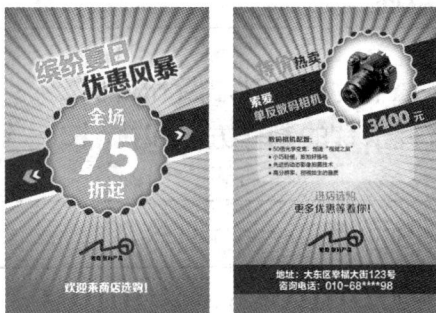

图 5-1

Photoshop 应用

5.1.1 制作背景图

（1）打开 Photoshop 2020，按 Ctrl+N 组合键，弹出"新建文档"对话框，设置宽度为 6.6 厘米、高度为 9.6 厘米、分辨率为 300 像素/英寸、颜色模式为 RGB 颜色、背景内容为白色，单击"创建"按钮，新建一个文件。

（2）选择"视图 > 新建参考线版面"命令，弹出"新建参考线版面"对话框，选项的设置如图 5-2 所示；单击"确定"按钮，完成版面参考线的创建，如图 5-3 所示。

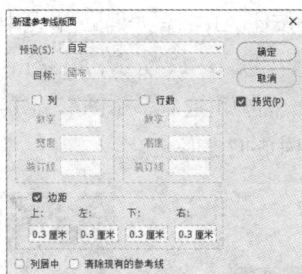

图 5-2

图 5-3

（3）选择"渐变"工具 ▣ ，单击属性栏中的"点按可编辑渐变"按钮 ▬▬▬ ▽ ，弹出"渐变编辑器"对话框，在"位置"选项中分别输入 0、50、100 这 3 个位置点，分别设置 3 个位置点的颜色的 RGB 值为 0（26、183、200）、50（139、208、224）、100（26、183、200），如图 5-4 所示。按住 Shift 键的同时，在图像窗口中由上至下拖曳填充渐变色，松开鼠标左键后，效果如图 5-5 所示。

（4）单击"图层"控制面板下方的"创建新组"按钮 ▣ ，会生成新的图层组，将其重命名为"放射光"。新建图层并将其重命名为"矩形 1"。将前景色设置为淡黄色（其 RGB 值分别为 255、253、232）。选择"矩形选框"工具 ▣ ，在图像窗口中绘制矩形选区，如图 5-6 所示。

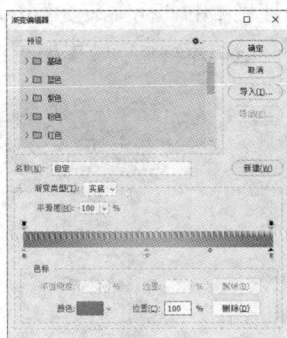

图 5-4

图 5-5

图 5-6

（5）选择"选择 > 变换选区"命令，选区周围会出现变换框，如图 5-7 所示。在变换框中单击鼠标右键，在弹出的菜单中选择"透视"命令，向左拖曳右下角的控制点到适当的位置，调整选区的大小，如图 5-8 所示，按 Enter 键确定操作。按 Alt+Delete 组合键用前景色填充选区，按 Ctrl+D 组合键取消选择选区，效果如图 5-9 所示。

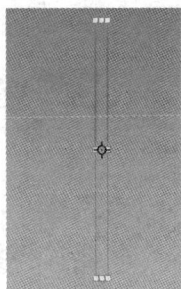

图 5-7

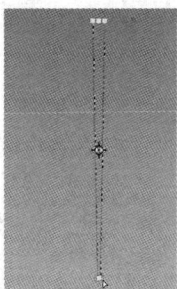

图 5-8

图 5-9

（6）按 Ctrl+Alt+T 组合键，图形周围会出现变换框，按住 Alt 键的同时，拖曳中心点到下边控制点中间的位置，如图 5-10 所示。将图形旋转适当的角度，如图 5-11 所示，按 Enter 键确定操作，效果如图 5-12 所示。连续按 Ctrl+Shift+Alt+T 组合键，按需要再复制多个图形，如图 5-13 所示。单击"放射光"图层组左侧的 ∨ 图标，将"放射光"图层组中的图层隐藏。

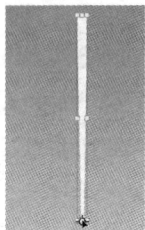

图 5-10   图 5-11   图 5-12   图 5-13

（7）单击"图层"控制面板下方的"添加图层蒙版"按钮 ▢，为"放射光"图层组添加图层蒙版，如图 5-14 所示。选择"渐变"工具 ▣，单击属性栏中的"点按可编辑渐变"按钮 ▬▬▬ ∨，弹出"渐变编辑器"对话框，将渐变色设置为从白色到黑色，选中属性栏中的"径向渐变"按钮 ▣，在图像窗口中从中心向右下角拖曳填充渐变色，如图 5-15 所示，松开鼠标左键后，效果如图 5-16 所示。

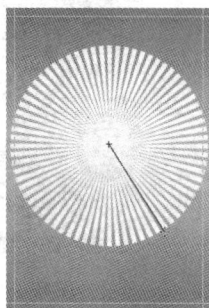

图 5-14   图 5-15   图 5-16

（8）新建图层并将其重命名为"羽化圆"。选择"椭圆选框"工具 ◯，按住 Shift 键的同时，在图像窗口中拖曳绘制圆形选区，效果如图 5-17 所示。按 Shift+F6 组合键，弹出"羽化选区"对话框，选项的设置如图 5-18 所示，单击"确定"按钮，羽化选区。按 Alt+Delete 组合键，用前景色填充选区，按 Ctrl+D 组合键，取消选择选区，效果如图 5-19 所示。

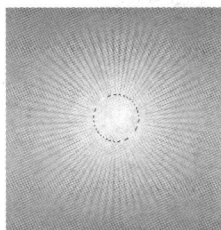
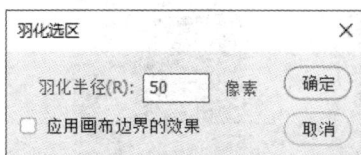
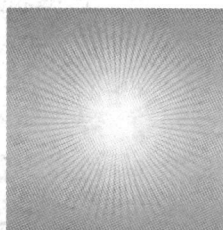

图 5-17   图 5-18   图 5-19

（9）在"图层"控制面板中，按住 Shift 键的同时，单击"放射光"图层组，将其同时选取，如图 5-20 所示。按 Ctrl+E 组合键合并图层和图层组并将其重命名为"放射光"，如图 5-21 所示。按 Ctrl+T 组合键，图形周围会出现变换框，单击属性栏中的"保持长宽比"按钮 ，按住 Alt 键的同时，拖曳右上角的控制点等比例放大图形，按 Enter 键确定操作，效果如图 5-22 所示。

图 5-20

图 5-21

图 5-22

（10）按 Ctrl+J 组合键复制"放射光"图层，生成新的图层"放射光 拷贝"，如图 5-23 所示。单击"图层"控制面板下方的"添加图层样式"按钮 ，在弹出的菜单中选择"颜色叠加"命令，在弹出的对话框中将叠加颜色设置为白色，其他选项的设置如图 5-24 所示，单击"确定"按钮，效果如图 5-25 所示。

图 5-23

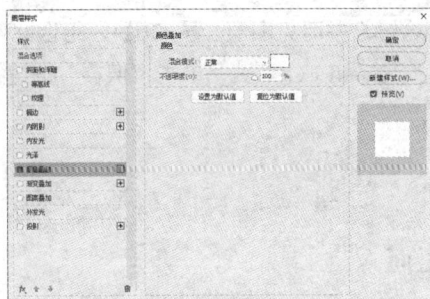

图 5-24

图 5-25

（11）单击"图层"控制面板下方的"添加图层蒙版"按钮 ，为"放射光 拷贝"图层添加图层蒙版，如图 5-26 所示。选择"渐变"工具 ，单击属性栏中的"点按可编辑渐变"按钮 ，弹出"渐变编辑器"对话框，将渐变色设置为从黑色到白色，选中属性栏中的"线性渐变"按钮 ，在图像窗口中从中心向上拖曳填充渐变色，松开鼠标左键后，效果如图 5-27 所示。

图 5-26

图 5-27

（12）按 Ctrl+J 组合键复制"放射光 拷贝"图层，生成新的图层"放射光 拷贝2"。双击"颜色叠加"选项，弹出对话框，将叠加颜色设置为黄色（其 RGB 值分别为 255、241、186），其他选项的设置如图 5-28 所示，单击"确定"按钮，效果如图 5-29 所示。

（13）按 Ctrl+T 组合键，图形周围会出现变换框，将鼠标指针放在变换框的控制点外边，当鼠标指针变为旋转图标↰时，拖曳鼠标将图形旋转适当的角度，按 Enter 键确定操作，效果如图 5-30 所示。产品宣传卡的背景图就制作完成了。

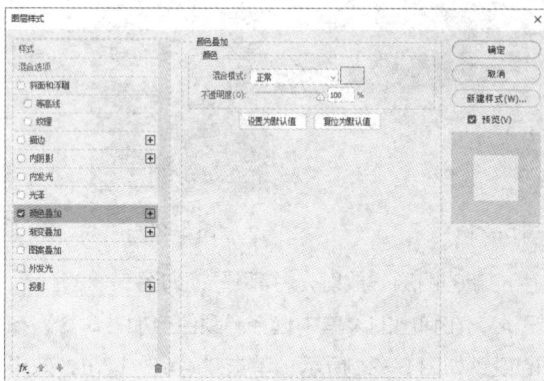

图 5-28

图 5-29

图 5-30

（14）按 Shift+Ctrl+E 组合键合并可见图层。按 Ctrl+S 组合键弹出"另存为"对话框，将文件命名为"产品宣传卡背景图"，选择 JPEG 格式，单击"保存"按钮，弹出"JPEG 选项"对话框，单击"确定"按钮，保存文件。

Illustrator 应用

5.1.2 制作宣传卡正面

（1）打开 Illustrator 2020，按 Ctrl+N 组合键弹出"新建文档"对话框，设置宽度为 60 mm、高度为 90 mm、方向为纵向、出血为 3 mm、颜色模式为 CMYK 颜色，单击"创建"按钮，新建一个文件。

（2）选择"文件 > 置入"命令，弹出"置入"对话框，选择云盘中的"Ch05 > 效果 > 产品宣传卡设计 > 产品宣传卡背景图.jpg"文件，单击"置入"按钮，在页面中单击置入图片。单击属性栏中的"嵌入"按钮，嵌入图片。选择"选择"工具▶，拖曳图片到适当的位置，效果如图 5-31 所示。

扫码观看
本案例视频

（3）选择"矩形"工具▢，在适当的位置拖曳绘制一个矩形，设置填充色为白色，并设置描边色为无，效果如图 5-32 所示。

（4）双击"倾斜"工具☑，弹出"倾斜"对话框，选项的设置如图 5-33 所示；单击"确定"按钮，效果如图 5-34 所示。

（5）选择"选择"工具▶，按住 Alt+Shift 组合键的同时，垂直向上拖曳图形到适当的位置，复制图形。设置填充色为红色（其 CMYK 值分别为 0、100、100、10），填充图形，效果如图 5-35 所示。

图 5-31

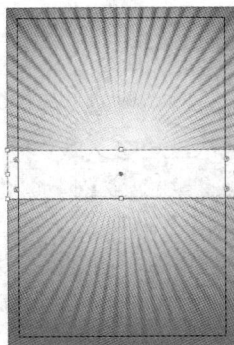

图 5-32

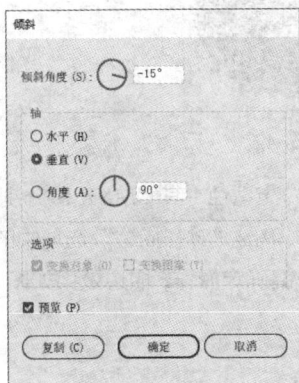

图 5-33

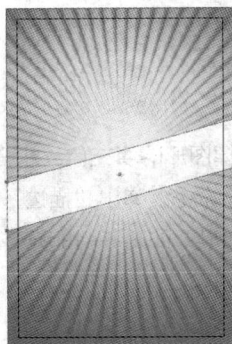

图 5-34

图 5-35

（6）选择"星形"工具 ，在页面外单击，弹出"星形"对话框，选项的设置如图 5-36 所示，单击"确定"按钮，会出现一个多角星形，如图 5-37 所示。

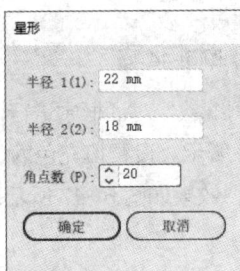

图 5-36

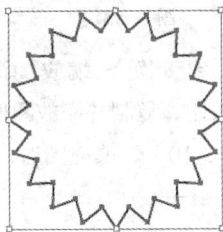

图 5-37

（7）选择"效果 > 风格化 > 圆角"命令，在弹出的对话框中进行设置，如图 5-38 所示，单击"确定"按钮，效果如图 5-39 所示。设置填充色为红色（其 CMYK 值分别为 0、100、100、10），填充图形，并设置描边色为无，效果如图 5-40 所示。

（8）双击"旋转"工具 ，弹出"旋转"对话框，选项的设置如图 5-41 所示，单击"复制"按钮，复制并旋转图形，效果如图 5-42 所示。

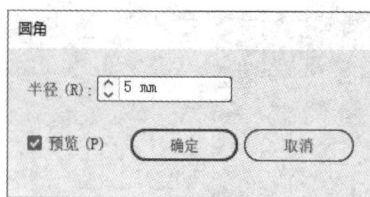

图 5-38

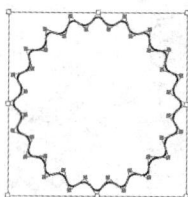

图 5-39

图 5-40

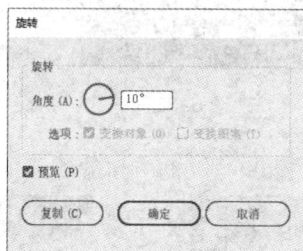

图 5-41

图 5-42

（9）选择"选择"工具 ，去掉图形的填充色，并设置描边色为浅黄色（其 CMYK 值分别为 0、0、50、0）。选择"窗口 > 描边"命令，弹出"描边"控制面板，单击"对齐描边"选项中的"使描边外侧对齐"按钮 ，其他选项的设置如图 5-43 所示。按 Enter 键确定操作，描边效果如图 5-44 所示。

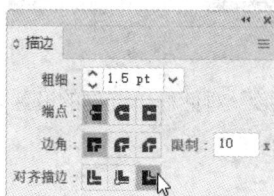

图 5-43

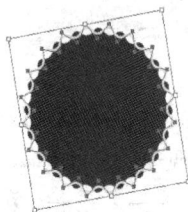

图 5-44

（10）选择"对象 > 变换 > 缩放"命令，在弹出的"比例缩放"对话框中进行设置，如图 5-45 所示，单击"复制"按钮，复制并缩放图形，效果如图 5-46 所示。设置填充色为黄色（其 CMYK 值分别为 0、15、100、10），填充图形，并设置描边色为无，效果如图 5-47 所示。

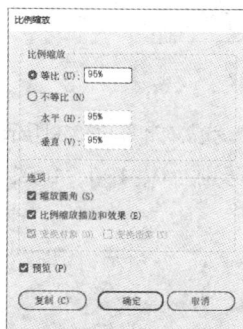

图 5-45

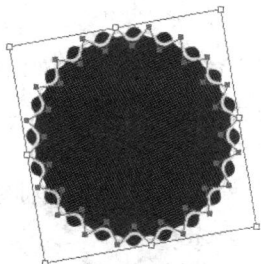

图 5-46

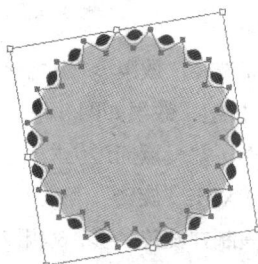

图 5-47

（11）选择"效果 > 风格化 > 内发光"命令，弹出"内发光"对话框，将发光颜色设置为褐色（其 CMYK 值分别为 36、72、100、1），其他选项的设置如图 5-48 所示；单击"确定"按钮，效果如图 5-49 所示。

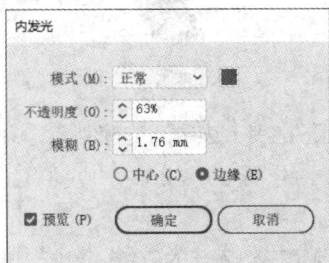

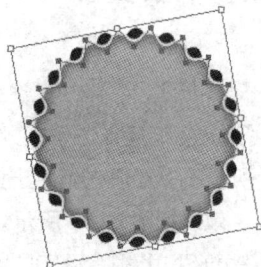

图 5-48   图 5-49

（12）选择"文字"工具 **T**，在适当的位置分别输入需要的文字。选择"选择"工具 ▶，在属性栏中选择合适的字体并设置文字的大小，设置文字的填充色为白色，效果如图 5-50 所示。选取数字"75"，在属性栏中选择合适的字体并设置文字的大小，效果如图 5-51 所示。

图 5-50   图 5-51

（13）选择"选择"工具 ▶，按住 Shift 键的同时依次单击，将输入的文字同时选取，如图 5-52 所示。设置描边色为土黄色（其 CMYK 值分别为 0、30、100、0），效果如图 5-53 所示。用框选的方法将文字和图形同时选取，并将其拖曳到页面中适当的位置，效果如图 5-54 所示。

图 5-52   图 5-53   图 5-54

（14）选择"窗口 > 符号库 > 箭头"命令，弹出"箭头"控制面板，选择需要的符号，如图 5-55 所示，拖曳符号到适当的位置，并调整其大小，效果如图 5-56 所示。在符号图形上单击鼠标右键，在弹出的菜单中选择"断开符号链接"命令，效果如图 5-57 所示。

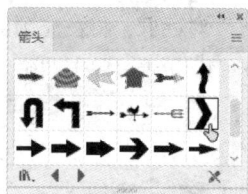
图 5-55

图 5-56

图 5-57

（15）选择"选择"工具 ，按住 Alt 键的同时，向下拖曳上边中间的控制点，调整图形的大小，效果如图 5-58 所示。设置填充色为土黄色（其 CMYK 值分别为 0、30、100、0），填充图形，并设置描边色为无，效果如图 5-59 所示。

（16）按住 Alt+Shift 组合键的同时，水平向左拖曳图形到适当的位置，复制图形，并调整其大小，效果如图 5-60 所示。

图 5-58

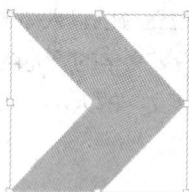
图 5-59

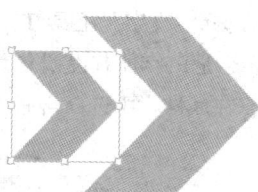
图 5-60

（17）设置图形的填充色为白色，用框选的方法将绘制的图形同时选取，按 Ctrl+G 组合键将其编组。拖曳编组图形到页面中适当的位置，并旋转适当的角度，效果如图 5-61 所示。

（18）双击"旋转"工具 ，弹出"旋转"对话框，选项的设置如图 5-62 所示，单击"复制"按钮，复制并旋转图形。选择"选择"工具 ，向左拖曳复制的图形到适当的位置，效果如图 5-63 所示。

图 5-61

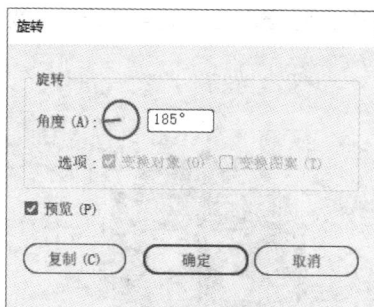
图 5-62

图 5-63

（19）选择"文字"工具 ，在适当的位置分别输入需要的文字。选择"选择"工具 ，在属性栏中选择合适的字体并设置文字的大小，效果如图 5-64 所示。设置填充色为黄色（其 CMYK 值分别为 0、15、100、10），填充文字，效果如图 5-65 所示。

图 5-64

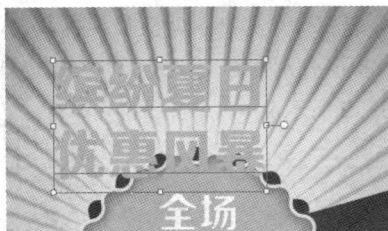
图 5-65

（20）按 Ctrl+T 组合键弹出"字符"控制面板，将"设置行距"选项设置为 23 pt，其他选项的设置如图 5-66 所示；按 Enter 键确定操作，效果如图 5-67 所示。

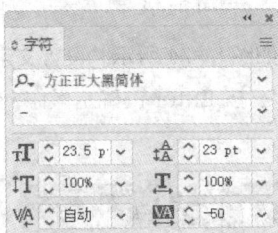
图 5-66

图 5-67

（21）选择"文字"工具 T，选取文字"优惠风暴"，设置填充色为红色（其 CMYK 值分别为 0、100、100、10），填充文字，效果如图 5-68 所示。在文字"优"的左侧单击插入光标，如图 5-69 所示。

图 5-68

图 5-69

（22）按 Alt+Ctrl+T 组合键弹出"段落"控制面板，将"左缩进"选项设置为 38 pt，其他选项的设置如图 5-70 所示；按 Enter 键确定操作，效果如图 5-71 所示。选择"选择"工具 ▶，按 Ctrl+C 组合键复制文字（此文字作为备用）。

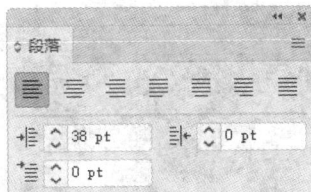
图 5-70

图 5-71

（23）选择"效果 > 风格化 > 内发光"命令，弹出"内发光"对话框，将发光颜色设置为褐色（其 CMYK 值分别为 36、72、100、1），其他选项的设置如图 5-72 所示，单击"确定"按钮，效果如图 5-73 所示。

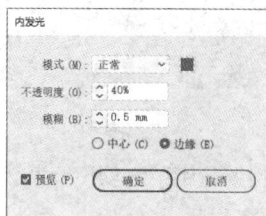

图 5-72

图 5-73

（24）按 Shift+Ctrl+V 组合键就地粘贴（备用）文字，如图 5-74 所示。设置文字的填充色和描边色均为白色，并在属性栏中将"描边粗细"选项设置为 3 pt。按 Enter 键确定操作，效果如图 5-75 所示。

图 5-74

图 5-75

（25）选择"文字 > 创建轮廓"命令，将文字转换为轮廓，效果如图 5-76 所示。选择"对象 > 扩展"命令，弹出"扩展"对话框，单击"确定"按钮，扩展文字外观，效果如图 5-77 所示。

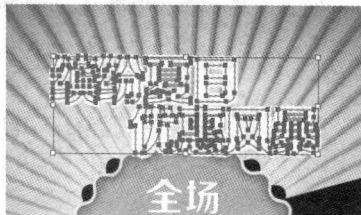

图 5-76

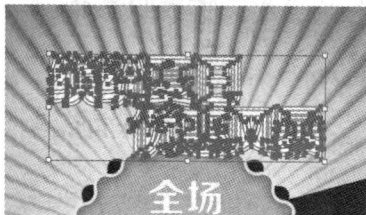

图 5-77

（26）选择"效果 > 模糊 > 高斯模糊"命令，在弹出的对话框中进行设置，如图 5-78 所示；单击"确定"按钮，效果如图 5-79 所示。

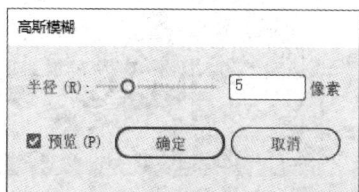

图 5-78

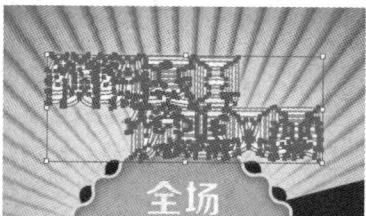

图 5-79

（27）连续按 Ctrl+ [组合键，将文字向后移至适当的位置，效果如图 5-80 所示。选择"选择"工具 ▶，按住 Shift 键的同时，单击上方文字将其同时选取，如图 5-81 所示。

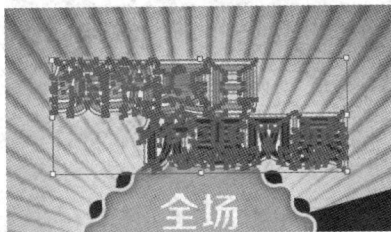

图 5-80

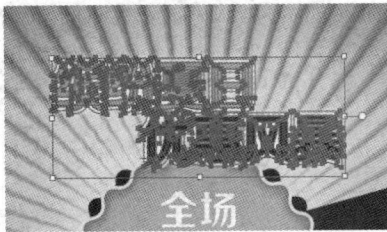

图 5-81

（28）选择"窗口 > 变换"命令，弹出"变换"控制面板，将"旋转"选项设置为 14°，如图 5-82 所示。按 Enter 键确定操作，取消选取状态，效果如图 5-83 所示。

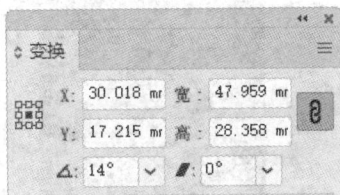

图 5-82

图 5-83

（29）选择"椭圆"工具 ◯，按住 Shift 键，在适当的位置绘制一个圆形，设置填充色为大红色（其 CMYK 值分别为 0、100、100、0），填充图形，并设置描边色为无，效果如图 5-84 所示。

（30）选择"选择"工具 ▶，按 Ctrl+C 组合键复制图形，按 Ctrl+F 组合键将复制的图形粘贴在前面。按住 Alt+Shift 组合键的同时，拖曳右上角的控制点，等比例缩小图形，并设置填充色为白色，效果如图 5-85 所示。按住 Shift 键的同时，单击下方的红色圆形，将其同时选取，按 Ctrl+8 组合键建立复合路径，效果如图 5-86 所示。

图 5-84

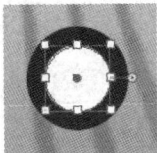

图 5-85

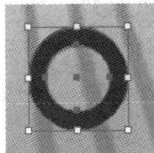

图 5-86

（31）选择"钢笔"工具 ✐，在适当的位置绘制一个不规则的图形，设置填充色为大红色（其 CMYK 值分别为 0、100、100、0），填充图形，并设置描边色为无，效果如图 5-87 所示。

（32）选择"文字"工具 **T**，在适当的位置输入需要的文字。选择"选择"工具 ▶，在属性栏中选择合适的字体并设置文字的大小，效果如图5-88所示。

图 5-87

图 5-88

（33）选择"文字"工具 **T**，在适当的位置输入需要的文字。选择"选择"工具 ▶，在属性栏中选择合适的字体并设置文字的大小，将文字填充为白色，效果如图5-89所示。按住 Shift 键的同时，在页面中选取需要的图形和文字，如图5-90所示，按 Ctrl+C 组合键复制图形和文字（此图形和文字作为备用）。

图 5-89

图 5-90

5.1.3　制作宣传卡背面

（1）选择"窗口 > 图层"命令，弹出"图层"控制面板，单击"图层"控制面板下方的"创建新图层"按钮 ▣，将得到一个"图层2"，如图5-91所示。单击"图层1"图层左侧的眼睛图标 ◉，将"图层1"隐藏，如图5-92所示。

扫码观看

本案例视频

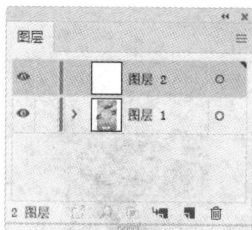

图 5-91

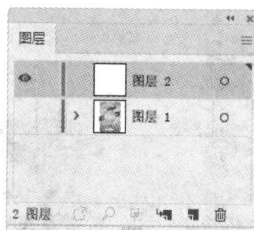

图 5-92

（2）按 Shift+Ctrl+V 组合键就地粘贴图形和文字（备用），如图5-93所示。选择"选择"工具 ▶，按住 Shift 键的同时，选取需要的图形，向上拖曳图形到适当的位置，效果如图5-94所示。使用相同的方法调整其他图形和文字的位置，并调整其大小，效果如图5-95所示。

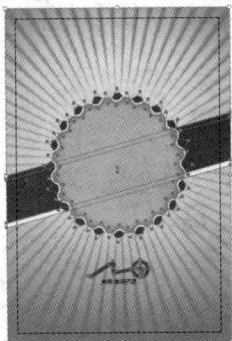
图 5-93

图 5-94

图 5-95

（3）选择"椭圆"工具 ，按住 Shift 键，在适当的位置绘制一个圆形，设置图形的填充色为白色，并设置描边色为无，效果如图 5-96 所示。选择"效果 > 模糊 > 高斯模糊"命令，在弹出的对话框中进行设置，如图 5-97 所示，单击"确定"按钮，效果如图 5-98 所示。

图 5-96

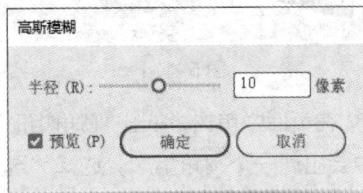
图 5-97

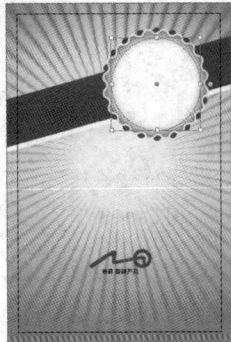
图 5-98

（4）选择"文件 > 置入"命令，弹出"置入"对话框，选择云盘中的"Ch05 > 素材 > 产品宣传卡设计 > 01"文件，单击"置入"按钮，将图片置入页面中。单击属性栏中的"嵌入"按钮，嵌入图片。选择"选择"工具 ，拖曳图片到适当的位置，并调整其大小，效果如图 5-99 所示。

（5）选择"文字"工具 T，在适当的位置输入需要的文字。选择"选择"工具 ，在属性栏中选择合适的字体并设置文字的大小。设置填充色为土黄色（其 CMYK 值分别为 0、40、100、0），填充文字，效果如图 5-100 所示。

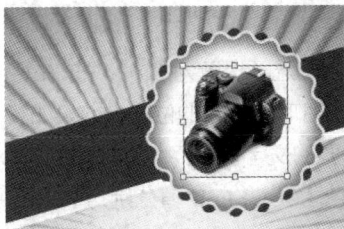
图 5-99

图 5-100

（6）选择"文字"工具 T，选取文字"热卖"，在属性栏中设置文字的大小，效果如图 5-101

所示。设置填充色为红色（其 CMYK 值分别为 0、100、90、0），填充文字，效果如图 5-102 所示。

图 5-101

图 5-102

（7）选择"选择"工具 ▶ ，在"变换"控制面板中，将"旋转"选项设置为 15° ，如图 5-103 所示。按 Enter 键确定操作，效果如图 5-104 所示。用相同的方法输入其他文字，填充相应的颜色并旋转适当的角度，效果如图 5-105 所示。

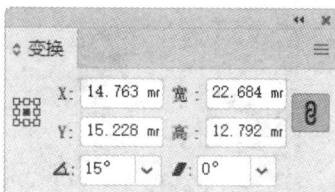
图 5-103

图 5-104

图 5-105

（8）选择"圆角矩形"工具 ▢ ，在页面中单击，弹出"圆角矩形"对话框，选项的设置如图 5-106 所示。单击"确定"按钮，页面中会出现一个圆角矩形。选择"选择"工具 ▶ ，拖曳圆角矩形到适当的位置，设置填充色为白色，并设置描边色为无，效果如图 5-107 所示。

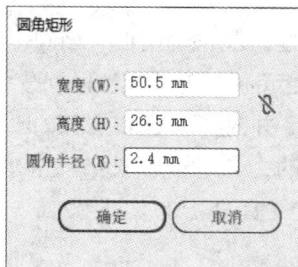
图 5-106

图 5-107

（9）保持图形的选取状态。在属性栏中将"不透明度"选项设置为 50%，按 Enter 键确定操作，效果如图 5-108 所示。连续按 Ctrl+[组合键，向后移动图形到适当的位置，效果如图 5-109 所示。

（10）选择"文字"工具 T ，在适当的位置输入需要的文字。选择"选择"工具 ▶ ，在属性栏中选择合适的字体并设置文字的大小。设置填充色为红色（其 CMYK 值分别为 0、100、90、0），填充文字，效果如图 5-110 所示。

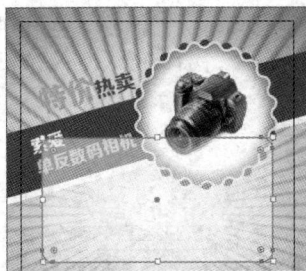
图 5-108

图 5-109

图 5-110

（11）选择"文字"工具 T，在适当的位置输入需要的文字。选择"选择"工具 ，在属性栏中选择合适的字体并设置文字的大小，效果如图 5-111 所示。

（12）在"字符"控制面板中，将"设置行距"选项设置为 7 pt，其他选项的设置如图 5-112 所示；按 Enter 键确定操作，效果如图 5-113 所示。

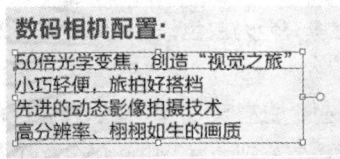
图 5-111

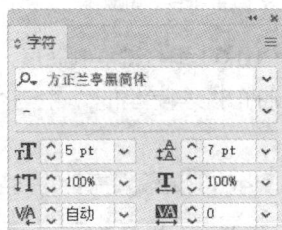
图 5-112

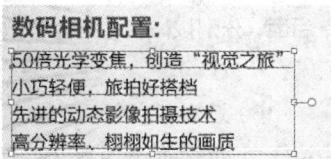
图 5-113

（13）选择"文字"工具 T，在数字"5"的左侧单击插入光标，如图 5-114 所示。选择"文字 > 字形"命令，在弹出的"字形"控制面板中按需要进行设置并选择需要的字形，如图 5-115 所示。双击插入字形，效果如图 5-116 所示。在插入的字形右侧按 Space 键添加一个空格，如图 5-117 所示。用相同的方法在适当的位置再次插入字形和空格，效果如图 5-118 所示。

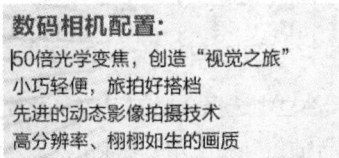
图 5-114

图 5-115

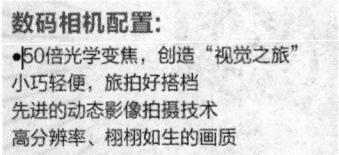
图 5-116

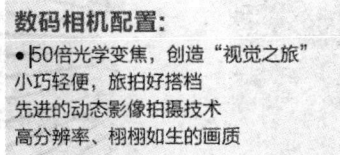
图 5-117

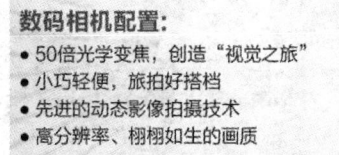
图 5-118

（14）选择"矩形"工具 ，在适当的位置拖曳绘制一个矩形，设置填充色为大红色（其 CMYK

值分别为 0、100、100、0），填充图形，效果如图 5-119 所示。双击"倾斜"工具 ，弹出"倾斜"对话框，选项的设置如图 5-120 所示，单击"确定"按钮，效果如图 5-121 所示。

图 5-119

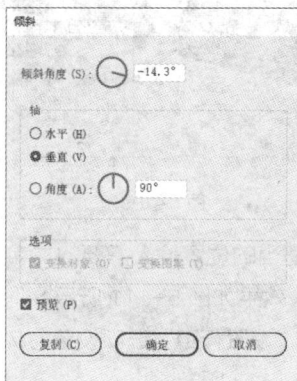

图 5-120

图 5-121

（15）选择"选择"工具 ，按 Ctrl+C 组合键复制图形，按 Ctrl+B 组合键将复制的图形粘贴在后面。分别按←和↓方向键微调复制的图形到适当的位置，并设置填充色为白色，效果如图 5-122 所示。

（16）选择"文字"工具 ，在适当的位置输入需要的文字。选择"选择"工具 ，在属性栏中选择合适的字体并设置文字的大小。设置填充色为黄色（其 CMYK 值分别为 0、15、100、0），填充文字，效果如图 5-123 所示。

图 5-122

图 5-123

（17）选择"文字"工具 ，选取数字"3400"，在属性栏中选择合适的字体并设置文字的大小，效果如图 5-124 所示。选择"选择"工具 ，将鼠标指针放置到右上角的控制点上，当鼠标指针变为旋转图标 时，向上拖曳将其旋转适当的角度，效果如图 5-125 所示。

图 5-124

图 5-125

（18）选择"文字"工具 ，在适当的位置输入需要的文字。选择"选择"工具 ，在属性栏中选择合适的字体并设置文字的大小,单击"居中对齐"按钮 ≣,并微调文字到适当的位置,效果如图 5-126 所示。设置填充色为红色(其 CMYK 值分别为 0、100、90、0),填充文字,效果如图 5-127 所示。

图 5-126

图 5-127

(19)选择"文字"工具 T,选取文字"进店选购",设置填充色为蓝色(其 CMYK 值分别为 65、0、17、0),填充文字,效果如图 5-128 所示。

(20)选择"选择"工具 ▶,设置文字描边色为白色,并在属性栏中将"描边粗细"选项设置为 0.25pt。按 Enter 键确定操作,效果如图 5-129 所示。

图 5-128

图 5-129

(21)选择"矩形"工具 □,在适当的位置拖曳绘制一个矩形,设置填充色为红色(其 CMYK 值分别为 0、100、90、0),填充图形,并设置描边色为无,效果如图 5-130 所示。

(22)选择"文字"工具 T,在适当的位置输入需要的文字。选择"选择"工具 ▶,在属性栏中选择合适的字体并设置文字的大小,设置填充色为白色,效果如图 5-131 所示。

图 5-130

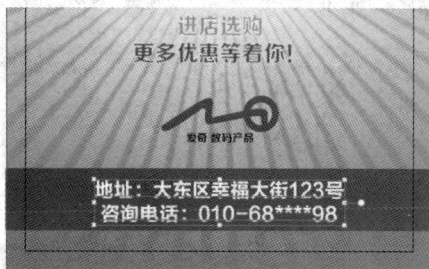

图 5-131

(23)产品宣传卡制作完成,效果如图 5-132 所示。按 Ctrl+S 组合键弹出"存储为"对话框,将文件命名为"产品宣传卡",选择 AI 格式。单击"保存"按钮,弹出"Illustrator 选项"对话框,单击"确定"按钮，保存文件。

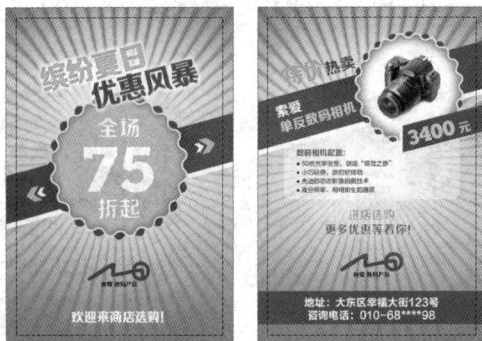

图 5-132

5.2 课后习题——音乐会门票设计

习题知识要点

在 Photoshop 中，使用"新建参考线版面"命令创建参考线，使用"添加杂色"命令和"矩形选框"工具绘制背景，使用"图层"控制面板和"画笔"工具制作图片融合效果，使用"色相/饱和度"命令调整图片色调，使用"直线"工具和"添加图层样式"按钮制作立体线条；在 Illustrator 中，使用"置入"命令添加背景底图，使用"文字"工具、"字符"控制面板添加门票和副券信息，使用"直线段"工具和"描边"控制面板添加分隔线。

素材所在位置

云盘 > Ch05 > 素材 > 音乐会门票设计 > 01~05。

效果所在位置

云盘 > Ch05 > 效果 > 音乐会门票设计 > 音乐会门票.ai，效果如图 5-133 所示。

图 5-133

扫码观看
本案例视频

06

第 6 章
Banner 设计

本章介绍

    Banner 是帮助提高品牌转化率的重要表现形式，直接影响到用户是否购买产品或参加活动，因此 Banner 设计对于产品及 UI 乃至运营来说至关重要。本章以电商类 App 主页 Banner 设计、生活家电类 App 主页 Banner 设计为例，讲解 Banner 的设计方法和制作技巧。

学习目标

✔ 掌握 Banner 的设计思路和过程。
✔ 掌握 Banner 的制作方法和技巧。

技能目标

✔ 掌握"电商类 App 主页 Banner"的制作方法。
✔ 掌握"生活家电类 App 主页 Banner"的制作方法。
✔ 掌握"生活家居类网站 Banner"的制作方法。

素养目标

✔ 培养对 Banner 的设计创意能力。
✔ 培养对 Banner 的审美与鉴赏能力。

6.1 电商类 App 主页 Banner 设计

案例学习目标

在 Photoshop 中，学习使用各类抠图技法制作 Banner 底图；在 Illustrator 中，学习使用"文字"工具、"字符"控制面板添加宣传主题。

案例知识要点

在 Photoshop 中，使用"色彩范围"命令和"收缩"命令抠取产品图片，使用"魔棒"工具抠取电器；在 Illustrator 中，使用"文字"工具、"字符"控制面板、"倾斜"工具添加并编辑主题文字，使用"投影"命令为文字添加投影效果。

效果所在位置

云盘 > Ch06 > 效果 > 电商类 App 主页 Banner 设计 > 电商类 App 主页 Banner.ai，效果如图 6-1 所示。

图 6-1

Photoshop 应用

6.1.1 制作广告底图

（1）打开 Photoshop 2020，按 Ctrl+N 组合键弹出"新建文档"对话框，设置宽度为 1920 像素、高度为 550 像素、分辨率为 72 像素/英寸、颜色模式为 RGB 颜色、背景内容为白色，单击"创建"按钮，新建一个文件。

（2）按 Ctrl+O 组合键，打开云盘中的"Ch06 > 素材 > 电商类 App 主页 Banner 设计 > 01"文件。选择"移动"工具 ⊕，将图片拖曳到新建图像窗口中适当的位置，效果如图 6-2 所示，"图层"控制面板中将生成新的图层，将其重命名为"底图"。

（3）按 Ctrl+O 组合键，打开云盘中的"Ch06 > 素材 > 电商类 App 主页 Banner 设计 > 02"文件，如图 6-3 所示。选择"选择 > 色彩范围"命令，弹出"色彩范围"对话框，在图像窗口中的鼠标指针将变为吸管图标 ✎，在后方背景上单击，对颜色进行取样，如图 6-4 所示。在"颜色容差"数值框中输入 100，预览图中的白色部分代表被选择的区域，如图 6-5 所示。

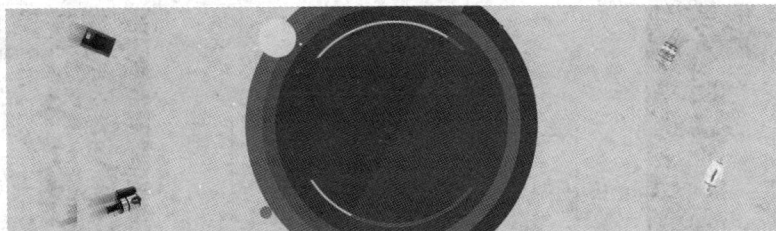

图 6-2

图 6-3

图 6-4

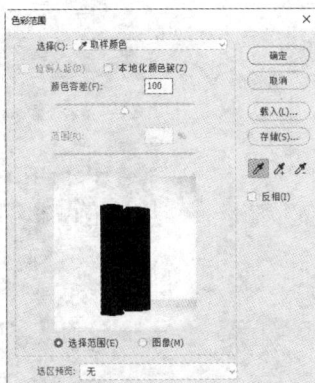

图 6-5

（4）在"色彩范围"对话框中，选中"添加到取样"按钮，在预览图右上角的灰色区域内单击，如图 6-6 所示，将该区域中的背景全部添加到选区中。在预览图中可以看出，背景区域全部变成了白色，如图 6-7 所示。勾选"反相"复选框，背景区域全部变成了黑色，如图 6-8 所示。

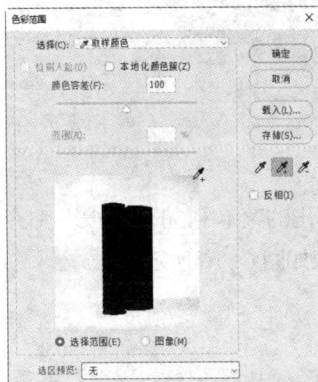

图 6-6

图 6-7

图 6-8

（5）设置完成后，单击"确定"按钮，产品图像将被选中，如图 6-9 所示。选择"选择 > 修改 > 收缩"命令，在弹出的"收缩选区"对话框中进行设置，如图 6-10 所示；单击"确定"按钮，收缩 1 像素选区，效果如图 6-11 所示。

（6）单击"图层"控制面板下方的"添加图层蒙版"按钮，添加图层蒙版，如图 6-12 所示，效果如图 6-13 所示。

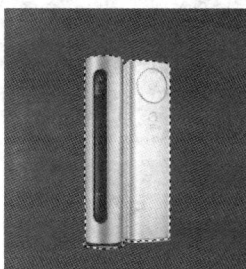
图 6-9

图 6-10

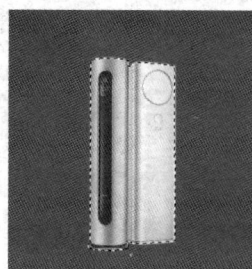
图 6-11

图 6-12

图 6-13

（7）选择"移动"工具 ，将抠出的产品图像拖曳到新建图像窗口中适当的位置，效果如图 6-14 所示，"图层"控制面板中将生成新的图层，将其重命名为"产品"。

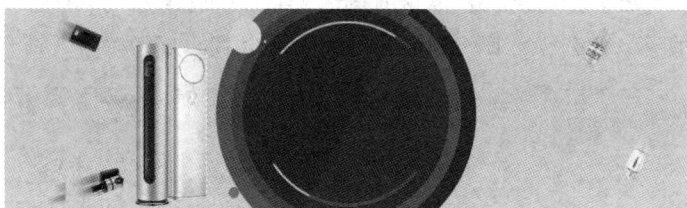
图 6-14

（8）单击"图层"控制面板下方的"添加图层样式"按钮 ，在弹出的菜单中选择"投影"命令，在弹出的对话框进行设置，如图 6-15 所示；单击"确定"按钮，效果如图 6-16 所示。

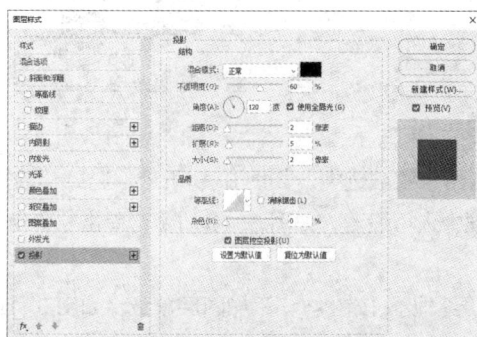
图 6-15

图 6-16

（9）按 Ctrl+O 组合键，打开云盘中的"Ch06 > 素材 > 电商类 App 主页 Banner 设计 > 03"文件，如图 6-17 所示。选择"魔棒"工具 ，在属性栏中勾选"连续"复选框，将"容差"选项设置为 20，在图像窗口中的白色背景区域中单击，图像周围会生成选区，如图 6-18 所示。选择"选择 > 反选"命令，将选区反选，如图 6-19 所示。

图 6-17

图 6-18

图 6-19

（10）选择"移动"工具 ，将抠出的图像拖曳到新建图像窗口中适当的位置，并调整其大小，效果如图 6-20 所示，"图层"控制面板中将生成新的图层，将其重命名为"冰箱"。

（11）用相同的方法分别抠出"04""05""06"文件中的电器，并分别拖曳到新建图像窗口中的适当位置，调整其大小，效果如图 6-21 所示，"图层"控制面板中将分别生成新的图层，将其重命名为"洗衣机""电饭煲""面包机"。

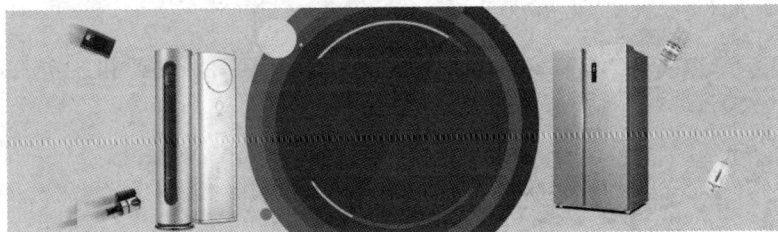
图 6-20

图 6-21

（12）按 Ctrl+O 组合键，打开云盘中的"Ch06 > 素材 > 电商类 App 主页 Banner 设计 > 07"文件。选择"移动"工具 ，将图片拖曳到新建图像窗口中适当的位置，如图 6-22 所示，"图层"控制面板中将生成新的图层，将其重命名为"彩带"。

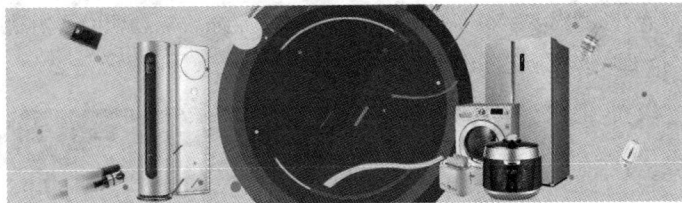
图 6-22

（13）按 Shift+Ctrl+E 组合键合并可见图层。按 Ctrl+S 组合键弹出"另存为"对话框，将文件命名为"电商类 App 主页 Banner 底图"，选择 JPEG 格式，单击"保存"按钮，弹出"JPEG 选项"对话框，单击"确定"按钮，保存文件。

Illustrator 应用

6.1.2　添加并编辑主题文字

（1）打开 Illustrator 2020，按 Ctrl+N 组合键弹出"新建文档"对话框，设置宽度为 1920 px、高度为 550 px、方向为横向、颜色模式为 RGB 颜色、栅格效果为屏幕（72 ppi），单击"创建"按钮，新建一个文件。

（2）选择"文件 > 置入"命令，弹出"置入"对话框，选择云盘中的"Ch06 > 效果 > 电商类 App 主页 Banner 设计 > 电商类 App 主页 Banner 底图.jpg"文件，单击"置入"按钮，在页面中单击置入图片，单击属性栏中的"嵌入"按钮，嵌入图片。选择"选择"工具 ▶，拖曳图片到适当的位置，效果如图 6-23 所示。按 Ctrl+2 组合键锁定所选对象。

扫码观看
本案例视频

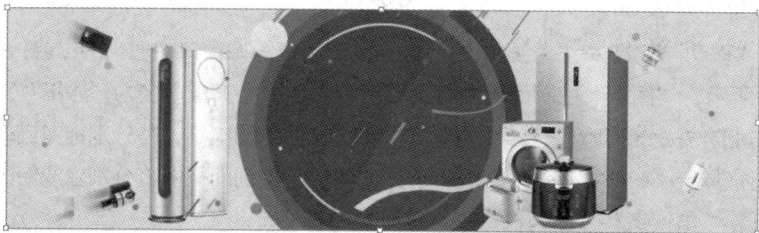

图 6-23

（3）选择"文字"工具 Ｔ，在页面中输入需要的文字。选择"选择"工具 ▶，在属性栏中选择合适的字体并设置文字的大小，设置填充色为白色，效果如图 6-24 所示。

图 6-24

（4）按 Ctrl+T 组合键弹出"字符"控制面板，将"水平缩放"选项设置为 93%，其他选项的设置如图 6-25 所示；按 Enter 键确定操作，效果如图 6-26 所示。

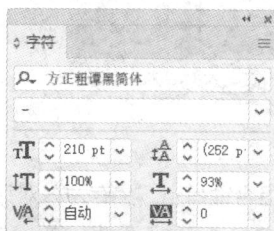

图 6-25

图 6-26

（5）双击"倾斜"工具 ，弹出"倾斜"对话框，点选"垂直"单选项，其他选项的设置如图 6-27 所示；单击"确定"按钮，倾斜文字，效果如图 6-28 所示。

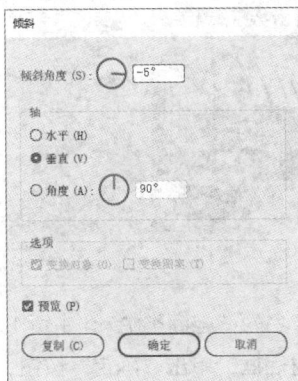

图 6-27

图 6-28

（6）双击"倾斜"工具 ，弹出"倾斜"对话框，点选"水平"单选项，其他选项的设置如图 6-29 所示；单击"确定"按钮，倾斜文字，效果如图 6-30 所示。

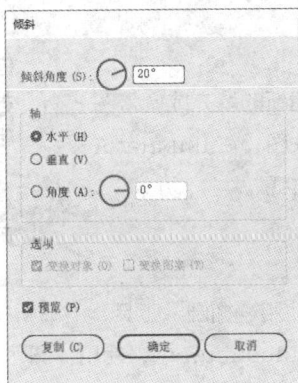

图 6-29

图 6-30

（7）选择"选择"工具 ，选择"效果 > 风格化 > 投影"命令，在弹出的对话框中进行设置，如图 6-31 所示；单击"确定"按钮，效果如图 6-32 所示。

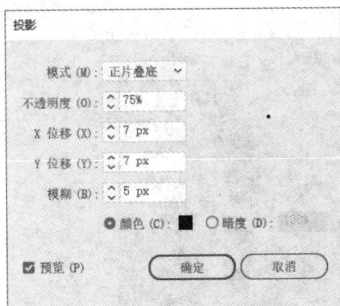

图 6-31

图 6-32

（8）用相同的方法制作其他倾斜图形和文字，并填充相应的颜色，效果如图 6-33 所示。电商类 App 主页 Banner 就制作完成了。

图 6-33

（9）按 Ctrl+S 组合键弹出"存储为"对话框，将文件命名为"电商类 App 主页 Banner"，选择 AI 格式，单击"保存"按钮，弹出"Illustrator 选项"对话框，单击"确定"按钮，保存文件。

6.2　生活家电类 App 主页 Banner 设计

案例学习目标

在 Photoshop 中，学习使用"图层"控制面板、"创建新的填充或调整图层"按钮、"椭圆"工具、"高斯模糊"命令制作 Banner 底图；在 Illustrator 中，学习使用"文字"工具、绘图工具添加产品名称和价格信息。

扫码观看
扩展阅读

案例知识要点

在 Photoshop 中，使用"移动"工具添加产品图片，使用"椭圆"工具、"高斯模糊"命令为空调扇添加投影效果，使用"色阶"命令调整图片颜色；在 Illustrator 中，使用"圆角矩形"工具、"文字"工具添加产品名称及相关功能介绍。

效果所在位置

云盘 > Ch06 > 效果 > 生活家电类 App 主页 Banner 设计 > 生活家电类 App 主页 Banner.ai，效果如图 6-34 所示。

图 6-34

Photoshop 应用

6.2.1 制作广告底图

（1）打开 Photoshop 2020，按 Ctrl+N 组合键弹出"新建文档"对话框，
设置宽度为 1920 像素、高度为 800 像素、分辨率为 72 像素/英寸、颜色模式为
RGB 颜色、背景内容为白色，单击"创建"按钮，新建一个文件。

扫码观看
本案例视频

（2）按 Ctrl+O 组合键，打开云盘中的"Ch06 > 素材 > 生活家电类 App
主页 Banner 设计 > 01、02"文件。选择"移动"工具，分别将图片拖曳到
新建图像窗口中适当的位置，效果如图 6-35 所示，"图层"控制面板中将分别
生成新的图层，将其重命名为"底图"和"空调扇"，如图 6-36 所示。

（3）选择"椭圆"工具，在属性栏的"选择工具模式"选项中选择"形状"，将填充色设置
为深灰色（其 RGB 值分别为 31、31、31），将描边色设置为无，在图像窗口中绘制一个椭圆形，效
果如图 6-37 所示，"图层"控制面板中将生成新的图层，将其重命名为"投影"。

图 6-35

图 6-36

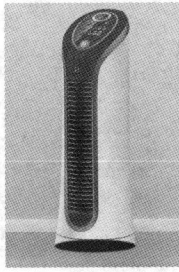

图 6-37

（4）选择"滤镜 > 模糊 > 高斯模糊"命令，弹出提示对话框，如图 6-38 所示，单击"转换为
智能对象"按钮，弹出"高斯模糊"对话框，选项的设置如图 6-39 所示，单击"确定"按钮，效果
如图 6-40 所示。

图 6-38

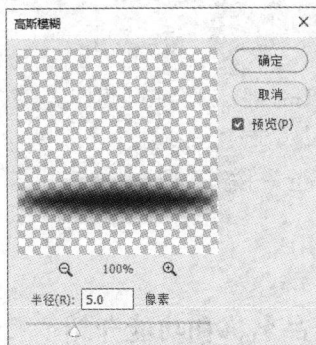

图 6-39

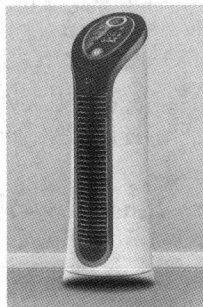

图 6-40

（5）在"图层"控制面板中，将"投影"图层拖曳到"空调扇"图层的下方，如图 6-41 所示，
效果如图 6-42 所示。

图 6-41

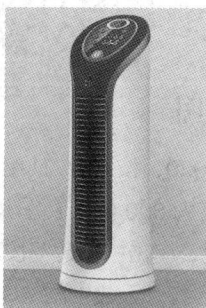

图 6-42

（6）选择"空调扇"图层。单击"图层"控制面板下方的"创建新的填充或调整图层"按钮 ，
在弹出的菜单中选择"色阶"命令，"图层"控制面板中将生成"色阶 1"图层，同时弹出"属性"
控制面板。单击"此调整影响下面的所有图层"按钮 使其显示为"此调整剪切到此图层"按钮 ，
其他选项的设置如图 6-43 所示。按 Enter 键确定操作，效果如图 6-44 所示。

（7）按 Ctrl+O 组合键，打开云盘中的"Ch06 ＞ 素材 ＞ 生活家电类 App 主页 Banner 设
计 ＞ 03"文件。选择"移动"工具 ，将图片拖曳到新建图像窗口中适当的位置，效果如图 6-45
所示，"图层"控制面板中将生成新的图层，将其重命名为"树叶"。

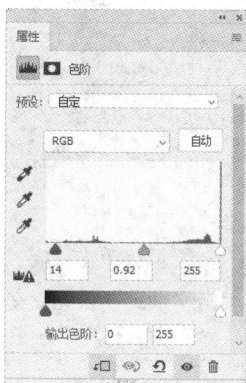

图 6-43

图 6-44

图 6-45

（8）按 Shift+Ctrl+E 组合键合并可见图层。按 Ctrl+S 组合键弹出"另存为"对话框，将文件命
名为"生活家电类 App 主页 Banner 底图"，选择 JPEG 格式，单击"保存"按钮，弹出"JPEG 选
项"对话框，单击"确定"按钮，保存文件。

Illustrator 应用

6.2.2　添加产品名称和功能介绍

（1）打开 Illustrator 2020，按 Ctrl+N 组合键弹出"新建文档"对话框，设
置宽度为 1920 px、高度为 800 px、方向为横向、颜色模式为 RGB 颜色、栅格
效果为屏幕（72 ppi），单击"创建"按钮，新建一个文件。

（2）选择"文件 ＞ 置入"命令，弹出"置入"对话框，选择云盘中的"Ch06 ＞

扫码观看
本案例视频

效果 ＞ 生活家电类 App 主页 Banner 设计 ＞ 生活家电类 App 主页 Banner 底图.jpg"文件，单击
"置入"按钮，在页面中单击置入图片。单击属性栏中的"嵌入"按钮，嵌入图片。选择"选择"工
具 ，拖曳图片到适当的位置，效果如图 6-46 所示。按 Ctrl+2 组合键锁定所选对象。

图 6-46

（3）选择"文字"工具 T ，在页面中输入需要的文字。选择"选择"工具 ，在属性栏中分别
选择合适的字体并设置文字的大小，效果如图 6-47 所示。

图 6-47

（4）选择"文字"工具 T ，选取文字"4500W 急速制冷"，在属性栏中选择合适的字体并设置
文字的大小，效果如图 6-48 所示。

图 6-48

（5）选择"选择"工具 ，选取文字，设置填充色为海蓝色（其 RGB 值分别为 2、112、157），
填充文字，效果如图 6-49 所示。

（6）选择"圆角矩形"工具 ，在页面中单击，弹出"圆角矩形"对话框，选项的设置如图 6-50
所示，单击"确定"按钮，页面中会出现一个圆角矩形。选择"选择"工具 ，拖曳圆角矩形到适
当的位置，设置填充色为红色（其 RGB 值分别为 246、63、0），填充图形，并设置描边色为无，效

果如图 6-51 所示。

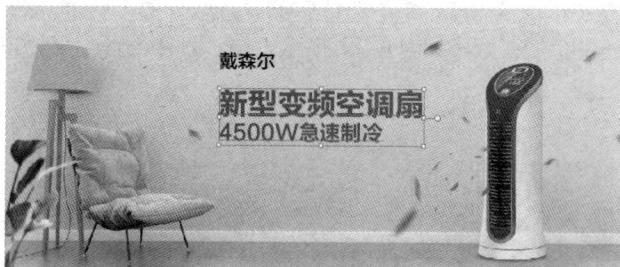

图 6-49

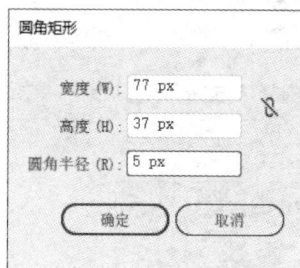

图 6-50

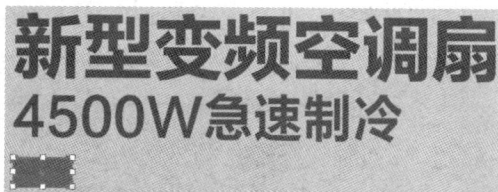

图 6-51

　　（7）选择"文字"工具 T，在适当的位置输入需要的文字。选择"选择"工具 ▶，在属性栏中选择合适的字体并设置文字的大小，设置填充色为白色，效果如图 6-52 所示。按住 Shift 键的同时单击下方的圆角矩形将图和文字同时选取，如图 6-53 所示。

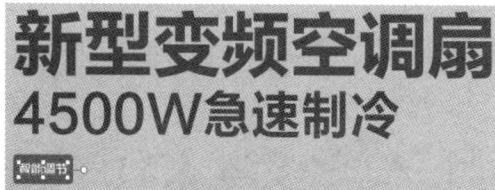

图 6-52

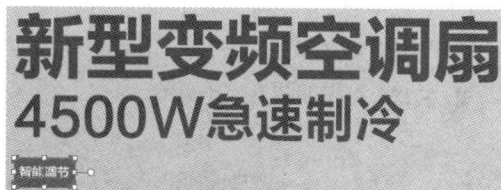

图 6-53

　　（8）选择"选择"工具 ▶，按住 Alt+Shift 组合键的同时，水平向右拖曳图形和文字到适当的位置，复制图形和文字，效果如图 6-54 所示。连续两次按 Ctrl+D 组合键，再复制出两个图形和文字，效果如图 6-55 所示。

图 6-54

图 6-55

　　（9）选择"文字"工具 T，选取并重新输入需要的文字，如图 6-56 所示。用相同的方法分别重新输入其他文字，效果如图 6-57 所示。

图 6-56

图 6-57

（10）选择"文字"工具 T，在适当的位置输入需要的文字。选择"选择"工具 ▶，在属性栏中选择合适的字体并设置文字的大小，效果如图 6-58 所示。选择"文字"工具 T，选取数字"599"，在属性栏中选择合适的字体并设置文字的大小，效果如图 6-59 所示。

图 6-58

图 6-59

（11）生活家电类 App 主页 Banner 就制作完成了，效果如图 6-60 所示。按 Ctrl+S 组合键弹出"存储为"对话框，将文件命名为"生活家电类 App 主页 Banner"，选择 AI 格式，单击"保存"按钮，弹出"Illustrator 选项"对话框，单击"确定"按钮，保存文件。

图 6-60

6.3 课后习题——生活家居类网站 Banner 设计

🔗 习题知识要点

在 Photoshop 中，使用"添加杂色"命令、"添加图层样式"按钮和"矩形"工具制作 Banner 底图，使用"置入嵌入对象"命令置入家居图片，使用"色阶"命令、"色相/饱和度"命令和"曲线"命令调整图片颜色；在 Illustrator 中，使用"文字"工具添加宣传性文字，使用"位移路径"命令添加文字描边，使用"圆角矩形"工具、"投影"命令制作查看详情按钮。

素材所在位置

云盘 ＞ Ch06 ＞ 素材 ＞ 生活家居类网站 Banner 设计 ＞ 01~03。

效果所在位置

云盘 ＞ Ch06 ＞ 效果 ＞ 生活家居类网站 Banner 设计 ＞ 生活家居类网站 Banner.ai，效果如图 6-61 所示。

图 6-61

扫码观看
本案例视频

07

第7章
宣传单设计

本章介绍 ⊞

　　宣传单是直销广告的一种，对宣传活动和促销产品有着重要的作用。宣传单通过派送、邮递等形式，可以有效地将信息传送给目标受众。众多的企业和商家都希望通过宣传单来宣传自己的产品，传播自己的企业文化。本章以家居宣传单三折页设计为例，讲解宣传单的设计方法和制作技巧。

学习目标 ⊞

- ✔ 掌握宣传单的设计思路和过程。
- ✔ 掌握宣传单的制作方法和技巧。

技能目标 ⊞

- ✔ 掌握"家居宣传单三折页"的制作方法。
- ✔ 掌握"食品宣传单"的制作方法。

素养目标 ⊞

- ✔ 培养对宣传单的设计创意能力。
- ✔ 培养对宣传单的审美与鉴赏能力。

7.1　家居宣传单三折页设计

案例学习目标

在 Illustrator 中，学习使用参考线分割页面，使用"文字"工具、"字符"和"段落"控制面板添加相关内容和介绍信息；在 Photoshop 中，学习使用"高斯模糊"命令制作折页展示效果。

扫码观看
扩展阅读

案例知识要点

在 Illustrator 中，使用"置入"命令添加家居图片，使用"矩形"工具和建立剪切蒙版组合键制作图片剪切蒙版，使用"文字"工具、"字符"和"段落"控制面板添加正/背面和内页宣传信息，使用"矩形"工具、"直线段"工具绘制装饰图形；在 Photoshop 中，使用"移动"工具添加素材图片，使用"矩形选框"工具、"多边形套索"工具制作折页展示效果。

效果所在位置

云盘 ＞ Ch07 ＞ 效果 ＞ 家居宣传单三折页设计 ＞ 家居宣传单三折页.ai、家居宣传单三折页展示效果.psd，效果如图 7-1 所示。

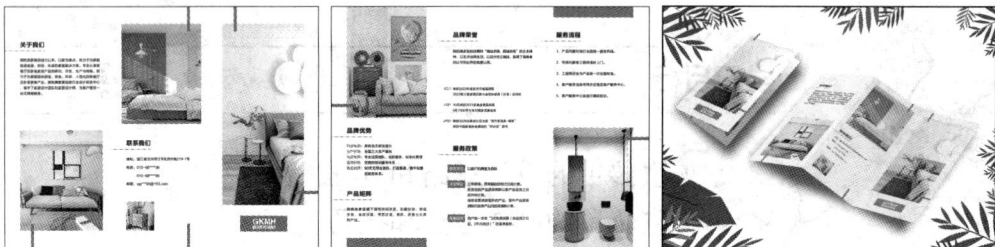

图 7-1

Illustrator 应用

7.1.1　制作折页正面

（1）打开 Illustrator 2020，按 Ctrl+N 组合键弹出"新建文档"对话框，设置宽度为 285 mm、高度为 210 mm、方向为横向、出血为 3 mm、颜色模式为 CMYK 颜色，单击"创建"按钮，新建一个文件。

（2）按 Ctrl+R 组合键显示标尺。选择"选择"工具 ▶，在左侧标尺上向右拖曳出一条垂直参考线。选择"窗口 ＞ 变换"命令，弹出"变换"控制面板，将"X"选项设置为 94 mm，如图 7-2 所示。按 Enter 键确定操作，如图 7-3 所示。

扫码观看
本案例视频

（3）保持参考线的选取状态，在"变换"控制面板中，将"X"选项设置为 189 mm，按 Alt+Enter

组合键确定操作，效果如图 7-4 所示。

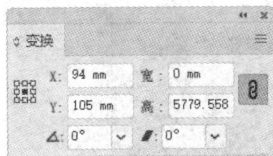

图 7-2   图 7-3   图 7-4

（4）选择"文件 > 置入"命令，弹出"置入"对话框，选择云盘中的"Ch07 > 素材 > 家居宣传单三折页设计 > 01"文件，单击"置入"按钮，在页面中单击置入图片。单击属性栏中的"嵌入"按钮，嵌入图片。选择"选择"工具 ▶，拖曳图片到适当的位置，效果如图 7-5 所示。

（5）选择"矩形"工具 ▢，在适当的位置绘制一个矩形，如图 7-6 所示。选择"选择"工具 ▶，按住 Shift 键的同时，单击下方的图片，将其同时选取，按 Ctrl+7 组合键建立剪切蒙版，效果如图 7-7 所示。

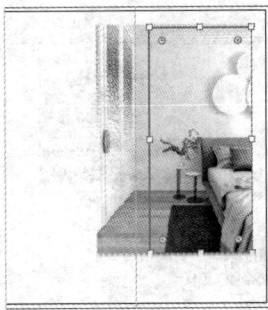

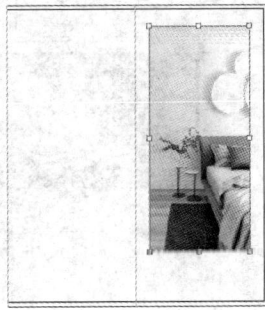

图 7-5   图 7-6   图 7-7

（6）选择"矩形"工具 ▢，在适当的位置绘制一个矩形，设置填充色为蓝色（其 CMYK 值分别为 89、0、36、0），填充图形，并设置描边色为无，效果如图 7-8 所示。

（7）选择"文字"工具 T，在页面中分别输入需要的文字。选择"选择"工具 ▶，在属性栏中分别选择合适的字体并设置文字的大小，设置填充色为白色，效果如图 7-9 所示。

图 7-8   图 7-9

（8）选择"文件 > 置入"命令，弹出"置入"对话框，选择云盘中的"Ch07 > 素材 > 家居宣

传单三折页设计 > 02"文件，单击"置入"按钮，在页面中单击置入图片。单击属性栏中的"嵌入"按钮，嵌入图片。选择"选择"工具 ，拖曳图片到适当的位置，效果如图 7-10 所示。选择"矩形"工具 ，在适当的位置绘制一个矩形，如图 7-11 所示。

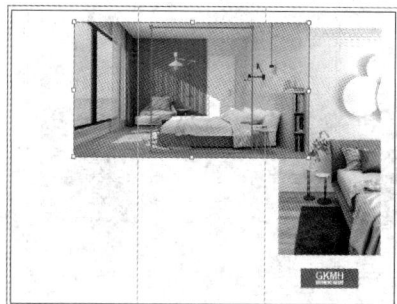

图 7-10

图 7-11

（9）选择"选择"工具 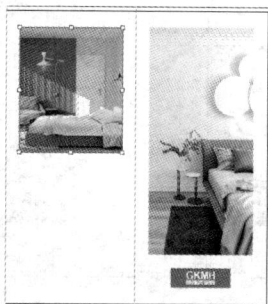，按住 Shift 键的同时，单击下方的图片，将其同时选取，如图 7-12 所示。按 Ctrl+7 组合键建立剪切蒙版，效果如图 7-13 所示。用相同的方法置入"03"图片，并制作剪切蒙版，如图 7-14 所示。

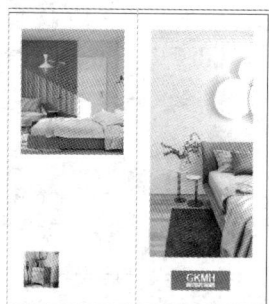

图 7-12

图 7-13

图 7-14

（10）选择"文字"工具 ，在适当的位置输入需要的文字。选择"选择"工具 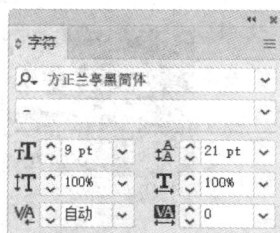，在属性栏中选择合适的字体并设置文字的大小，效果如图 7-15 所示。

（11）按 Ctrl+T 组合键弹出"字符"控制面板，将"设置行距"选项设置为 21 pt，其他选项的设置如图 7-16 所示。按 Enter 键确定操作，效果如图 7-17 所示。

图 7-15

图 7-16

图 7-17

（12）选择"文字"工具 T，在数字"0"的左侧单击插入光标，如图 7-18 所示。按 Alt+Ctrl+T 组合键弹出"段落"控制面板，将"左缩进"选项设置为 27 pt，其他选项的设置如图 7-19 所示。按 Enter 键确定操作，效果如图 7-20 所示。

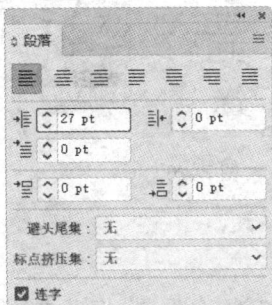

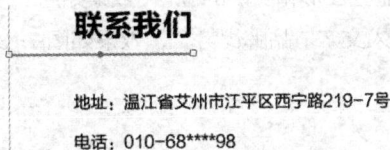

图 7-18 　　　　　　　　　　　图 7-19 　　　　　　　　　　　图 7-20

（13）选择"直线段"工具 ∕，按住 Shift 键的同时，在适当的位置绘制一条直线段，如图 7-21 所示，设置描边色为蓝色（其 CMYK 值分别为 89、0、36、0），效果如图 7-22 所示。

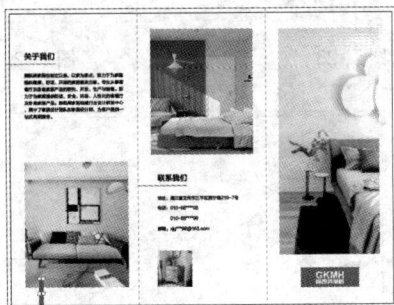

图 7-21 　　　　　　　　　　　　　　　　图 7-22

（14）用相同的方法制作"关于我们"页面，效果如图 7-23 所示。选择"矩形"工具 ▣，在适当的位置绘制一个矩形，设置填充色为蓝色（其 CMYK 值分别为 89、0、36、0），填充图形，并设置描边色为无，效果如图 7-24 所示。

图 7-23 　　　　　　　　　　　　　　　　图 7-24

（15）选择"选择"工具 ▶，按住 Alt+Shift 组合键的同时，水平向右拖曳矩形到适当的位置，复制矩形，效果如图 7-25 所示。用相同的方法复制出其他矩形，并调整适当的角度，效果如图 7-26 所示。

（16）按住 Shift 键的同时，依次单击选取需要的图形、文字和参考线，如图 7-27 所示，按 Ctrl+C 组合键复制图形、文字和参考线（此图形、文字和参考线作为备用）。

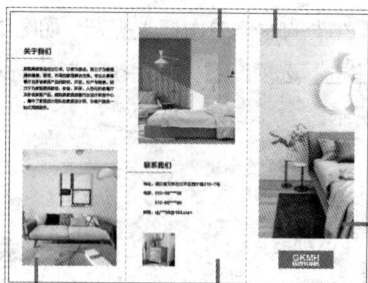
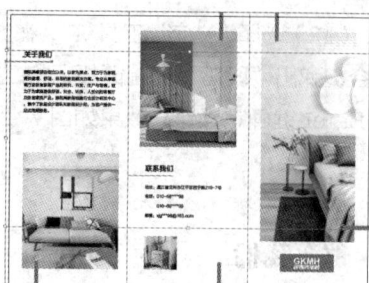

图 7-25   图 7-26   图 7-27

7.1.2 制作折页内页

（1）单击"图层"控制面板下方的"创建新图层"按钮，生成新的图层"图层 2"，如图 7-28 所示。单击"图层 1"左侧的眼睛图标，将"图层 1"隐藏，如图 7-29 所示。按 Shift+Ctrl+V 组合键就地粘贴图形、文字和参考线（备用），如图 7-30 所示。

扫码观看
本案例视频

（2）分别调整图形和文字的位置，效果如图 7-31 所示。选择"文字"工具，选取并重新输入文字"品牌优势"，效果如图 7-32 所示。

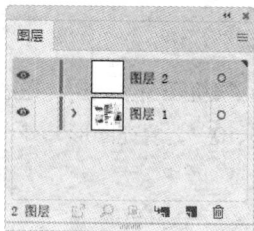
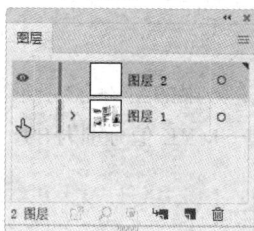
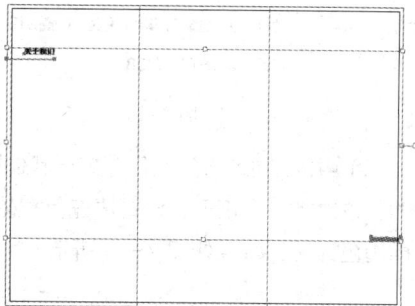

图 7-28   图 7-29   图 7-30

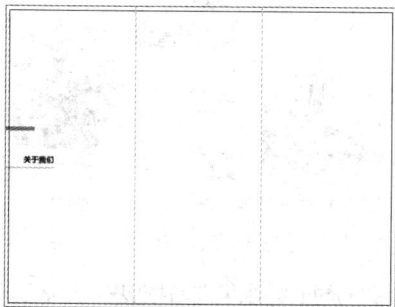

图 7-31   图 7-32

（3）选择"文件 > 置入"命令，弹出"置入"对话框，选择云盘中的"Ch07 > 素材 > 家居宣传单三折页设计 > 04"文件，单击"置入"按钮，在页面中单击置入图片。单击属性栏中的"嵌入"按钮，嵌入图片。选择"选择"工具，拖曳图片到适当的位置，效果如图 7-33 所示。选择"矩形"

工具 ▣，在适当的位置绘制一个矩形，如图 7-34 所示。

图 7-33   图 7-34

（4）选择"选择"工具 ▶，按住 Shift 键的同时，单击下方的图片，将其同时选取，如图 7-35 所示。按 Ctrl+7 组合键建立剪切蒙版，效果如图 7-36 所示。连续按 Ctrl+ [组合键，将图片后移至适当的位置，效果如图 7-37 所示。

图 7-35   图 7-36   图 7-37

（5）选择"文字"工具 T，在适当的位置按住鼠标左键不放，拖曳出一个带有选中文本的文本框，如图 7-38 所示。输入需要的文字，选择"选择"工具 ▶，在属性栏中选择合适的字体并设置文字的大小，效果如图 7-39 所示。

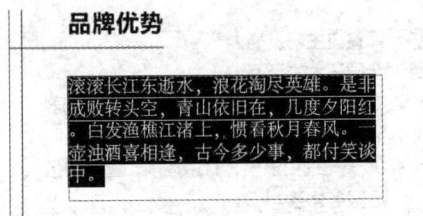
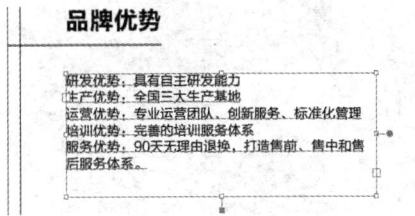

图 7-38   图 7-39

（6）在"字符"控制面板中，将"设置行距"选项设置为 14 pt，其他选项的设置如图 7-40 所示；按 Enter 键确定操作，效果如图 7-41 所示。

（7）选择"文字"工具 T，选取文字"研发优势："，在属性栏中选择合适的字体，效果如图 7-42 所示。设置填充色为蓝色（其 CMYK 值分别为 89、0、36、0），填充文字，效果如图 7-43 所示。

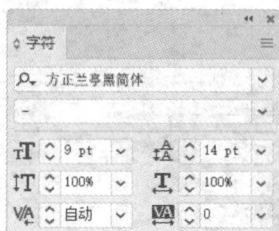

图 7-40

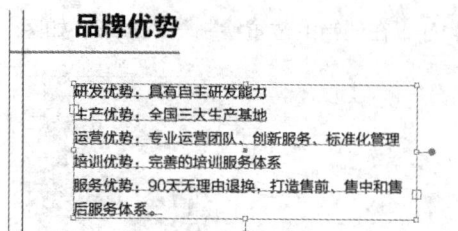

图 7-41

研发优势：具有自主研发能力
生产优势：全国三大生产基地
运营优势：专业运营团队、创新服务、标准化管理
培训优势：完善的培训服务体系
服务优势：90天无理由退换，打造售前、售中和售
后服务体系。

图 7-42

研发优势：具有自主研发能力
生产优势：全国三大生产基地
运营优势：专业运营团队、创新服务、标准化管理
培训优势：完善的培训服务体系
服务优势：90天无理由退换，打造售前、售中和售
后服务体系。

图 7-43

（8）用相同的方法分别设置其他文字的字体和颜色，效果如图 7-44 所示。选择"文字"工具 $\boxed{\text{T}}$，在文字"后"的左侧单击插入光标，如图 7-45 所示。

研发优势：具有自主研发能力
生产优势：全国三大生产基地
运营优势：专业运营团队、创新服务、标准化管理
培训优势：完善的培训服务体系
服务优势：90天无理由退换，打造售前、售中和售
后服务体系。

图 7-44

研发优势：具有自主研发能力
生产优势：全国三大生产基地
运营优势：专业运营团队、创新服务、标准化管理
培训优势：完善的培训服务体系
服务优势：90天无理由退换，打造售前、售中和售
后服务体系。

图 7-45

（9）在"段落"控制面板中，将"左缩进"选项设置为 45 pt，其他选项的设置如图 7-46 所示；按 Enter 键确定操作，效果如图 7-47 所示。

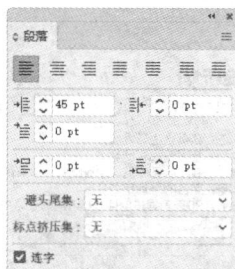

图 7-46

研发优势：具有自主研发能力
生产优势：全国三大生产基地
运营优势：专业运营团队、创新服务、标准化管理
培训优势：完善的培训服务体系
服务优势：90天无理由退换，打造售前、售中和售
后服务体系。

图 7-47

（10）选择"选择"工具 $\boxed{\blacktriangleright}$，用框选的方法将图形和文字同时选取，如图 7-48 所示。按住
Alt+Shift 组合键的同时，垂直向下拖曳图形和文字到适当的位置，复制图形和文字，效果如图 7-49
所示。选择"文字"工具 $\boxed{\text{T}}$，选取并重新输入文字，填充相应的颜色，效果如图 7-50 所示。

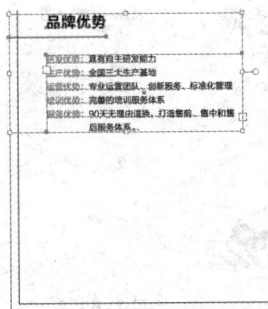

图 7-48

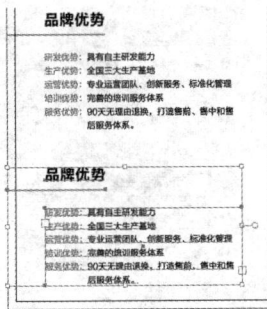

图 7-49

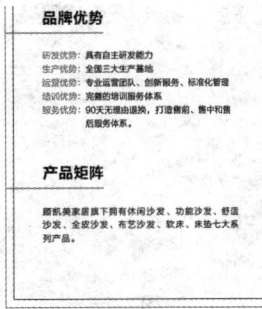

图 7-50

（11）选择"矩形"工具 ▭，在适当的位置绘制一个矩形，设置填充色为蓝色（其 CMYK 值分别为 89、0、36、0），填充图形，效果如图 7-51 所示。用相同的方法分别制作其他页面，效果如图 7-52 所示。家居宣传单三折页就制作完成了。

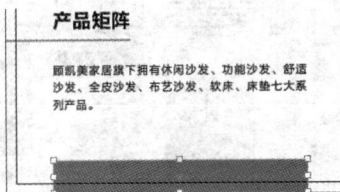

图 7-51

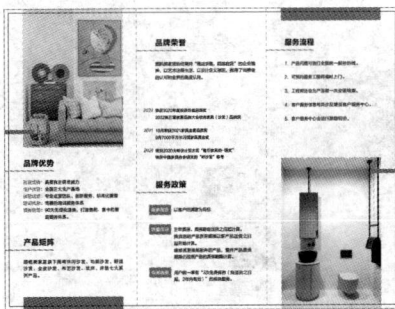

图 7-52

（12）选择"文件 > 导出 > 导出为"命令，弹出"导出"对话框，将文件命名为"家居宣传单三折页-内页"，勾选"使用画板"复选框，选择 JPEG 格式，单击"导出"按钮，弹出"JPEG 选项"对话框，单击"确定"按钮，导出文件。用相同的方法导出"家居宣传单三折页-正面"文件。

Photoshop 应用

7.1.3 制作折页展示效果

（1）打开 Photoshop 2020，按 Ctrl+N 组合键弹出"新建文档"对话框，设置宽度为 29.7 厘米、高度为 21 厘米、分辨率为 150 像素/英寸、颜色模式为 RGB、背景内容为白色，单击"创建"按钮，新建一个文件。

（2）按 Ctrl+O 组合键，打开云盘中的"Ch07 > 素材 > 家居宣传单三折页设计 > 07、08"文件。选择"移动"工具 ⊕，分别将图片拖曳到新建图像窗口中适当的位置，效果如图 7-53 所示。"图层"控制面板中将生成新的图层，将其重命名为"底纹""叶子"。

（3）在"图层"控制面板中，将"底纹"图层的"不透明度"选项设置为 16%，如图 7-54 所示；按 Enter 键确定操作，效果如图 7-55 所示。

扫码观看
本案例视频

图 7-53

图 7-54

图 7-55

（4）选中"叶子"图层。按 Ctrl+O 组合键，打开云盘中的"Ch07 > 效果 > 家居宣传单三折页设计 > 家居宣传单三折页-正面.jpg"文件，如图 7-56 所示。

（5）选择"视图 > 新建参考线版面"命令，弹出"新建参考线版面"对话框，设置如图 7-57 所示；单击"确定"按钮，完成版面参考线的创建，如图 7-58 所示。

图 7-56

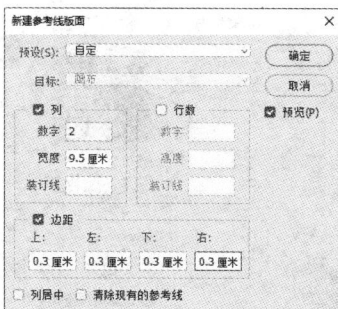
图 7-57

图 7-58

（6）选择"矩形选框"工具，在图像窗口中绘制出需要的选区，如图 7-59 所示。选择"移动"工具，将选区中的图像拖曳到新建的图像窗口中，效果如图 7-60 所示。"图层"控制面板中将生成新的图层，将其重命名为"正面"。

图 7-59

图 7-60

（7）按 Ctrl+T 组合键，图像周围会出现变换框，按住 Ctrl 键的同时，拖曳右下角的控制点到适当的位置，如图 7-61 所示。用相同的方法分别拖曳其他控制点到适当的位置，按 Enter 键确定操作，效果如图 7-62 所示。

（8）按住 Ctrl 键的同时，单击"正面"图层的缩览图，图像周围会生成选区，如图 7-63 所示。新建图层并将其重命名为"正面阴影"。将前景色设置为灰色（其 RGB 值分别为 179、179、179），按 Alt+Delete 组合键用前景色填充选区，按 Ctrl+D 组合键取消选择选区，效果如图 7-64 所示。

图 7-61

图 7-62

图 7-63

图 7-64

（9）在"图层"控制面板中，将"正面阴影"图层的"不透明度"选项设置为 20%，如图 7-65 所示。按 Enter 键确定操作，效果如图 7-66 所示。用相同的方法制作"背面"和"内页"，效果如图 7-67 所示。

图 7-65

图 7-66

图 7-67

（10）选择"多边形套索"工具 ，在图像窗口中沿着折页拖曳绘制选区，效果如图 7-68 所示。新建图层并将其重命名为"阴影"。将前景色设置为深灰色（其 RGB 值分别为 96、96、96），按 Alt+Delete 组合键用前景色填充选区，按 Ctrl+D 组合键取消选择选区，效果如图 7-69 所示。

（11）选择"滤镜 > 模糊 > 高斯模糊"命令，在弹出的对话框中进行设置，如图 7-70 所示；单击"确定"按钮，效果如图 7-71 所示。

（12）在"图层"控制面板中，将"阴影"图层拖曳到"正面"图层的下方，如图 7-72 所示，图像效果如图 7-73 所示。用相同的方法制作折后展示效果，如图 7-74 所示。家居宣传单三折页展示效果就制作完成了。

图 7-68

图 7-69

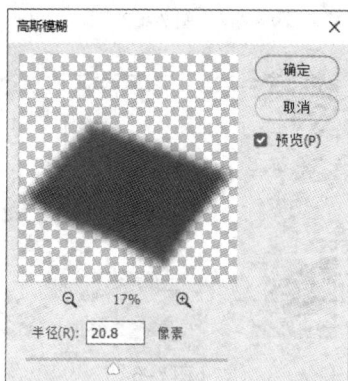

图 7-70

图 7-71

图 7-72

图 7-73

图 7-74

（13）按 Ctrl+S 组合键弹出"另存为"对话框，将文件命名为"家居宣传单三折页展示效果"，选择 PSD 格式，单击"保存"按钮，弹出"Photoshop 格式选项"对话框，单击"确定"按钮，保存文件。

7.2 课后习题——食品宣传单设计

习题知识要点

在 Photoshop 中，使用"新建参考线版面"命令添加参考线，使用"渐变"工具、"图层"控制面板合成背景，使用"高斯模糊"命令为图片添加模糊效果，使用"色阶"命令调整图片颜色；在 Illustrator 中，使用"文字"工具、"创建轮廓"命令和"描边"控制面板添加并编辑标题文字，使用"直线段"工具绘制装饰线条，使用"文字"工具、"制表符"命令添加产品品类，使用"文字"工具、"字符"控制面板添加其他相关信息。

◉ 素材 所在位置

云盘 > Ch07 > 素材 > 食品宣传单设计 > 01~06。

◉ 效果 所在位置

云盘 > Ch07 > 效果 > 食品宣传单设计 > 食品宣传单.ai，效果如图 7-75 所示。

扫码观看
本案例视频

图 7-75

08

第 8 章
广告设计

本章介绍

    广告以多样的形式出现在城市中，是城市商业发展的写照。广告通过电视、报纸和霓虹灯等媒介来发布。好的广告要强化视觉冲击力，抓住观众的视线。广告是重要的宣传媒体之一，具有实效性强、受众广泛、宣传力度大的特点。本章以咖啡厅广告设计为例，讲解广告的设计方法和制作技巧。

学习目标

- ✔ 掌握广告的设计思路和过程。
- ✔ 掌握广告的制作方法和技巧。

技能目标

- ✔ 掌握"咖啡厅广告"的制作方法。
- ✔ 掌握"汽车广告"的制作方法。

素养目标

- ✔ 培养对广告的设计创意能力。
- ✔ 培养对广告的审美与鉴赏能力。

8.1 咖啡厅广告设计

案例学习目标

在 Photoshop 中，学习使用图层混合模式和"添加图层样式"按钮制作广告背景图；在 Illustrator 中，学习使用绘图工具、"文字"工具、"字符"控制面板、"描边"控制面板和"缩放"命令制作标牌和广告信息。

案例知识要点

在 Photoshop 中，使用"移动"工具和图层混合模式制作图片融合效果，使用"添加图层样式"按钮为图片添加描边和内阴影效果；在 Illustrator 中，使用"星形"工具、"椭圆"工具、"描边"控制面板制作标牌底图，使用"椭圆"工具、"路径文字"工具制作路径文字，使用"文字"工具和"字符"控制面板添加信息文字，使用复制和粘贴组合键制作装饰图形，使用"符号库"命令和"椭圆"工具制作图标。

效果所在位置

云盘 > Ch08 > 效果 > 咖啡厅广告设计 > 咖啡厅广告.ai，效果如图 8-1 所示。

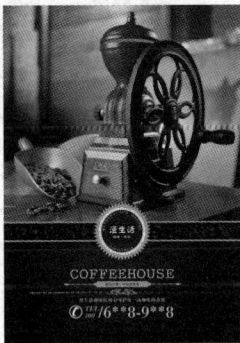

图 8-1

Photoshop 应用

8.1.1 制作背景图

（1）打开 Photoshop 2020，按 Ctrl+N 组合键弹出"新建文档"对话框，设置宽度为 21.6 厘米、高度为 30.3 厘米、分辨率为 150 像素/英寸、颜色模式为 RGB 颜色、背景内容为黑色，单击"创建"按钮，新建一个文件。

（2）选择"视图 > 新建参考线版面"命令，弹出"新建参考线版面"对话框，设置如图 8-2 所示；单击"确定"按钮，完成版面参考线的创建，如图 8-3 所示。

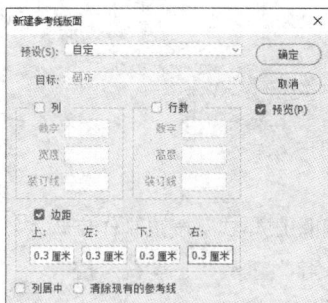

图 8-2

图 8-3

（3）按 Ctrl + O 组合键，打开云盘中的"Ch08 > 素材 > 咖啡厅广告设计 > 01"文件。选择"移动"工具 ，将图片拖曳到新建图像窗口中适当的位置，效果如图 8-4 所示，"图层"控制面板中将生成新的图层，将其重命名为"底图"。

（4）在"图层"控制面板中，将"底图"图层的混合模式设置为"滤色"，如图 8-5 所示，效果如图 8-6 所示。

图 8-4

图 8-5

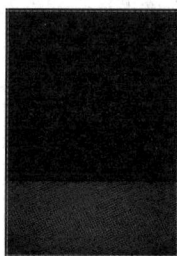

图 8-6

（5）按 Ctrl + O 组合键，打开云盘中的"Ch08 > 素材 > 咖啡厅广告设计 > 02、03"文件。选择"移动"工具 ，分别将图片拖曳到新建图像窗口中的适当位置，效果如图 8-7 所示，"图层"控制面板中将分别生成新的图层，将其重命名为"咖啡机"和"咖啡豆"。

（6）单击"图层"控制面板下方的"添加图层样式"按钮 ，在弹出的菜单中选择"描边"命令，弹出对话框，将描边颜色设置为橘黄色（其 RGB 值分别为 243、152、0），其他选项的设置如图 8-8 所示；选择"内阴影"选项，切换到相应的面板，选项的设置如图 8-9 所示，单击"确定"按钮，效果如图 8-10 所示。

图 8-7

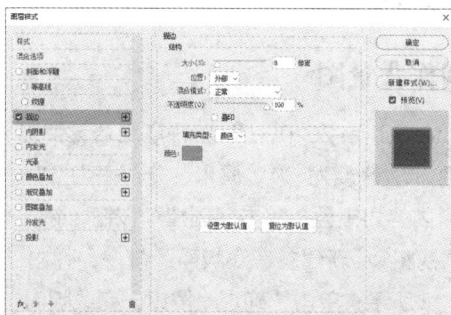

图 8-8

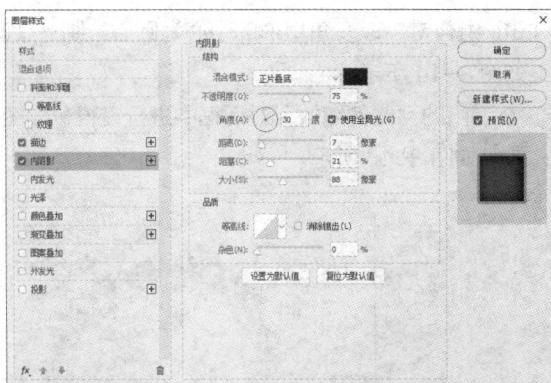

图 8-9

图 8-10

（7）咖啡厅广告底图就制作完成了。按 Shift+Ctrl+E 组合键合并可见图层。按 Ctrl+S 组合键弹出"另存为"对话框，将文件命名为"咖啡厅广告底图"，选择 JPEG 格式，单击"保存"按钮，弹出"JPEG 选项"对话框，单击"确定"按钮，保存文件。

Illustrator 应用

8.1.2 制作标牌图形

（1）打开 Illustrator 2020，按 Ctrl+N 组合键弹出"新建文档"对话框，设置宽度为 210 mm、高度为 297 mm、方向为纵向、出血为 3 mm、颜色模式为 CMYK 颜色，单击"创建"按钮，新建一个文件。

（2）选择"文件 > 置入"命令，弹出"置入"对话框，选择云盘中的"Ch08 > 效果 > 咖啡厅广告设计 > 咖啡厅广告底图.jpg"文件，单击"置入"按钮，在页面中单击置入图片。单击属性栏中的"嵌入"按钮，嵌入图片。选择"选择"工具 ▶，拖曳图片到适当的位置，效果如图 8-11 所示。按 Ctrl+2 组合键锁定所选对象。

扫码观看
本案例视频

（3）选择"星形"工具 ★，在页面外单击，弹出"星形"对话框，选项的设置如图 8-12 所示，单击"确定"按钮，会出现一个多角星形。选择"选择"工具 ▶，设置填充色为橘黄色（其 CMYK 值分别为 0、45、100、0），填充星形，并设置描边色为无，效果如图 8-13 所示。

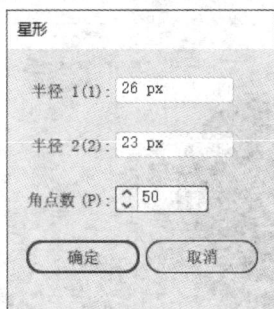

图 8-11

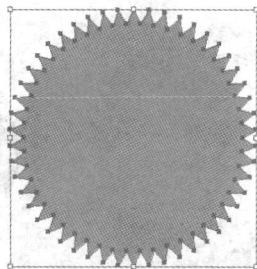

图 8-12

图 8-13

（4）选择"椭圆"工具 ，按住 Alt+Shift 组合键，以多角星形的中心为圆心绘制一个圆形，设置填充色为白色，并设置描边色为无，效果如图 8-14 所示。

（5）选择"对象 > 变换 > 缩放"命令，在弹出的"比例缩放"对话框中进行设置，如图 8-15 所示，单击"复制"按钮，复制并缩小圆形，效果如图 8-16 所示。

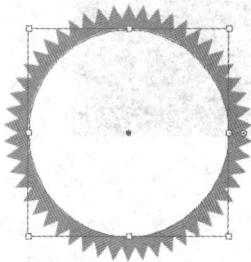
图 8-14

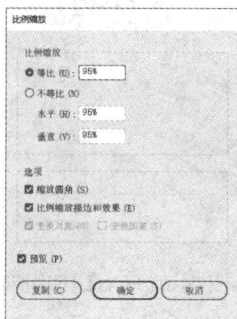
图 8-15

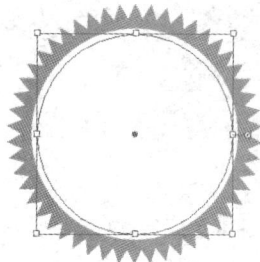
图 8-16

（6）设置填充色为无，并设置描边色为咖啡色（其 CMYK 值分别为 60、100、100、60），效果如图 8-17 所示。选择"窗口 > 描边"命令，弹出"描边"控制面板，勾选"虚线"复选框，数值框被激活，各选项的设置如图 8-18 所示。按 Enter 键确定操作，效果如图 8-19 所示。

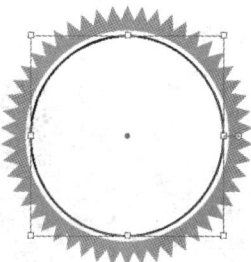
图 8-17

图 8-18

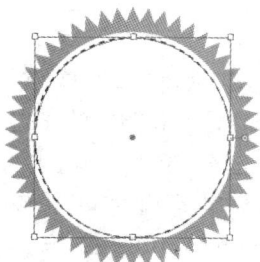
图 8-19

（7）选择"对象 > 变换 > 缩放"命令，弹出"比例缩放"对话框，单击"复制"按钮，复制并缩小圆形，效果如图 8-20 所示。按 Shift+X 组合键，互换填充色和描边色，效果如图 8-21 所示。

（8）选择"对象 > 变换 > 缩放"命令，在弹出的"比例缩放"对话框中进行设置，如图 8-22 所示，单击"复制"按钮，复制并缩小圆形，效果如图 8-23 所示。

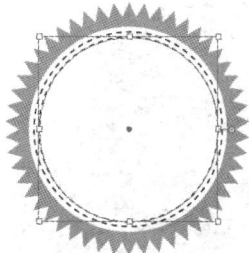
图 8-20

图 8-21

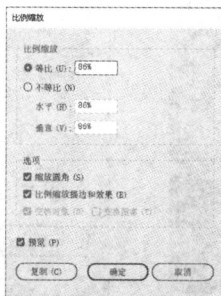
图 8-22

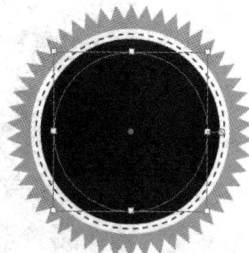
图 8-23

（9）设置填充色为无，并设置描边色为白色，效果如图 8-24 所示。选择"路径文字"工具 ，在圆形路径上单击，会出现一个带有选中文本的文本区域，如图 8-25 所示。输入需要的文字，选择"选择"工具 ，在属性栏中选择合适的字体并设置适当的文字大小，设置填充色为白色，效果如图 8-26 所示。

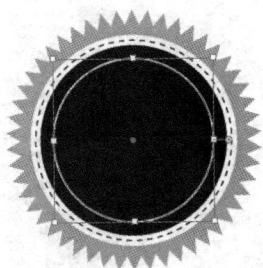
图 8-24

图 8-25

图 8-26

（10）按 Ctrl+T 组合键弹出"字符"控制面板，将"设置所选字符的字距调整"选项设置为 100，其他选项的设置如图 8-27 所示；按 Enter 键确定操作，效果如图 8-28 所示。用相同的方法制作其他路径文字，效果如图 8-29 所示。

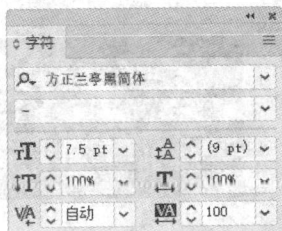
图 8-27

图 8-28

图 8-29

（11）选取虚线圆形，如图 8-30 所示。选择"对象 > 变换 > 缩放"命令，在弹出的"比例缩放"对话框中进行设置，如图 8-31 所示。单击"复制"按钮，复制并缩小圆形，效果如图 8-32 所示。设置描边色为白色，按 Shift+Ctrl+] 组合键将圆形置于顶层，效果如图 8-33 所示。

图 8-30

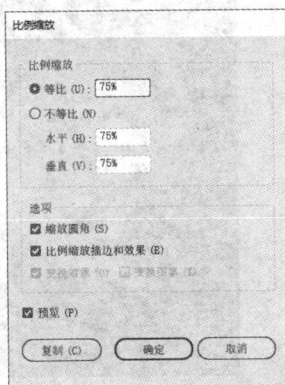
图 8-31

图 8-32

图 8-33

　　（12）选择"文字"工具 T，在适当的位置输入需要的文字。选择"选择"工具 ，在属性栏中分别选择合适的字体并设置文字的大小，设置填充色为白色，效果如图 8-34 所示。

　　（13）选取文字"咖啡烘焙"，在"字符"控制面板中，将"设置所选字符的字距调整"选项设置为 183，其他选项的设置如图 8-35 所示；按 Enter 键确定操作，效果如图 8-36 所示。

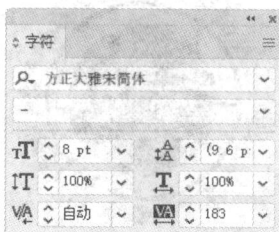

图 8-34　　　　　　　　　　　图 8-35　　　　　　　　　　　图 8-36

　　（14）选择"文字"工具 T，在文字"啡"的右侧单击插入光标，如图 8-37 所示。选择"文字 > 字形"命令，弹出"字形"控制面板，设置字体并选择需要的字形，如图 8-38 所示，双击插入字形，效果如图 8-39 所示。

图 8-37　　　　　　　　　　　图 8-38　　　　　　　　　　　图 8-39

　　（15）用框选的方法将图形和文字同时选取，按 Ctrl+G 组合键编组，如图 8-40 所示，拖曳组到页面中的适当位置，效果如图 8-41 所示。

图 8-40　　　　　　　　　　　图 8-41

8.1.3　添加广告信息

（1）选择"文字"工具 T ，在适当的位置输入需要的文字。选择"选择"工具 ，在属性栏中选择合适的字体并设置文字的大小，效果如图 8-42 所示。设置填充色为橘黄色（其 CMYK 值分别为 0、45、100、0），填充文字，效果如图 8-43 所示。

扫码观看
本案例视频

（2）在"字符"控制面板中，将"垂直缩放"选项设置为 82%，其他选项的设置如图 8-44 所示；按 Enter 键确定操作，效果如图 8-45 所示。

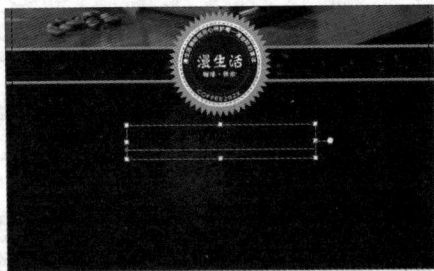
图 8-42

图 8-43

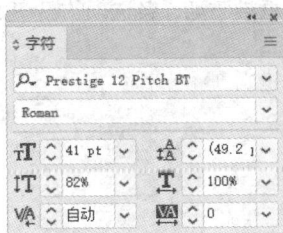
图 8-44

图 8-45

（3）按 Ctrl+O 组合键，打开云盘中的"Ch08 > 素材 > 咖啡厅广告设计 > 04"文件。选择"选择"工具 ，选取需要的图形，按 Ctrl+C 组合键复制图形。选择正在编辑的页面，按 Ctrl+V 组合键，将其粘贴到页面中，并拖曳复制的图形到适当的位置，效果如图 8-46 所示。

（4）选择"文字"工具 T ，在适当的位置输入需要的文字。选择"选择"工具 ，在属性栏中选择合适的字体并设置文字的大小。设置填充色为咖啡色（其 CMYK 值分别为 60、100、100、60），填充文字，效果如图 8-47 所示。

图 8-46

图 8-47

（5）在"字符"控制面板中，将"设置所选字符的字距调整"选项设置为 120，其他选项的设置如图 8-48 所示；按 Enter 键确定操作，效果如图 8-49 所示。

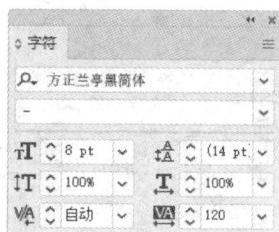

图 8-48

图 8-49

（6）选择"文件 > 置入"命令，弹出"置入"对话框，选择云盘中的"Ch08 > 效果 > 咖啡厅广告设计 > 05"文件，单击"置入"按钮，在页面中单击置入图片。单击属性栏中的"嵌入"按钮，嵌入图片。选择"选择"工具 ▶，拖曳图片到适当的位置，效果如图 8-50 所示。

（7）选择"直线段"工具 ∕，按住 Shift 键的同时，在适当的位置绘制一条直线段，设置描边色为橘黄色（其 CMYK 值分别为 0、45、100、0），填充直线段，效果如图 8-51 所示。

图 8-50

图 8-51

（8）在"描边"控制面板中，勾选"虚线"复选框，数值框被激活，各选项的设置如图 8-52 所示。按 Enter 键确定操作，效果如图 8-53 所示。

图 8-52

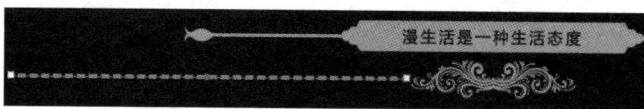

图 8-53

（9）选择"选择"工具 ▶，按住 Alt+Shift 组合键的同时，水平向右拖曳虚线到适当的位置，复制虚线，效果如图 8-54 所示。

图 8-54

（10）选择"文字"工具 T，在适当的位置分别输入需要的文字。选择"选择"工具 ▶，在属性栏中分别选择合适的字体并设置文字的大小。将输入的文字同时选取，设置填充色为浅黄色（其 CMYK 值分别为 0、15、40、0），填充文字，效果如图 8-55 所示。

图 8-55

（11）选取文字"漫生活……香浓"，在"字符"控制面板中，将"设置所选字符的字距调整"选项设置为 120，其他选项的设置如图 8-56 所示；按 Enter 键确定操作，效果如图 8-57 所示。

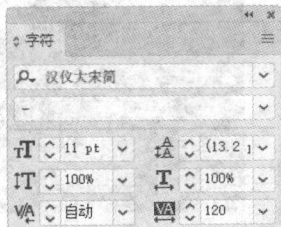

图 8-56

图 8-57

（12）选取文字"TEL 400"，在"字符"控制面板中，将"设置行距"选项设置为 17.5 pt，其他选项的设置如图 8-58 所示；按 Enter 键确定操作，效果如图 8-59 所示。

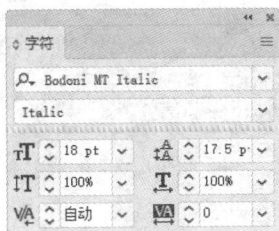

图 8-58

图 8-59

（13）选择"窗口 > 符号库 > 地图"命令，在弹出的面板中选择需要的符号，如图 8-60 所示。拖曳符号到页面中适当的位置，并调整其大小，效果如图 8-61 所示。在符号图形上单击鼠标右键，在弹出的菜单中选择"断开符号链接"命令，断开符号链接，如图 8-62 所示。

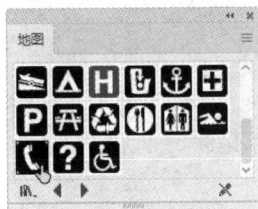

图 8-60

图 8-61

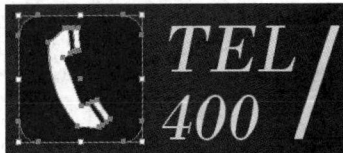

图 8-62

（14）选择"编组选择"工具 ，按住 Shift 键的同时，将黑色圆角矩形和外框同时选取，如图 8-63 所示。按 Delete 键将其删除，效果如图 8-64 所示。

（15）选择"选择"工具 ，选取电话图标，将鼠标指针放置到右上角的控制点上，当鼠标指针变为旋转图标↰时，拖曳鼠标并将其旋转适当的角度，效果如图 8-65 所示。

（16）选择"椭圆"工具 ◎，按住 Shift 键，在适当的位置绘制一个圆形，设置描边色为白色，并在属性栏中将"描边粗细"选项设置为 2 pt。按 Enter 键确定操作，效果如图 8-66 所示。咖啡厅广告就制作完成了，效果如图 8-67 所示。

图 8-63

图 8-64

图 8-65

图 8-66

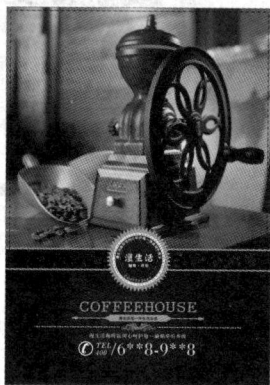
图 8-67

（17）按 Ctrl+S 组合键弹出"存储为"对话框，将文件命名为"咖啡厅广告"，选择 AI 格式，单击"保存"按钮，弹出"Illustrator 选项"对话框，单击"确定"按钮，保存文件。

8.2 课后习题——汽车广告设计

习题知识要点

在 Photoshop 中，使用"色阶"命令、"色相/饱和度"命令、"曲线"命令调整图片色调，使用"图层"控制面板、"画笔"工具和"渐变"工具制作图片融合效果，使用"镜头光晕"命令制作光晕效果；在 Illustrator 中，使用"文字"工具、"字符"控制面板添加广告语及相关信息，使用"置入"命令、"矩形"工具和建立剪切蒙版组合键制作图片的剪切蒙版，使用"椭圆"工具、"缩放"命令、"路径查找器"控制面板、"文字"工具、"星形"工具、"倾斜"工具和"渐变"工具制作汽车标志。

素材所在位置

云盘 > Ch08 > 素材 > 汽车广告设计 > 01~07。

效果所在位置

云盘 > Ch08 > 效果 > 汽车广告设计 > 汽车广告.ai，效果如图 8-68 所示。

图 8-68

扫码观看
本案例视频

09

第 9 章
海报设计

本章介绍

　　海报具有画面大、内容广泛、艺术表现力丰富和远视效果强烈等特点。海报在表现广告主题的深度和增加艺术魅力、审美效果方面表现十分出色。本章以店庆海报设计为例，讲解海报的设计方法和制作技巧。

学习目标

✔ 掌握海报的设计思路和过程。
✔ 掌握海报的制作方法和技巧。

技能目标

✔ 掌握"店庆海报"的制作方法。
✔ 掌握"篮球赛海报"的制作方法。

素养目标

✔ 培养对海报的设计创意能力。
✔ 培养对海报的审美与鉴赏能力。

9.1 店庆海报设计

案例学习目标

在 Photoshop 中，学习使用"新建参考线版面"命令创建参考线，使用绘图工具、复制组合键和"路径选择"工具制作招贴背景；在 Illustrator 中，学习使用绘图工具、"文字"工具和"字符"控制面板添加宣传信息。

案例知识要点

在 Photoshop 中，使用"钢笔"工具和复制组合键绘制放射光，使用"椭圆"工具和"路径选择"工具制作装饰图形，使用"移动"工具添加主题图片；在 Illustrator 中，使用"文字"工具、"字符"控制面板、"倾斜"工具和"变换"控制面板添加并编辑宣传语，使用"投影"命令为文字添加投影效果，使用"直线段"工具、"钢笔"工具和"椭圆"工具添加装饰图形和活动详情，使用"椭圆"工具和"符号库"命令添加箭头符号。

效果所在位置

云盘 > Ch09 > 效果 > 店庆海报设计 > 店庆海报.ai，效果如图 9-1 所示。

图 9-1

Photoshop 应用

9.1.1 制作海报底图

（1）打开 Photoshop 2020，按 Ctrl+N 组合键弹出"新建文档"对话框，设置宽度为 21.6 厘米、高度为 29.1 厘米、分辨率为 150 像素/英寸、颜色模式为 RGB 颜色、背景内容为浅黄色（其 RGB 值分别为 255、237、210），单击"创建"按钮，新建一个文件。

（2）选择"视图 > 新建参考线版面"命令，弹出"新建参考线版面"对话框，设置如图 9-2 所示；单击"确定"按钮，完成版面参考线的创建，如图 9-3

所示。

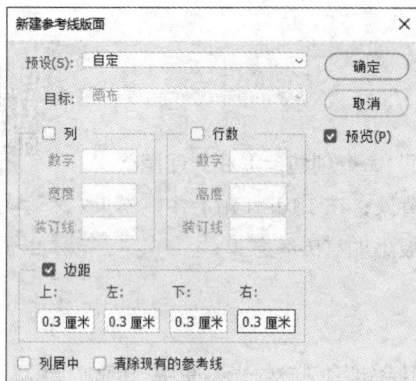

图 9-2

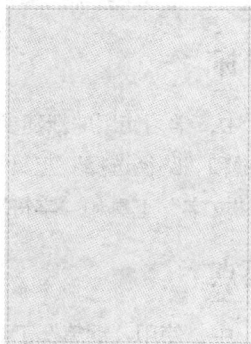

图 9-3

（3）选择"钢笔"工具 ，在属性栏的"选择工具模式"选项中选择"形状"，将填充色设置为肤色（其 RGB 值分别为 245、211、187），将描边色设置为无，在图像窗口中绘制形状，效果如图 9-4 所示，"图层"控制面板中将生成新的图层"形状 1"。

（4）按 Ctrl+Alt+T 组合键，图形周围将出现变换框，将变换中心点拖曳到适当的位置，如图 9-5 所示。将鼠标指针放在变换框的控制点外边，当鼠标指针变为旋转图标 时，拖曳鼠标将图形旋转适当的角度。按 Enter 键确定操作，效果如图 9-6 所示。连续按 Ctrl+Shift+Alt+T 组合键，按需要旋转复制多个图形，效果如图 9-7 所示。

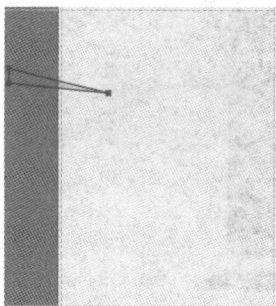

图 9-4

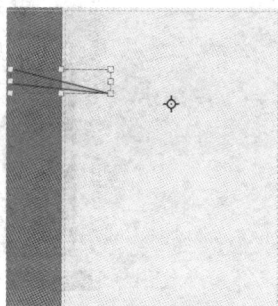

图 9-5

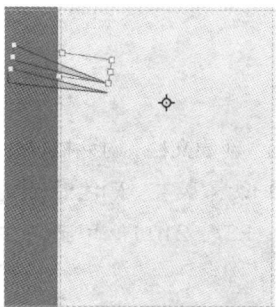

图 9-6

图 9-7

（5）选择"钢笔"工具 ✐，，在图像窗口中绘制形状，在属性栏中将填充色设置为浅棕色（其 RGB 值分别为 235、177、124），将描边色设置为无，效果如图 9-8 所示，"图层"控制面板中将生成新的图层"形状 2"。

（6）在属性栏中单击"路径操作"按钮 ⬚，在弹出的菜单中选择"排除重叠形状"命令，如图 9-9 所示。使用"钢笔"工具 ✐，，在图像窗口中适当的位置绘制多个图形，效果如图 9-10 所示。

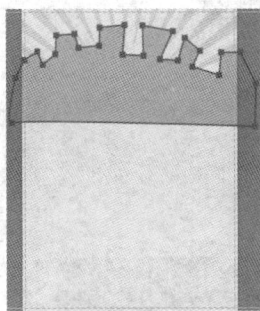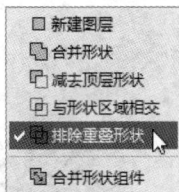

图 9-8　　　　　　　　　图 9-9　　　　　　　　　图 9-10

（7）选择"椭圆"工具 ◯，在属性栏的"选择工具模式"选项中选择"形状"。按住 Shift 键，在图像窗口中绘制一个圆形。在属性栏中将填充色设置为肤色（其 RGB 值分别为 246、212、171），将描边色设置为无，效果如图 9-11 所示，"图层"控制面板中将生成新的图层"椭圆 1"。

（8）选择"路径选择"工具 ▶，按住 Alt 键的同时，拖曳圆形到适当的位置，复制圆形，效果如图 9-12 所示。再次复制多个圆形到适当的位置，效果如图 9-13 所示。

图 9-11　　　　　　　　　图 9-12　　　　　　　　　图 9-13

（9）用相同的方法再制作一组浅黄色（其 RGB 值分别为 250、233、209）圆形，效果如图 9-14 所示。按 Ctrl+O 组合键，打开云盘中的"Ch09 > 素材 > 店庆海报设计 > 01"文件。选择"移动"工具 ✛，，将图片拖曳到新建图像窗口中适当的位置，效果如图 9-15 所示，"图层"控制面板中将生成新的图层，将其重命名为"红包"。

（10）选择"钢笔"工具 ✐，，在属性栏中将填充色设置为红色（其 RGB 值分别为 206、57、51），将描边色设置为无，在图像窗口中绘制形状，效果如图 9-16 所示，"图层"控制面板中将生成新的图层"形状 3"。用相同的方法在左下角绘制深红色（其 RGB 值分别为 172、42、37）形状，效果如图 9-17 所示。

图 9-14

图 9-15

图 9-16

图 9-17

（11）按 Ctrl+Alt+T 组合键，图形周围会出现变换框，在变换框中单击鼠标右键，在弹出的菜单中选择"水平翻转"命令，水平翻转图形；按住 Shift 键的同时，水平向右拖曳翻转的图形到适当的位置，按 Enter 键确定操作，效果如图 9-18 所示。店庆海报底图就制作完成了，效果如图 9-19 所示。

图 9-18

图 9-19

（12）按 Shift+Ctrl+E 组合键合并可见图层。按 Ctrl+S 组合键弹出"另存为"对话框，将文件命名为"店庆海报底图"，选择 JPEG 格式，单击"保存"按钮，弹出"JPEG 选项"对话框，单击"确定"按钮，保存文件。

Illustrator 应用

9.1.2　添加宣传语

（1）打开 Illustrator 2020，按 Ctrl+N 组合键弹出"新建文档"对话框，设置宽度为 210 mm、高度为 285 mm、方向为纵向、出血为 3 mm、颜色模式为 CMYK 颜色，单击"创建"按钮，新建一个文件。

（2）选择"文件 > 置入"命令，弹出"置入"对话框，选择云盘中的"Ch09 > 效果 > 店庆海报设计 > 店庆海报底图.jpg"文件，单击"置入"按钮，在页面中单击置入图片。单击属性栏中的"嵌入"按钮，嵌入图片。选择"选择"工具 ▶，拖曳图片到适当的位置，效果如图 9-20 所示。按 Ctrl+2 组合键锁定所选对象。

扫码观看
本案例视频

（3）选择"文字"工具 T，在页面中输入需要的文字。选择"选择"工具 ▶，在属性栏中选择合适的字体并设置文字的大小，设置填充色为白色，效果如图 9-21 所示。

图 9-20

图 9-21

（4）按 Ctrl+T 组合键弹出"字符"控制面板，将"设置行距"选项设置为 64 pt，其他选项的设置如图 9-22 所示；按 Enter 键确定操作，效果如图 9-23 所示。

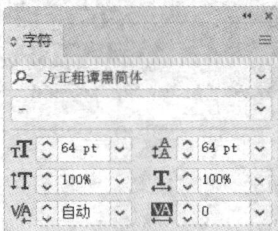

图 9-22

图 9-23

（5）选择"文字"工具 T，选取文字"惊喜好礼送"，在属性栏中设置文字的大小，效果如图 9-24 所示。选取文字"惊喜好礼"，设置填充色为橘黄色（其 CMYK 值分别为 8、22、77、0），填充文字，效果如图 9-25 所示。

图 9-24

图 9-25

（6）选择"文字"工具 **T**，在文字"好"的左侧单击插入光标，如图9-26所示。按 Alt+Ctrl+T 组合键弹出"段落"控制面板，将"左缩进"选项设置为90 pt，其他选项的设置如图9-27所示；按 Enter 键确定操作，效果如图9-28所示。

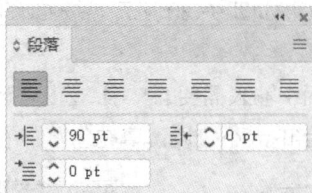

图9-26　　　　　　　　　　　图9-27　　　　　　　　　　　图9-28

（7）双击"倾斜"工具，弹出"倾斜"对话框，选项的设置如图9-29所示；单击"确定"按钮，倾斜文字，效果如图9-30所示。

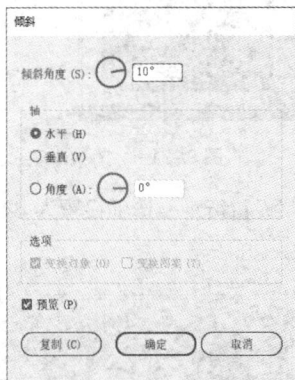

图9-29　　　　　　　　　　　　　　　图9-30

（8）选择"窗口 > 变换"命令，弹出"变换"控制面板，将"旋转"选项设置为6°，如图9-31所示；按 Enter 键确定操作，效果如图9-32所示。按 Ctrl+C 组合键复制文字（此文字作为备用）。

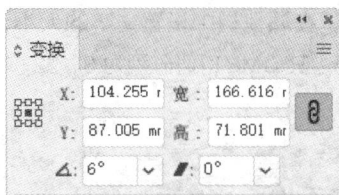

图9-31　　　　　　　　　　　　　　　图9-32

（9）选择"效果 > 风格化 > 投影"命令，在弹出的"投影"对话框中进行设置，如图9-33所示；单击"确定"按钮，效果如图9-34所示。

（10）按 Ctrl+B 组合键将复制的文字（备用）粘贴在后面。设置文字的填充色为无，并设置描边色为暗红色（其 CMYK 值分别为37、95、100、3），如图9-35所示。在属性栏中将"描边粗细"选项设置为16 pt，按 Enter 键确定操作，效果如图9-36所示。

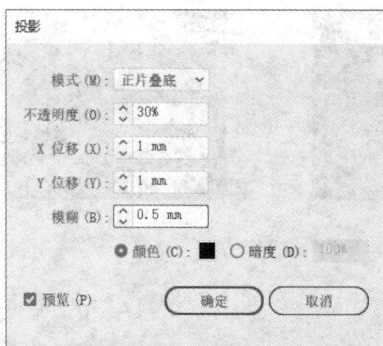
图 9-33

图 9-34

图 9-35

图 9-36

（11）选择"文件 > 置入"命令，弹出"置入"对话框，选择云盘中的"Ch09 > 素材 > 店庆海报设计 > 02"文件，单击"置入"按钮，在页面中单击置入图片。单击属性栏中的"嵌入"按钮，嵌入图片。选择"选择"工具 ▶，拖曳图片到适当的位置，效果如图 9-37 所示。

（12）选择"文字"工具 T，在适当的位置输入需要的文字。选择"选择"工具 ▶，在属性栏中选择合适的字体并设置文字的大小，效果如图 9-38 所示。在属性栏中单击"居中对齐"按钮 ≡，微调文字到适当的位置，效果如图 9-39 所示。

图 9-37

图 9-38

图 9-39

（13）保持文字的选取状态。设置填充色为暗红色（其 CMYK 值分别为 37、95、100、3），填充文字，效果如图 9-40 所示。选择"文字"工具 T，选取文字"活动时间"，在属性栏中设置文字的大小，效果如图 9-41 所示。

（14）选择"选择"工具 ▶，选取文字，拖曳文字右上角的控制点，旋转文字到适当的位置，效果如图 9-42 所示。

图 9-40　　　　　　　　　图 9-41　　　　　　　　　图 9-42

9.1.3　添加活动详情

（1）选择"文字"工具 T ，在适当的位置输入需要的文字。选择"选择"工具 ▶ ，在属性栏中选择合适的字体并设置文字的大小，单击"左对齐"按钮 ≡ ，微调文字到适当的位置，效果如图 9-43 所示。设置填充色为橘黄色（其 CMYK 值分别为 8、22、77、0），填充文字，效果如图 9-44 所示。

扫码观看
本案例视频

（2）选择"直线段"工具 ／ ，按住 Shift 键的同时，在适当的位置绘制一条直线段，如图 9-45 所示。设置描边色为深红色（其 CMYK 值分别为 45、97、100、14），效果如图 9-46 所示。

图 9-43　　　　　　　　　　　　　　　图 9-44

图 9-45　　　　　　　　　　　　　　　图 9-46

（3）选择"椭圆"工具 ◯ ，按住 Shift 键，在适当的位置绘制一个圆形，设置填充色为深红色（其 CMYK 值分别为 45、97、100、14），填充图形，并设置描边色为无，效果如图 9-47 所示。

（4）选择"选择"工具 ▶ ，按住 Alt+Shift 组合键的同时，水平向右拖曳圆形到适当的位置，复制圆形，效果如图 9-48 所示。连续按 Ctrl+D 组合键，复制出多个圆形，效果如图 9-49 所示。

图 9-47　　　　　　　　　图 9-48　　　　　　　　　图 9-49

（5）选择"钢笔"工具 ✐，在适当的位置绘制一个三角形，如图 9-50 所示。设置填充色为土黄色（其 CMYK 值分别为 4、68、91、0），填充图形，并设置描边色为无，效果如图 9-51 所示。

（6）选择"文字"工具 T，在适当的位置输入需要的文字。选择"选择"工具 ▶，在属性栏中选择合适的字体并设置文字的大小，设置填充色为白色，效果如图 9-52 所示。

| 图 9-50 | 图 9-51 | 图 9-52 |

（7）选择"文字"工具 T，在适当的位置输入需要的文字。选择"选择"工具 ▶，在属性栏中选择合适的字体并设置文字的大小，效果如图 9-53 所示。在属性栏中单击"居中对齐"按钮 ≡，微调文字到适当的位置，效果如图 9-54 所示。

图 9-53   图 9-54

（8）在"字符"控制面板中，将"设置行距"选项设置为 24 pt，其他选项的设置如图 9-55 所示；按 Enter 键确定操作，效果如图 9-56 所示。

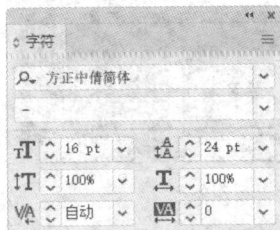

图 9-55   图 9-56

（9）选择"文字"工具 T，在适当的位置输入需要的文字。选择"选择"工具 ▶，在属性栏中选择合适的字体并设置文字的大小，单击"左对齐"按钮 ≡，微调文字到适当的位置，设置填充色为白色，效果如图 9-57 所示。选择"文字"工具 T，选取文字"送"，在属性栏中设置文字的大小，效果如图 9-58 所示。

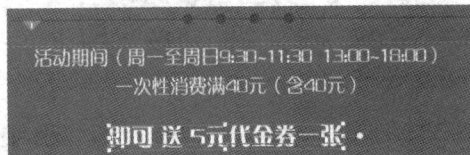

图 9-57   图 9-58

（10）保持文字的选取状态。设置填充色为橘黄色（其 CMYK 值分别为 8、22、77、0），填充文字，效果如图 9-59 所示。选取数字"5"，在属性栏中选择合适的字体并设置文字的大小，效果如图 9-60 所示。

图 9-59

图 9-60

（11）选择"椭圆"工具 ⬭，按住 Shift 键，在适当的位置绘制一个圆形，如图 9-61 所示。设置描边色为橘黄色（其 CMYK 值分别为 8、22、77、0），效果如图 9-62 所示。

图 9-61

图 9-62

（12）选择"钢笔"工具 ✎，在适当的位置绘制一个不规则的图形，设置填充色为橘黄色（其 CMYK 值分别为 8、22、77、0），填充图形，并设置描边色为无，效果如图 9-63 所示。

（13）选择"选择"工具 ▶，按住 Alt+Shift 组合键的同时，水平向左拖曳图形到适当的位置，复制图形，效果如图 9-64 所示。

图 9-63

图 9-64

（14）按住 Shift 键的同时，拖曳图形左下角的控制点到适当的位置，等比例缩小图形，效果如图 9-65 所示。用框选的方法将绘制的图形同时选取，按 Ctrl+G 组合键将其编组，如图 9-66 所示。

图 9-65

图 9-66

（15）选择"选择"工具 ▶，按住 Alt 键的同时，向右拖曳编组图形到适当的位置，复制编组图形，效果如图 9-67 所示。在"变换"控制面板中，将"旋转"选项设置为 180°，如图 9-68 所示；按 Enter 键确定操作，效果如图 9-69 所示。

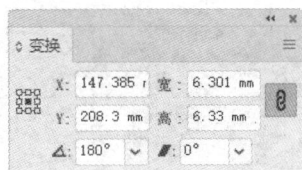

图 9-67   图 9-68   图 9-69

（16）用相同的方法制作其他图形和文字，效果如图 9-70 所示。选择"文字"工具 T ，在适当的位置输入需要的文字。选择"选择"工具 ，在属性栏中选择合适的字体并设置文字的大小，设置填充色为白色，效果如图 9-71 所示。

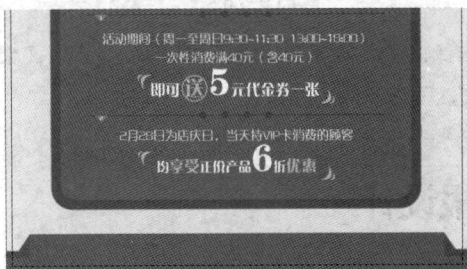
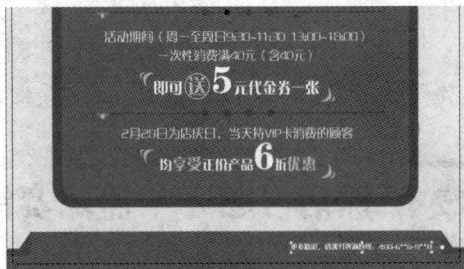

图 9-70   图 9-71

（17）选择"椭圆"工具 ，按住 Shift 键，在适当的位置绘制一个圆形，设置填充色为橘黄色（其 CMYK 值分别为 8、22、77、0），填充图形，并设置描边色为无，效果如图 9-72 所示。

（18）选择"窗口 > 符号库 > 箭头"命令，在弹出的控制面板中选取需要的符号，如图 9-73 所示。选择"选择"工具 ，拖曳符号到页面中适当的位置，并调整其大小，效果如图 9-74 所示。

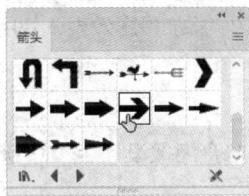

图 9-72   图 9-73   图 9-74

（19）在属性栏中单击"断开链接"按钮，断开符号的链接，效果如图 9-75 所示。按 Shift+Ctrl+G 组合键取消符号编组。选中多余的矩形框，如图 9-76 所示，按 Delete 键将其删除。

图 9-75   图 9-76

（20）选取箭头图形，设置填充色为暗红色（其 CMYK 值分别为 24、90、84、0），填充图形，效果如图 9-77 所示。店庆海报就制作完成了，效果如图 9-78 所示。

图 9-77

图 9-78

（21）按 Ctrl+S 组合键弹出"存储为"对话框，将文件命名为"店庆海报"，选择 AI 格式，单击"保存"按钮，弹出"Illustrator 选项"对话框，单击"确定"按钮，保存文件。

9.2　课后习题——篮球赛海报设计

习题知识要点

在 Photoshop 中，使用"移动"工具添加背景和篮球图片，使用"添加图层蒙版"按钮、"画笔"工具合成光线图片，使用"外发光"命令为光线添加发光效果，使用"画笔"工具、"渐变"工具和"图层"控制面板添加阴影效果，使用"高斯模糊"命令为光线添加模糊效果；在 Illustrator 中，使用"文字"工具和"字符"控制面板添加宣传语和活动信息，使用"旋转"工具、"倾斜"工具旋转并倾斜文字，使用"投影"命令为文字添加投影效果，使用"描边"控制面板为文字添加描边效果。

素材所在位置

云盘 > Ch09 > 素材 > 篮球赛海报设计 > 01~06。

效果所在位置

云盘 > Ch09 > 效果 > 篮球赛海报设计 > 篮球赛海报.ai，效果如图 9-79 所示。

图 9-79

扫码观看
本案例视频

10

第 10 章
书籍设计

本章介绍

　　精美的书籍装帧设计可以带给读者更多的阅读乐趣。一本好书是好的内容和好的书籍装帧的完美结合。本章主要讲解的是书籍的封面设计。封面包括书名、色彩、装饰元素，以及作者和出版社名称等内容。本章以少儿读物封面设计为例，讲解书籍封面的设计方法和制作技巧。

学习目标

- ✔ 掌握书籍封面的设计思路和过程。
- ✔ 掌握书籍封面的制作方法和技巧。

技能目标

- ✔ 掌握"少儿读物封面"的制作方法。
- ✔ 掌握"旅游书籍封面"的制作方法。

素养目标

- ✔ 培养对书籍封面的设计创意能力。
- ✔ 培养对书籍封面的审美与鉴赏能力。

10.1　少儿读物封面设计

案例学习目标

在 Illustrator 中，学习使用参考线分割页面，使用绘图工具、"网格"工具和"描边"控制面板制作背景，使用"文字"工具、"路径查找器"命令、"字符"控制面板添加封面内容和出版信息；在 Photoshop 中，学习使用变换组合键和图层样式制作封面立体效果。

案例知识要点

在 Illustrator 中，使用"矩形"工具、"网格"工具、"直线段"工具、"描边"控制面板和"星形"工具制作背景，使用"文字"工具、"矩形"工具、"路径查找器"控制面板和"直接选择"工具制作书籍名称，使用"文字"工具、"字符"控制面板添加相关内容和出版信息，使用"椭圆"工具、"联集"按钮和"区域文字"工具添加区域文字；在 Photoshop 中，使用"渐变"工具、"移动"工具合成背景，使用"矩形选框"工具、"移动"工具和变换组合键添加封面和书脊，使用"不透明度"选项制作书脊暗影，使用"添加图层样式"按钮为图书添加投影效果。

效果所在位置

云盘 > Ch10 > 效果 > 少儿读物封面设计 > 少儿读物封面.ai、少儿读物封面立体效果.psd，效果如图 10-1 所示。

图 10-1

Illustrator 应用

10.1.1　制作背景

（1）打开 Illustrator 2020，按 Ctrl+N 组合键弹出"新建文档"对话框，设置宽度为 310 mm、高度为 210 mm、方向为横向、出血为 3 mm、颜色模式为 CMYK 颜色，单击"创建"按钮，新建一个文件。

（2）按 Ctrl+R 组合键显示标尺。选择"选择"工具 ▶，在左侧标尺上向右拖曳出一条垂直参考线，选择"窗口 > 变换"命令，弹出"变换"控制面板，将"X"选项设置为 150 mm，如图 10-2 所示；按 Enter 键确定操作，效果如图 10-3 所示。

（3）保持参考线的选取状态，在"变换"控制面板中，将"X"选项设置为 160 mm，按 Alt+Enter 组合键确定操作，效果如图 10-4 所示。

图 10-2　　　　　　　　　　　图 10-3　　　　　　　　　　　图 10-4

（4）选择"矩形"工具 ▢，绘制一个与页面大小相等的矩形，如图 10-5 所示。设置填充色为蓝色（其 CMYK 值分别为 85、51、5、0），填充图形，并设置描边色为无，效果如图 10-6 所示。

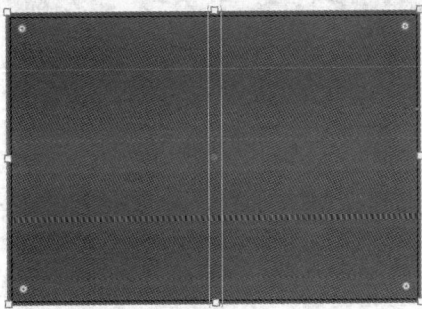

图 10-5　　　　　　　　　　　　　　　　　图 10-6

（5）选择"网格"工具 ▦，在矩形中适当的区域单击，为图形建立渐变网格，效果如图 10-7 所示。用相同的方法添加其他锚点，效果如图 10-8 所示。

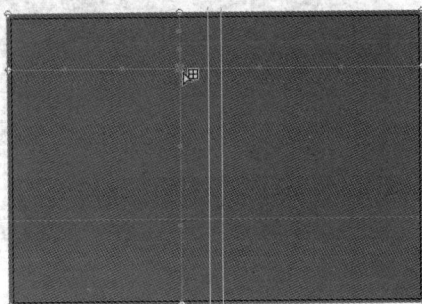
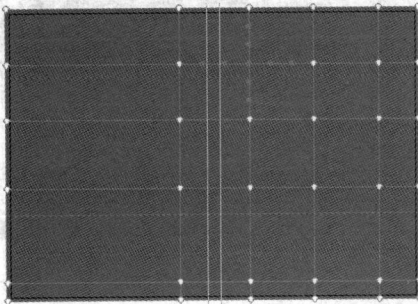

图 10-7　　　　　　　　　　　　　　　　　图 10-8

（6）选择"直接选择"工具 ▷，用框选的方法将需要的锚点同时选取，如图 10-9 所示。设置填充色为浅蓝色（其 CMYK 值分别为 48、0、0、0），效果如图 10-10 所示。

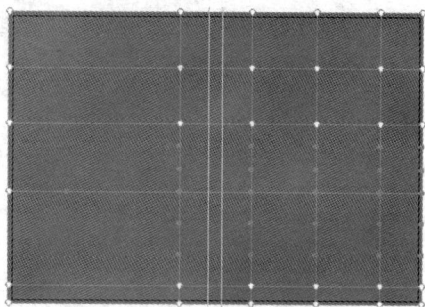

图 10-9

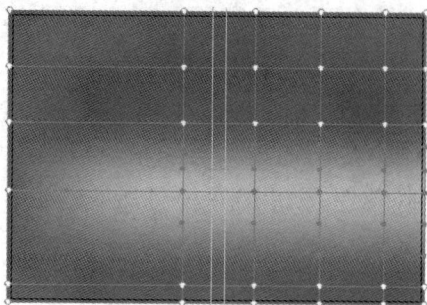

图 10-10

（7）使用"直接选择"工具 ▷，用框选的方法将需要的锚点同时选取，如图 10-11 所示。设置填充色为青色（其 CMYK 值分别为 100、0、0、0），效果如图 10-12 所示。

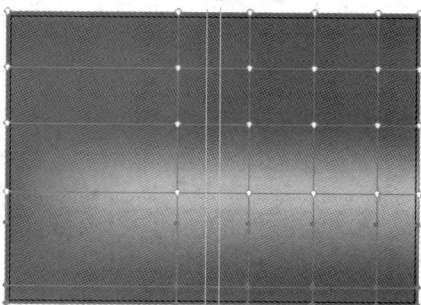

图 10-11

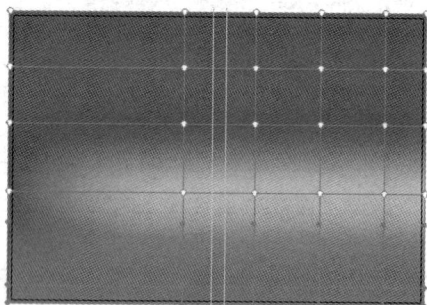

图 10-12

（8）选择"文件 > 置入"命令，弹出"置入"对话框，选择云盘中的"Ch10 > 素材 > 少儿读物封面设计 > 01"文件，单击"置入"按钮，在页面中单击置入图片。单击属性栏中的"嵌入"按钮，嵌入图片。选择"选择"工具 ▶，拖曳图片到适当的位置，并调整其大小，效果如图 10-13 所示。

（9）选择"选择"工具 ▶，按住 Alt+Shift 组合键的同时，水平向左拖曳图片到适当的位置，复制图片，效果如图 10-14 所示。

图 10-13

图 10-14

（10）选择"矩形"工具 ▢，在适当的位置绘制一个矩形，设置填充色为黄色（其 CMYK 值分别为 0、0、91、0），填充图形，并设置描边色为无，效果如图 10-15 所示。选择"直线段"工具 ／，在封面中绘制一条斜线，并设置描边色为白色，效果如图 10-16 所示。

图 10-15

图 10-16

（11）选择"窗口 > 描边"命令，弹出"描边"控制面板，勾选"虚线"复选框，数值框被激活，其余各选项的设置如图 10-17 所示，虚线效果如图 10-18 所示。

（12）选择"星形"工具 ☆，在页面中单击，弹出"星形"对话框，选项的设置如图 10-19 所示，单击"确定"按钮，页面中会出现一个星形。选择"选择"工具 ▶，拖曳星形到适当的位置，设置填充色为白色，并设置描边色为无，效果如图 10-20 所示。

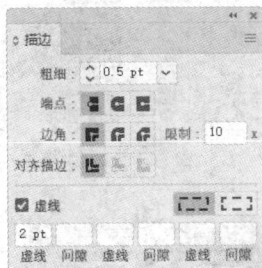

图 10-17

图 10-18

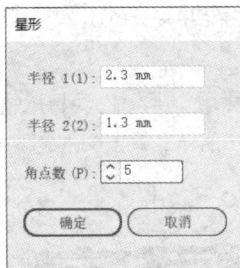

图 10-19

图 10-20

（13）选择"选择"工具 ▶，同时选取星形和虚线，按住 Alt 键的同时，向下拖曳星形和虚线到适当的位置，复制星形和虚线，效果如图 10-21 所示。选中并拖曳虚线右上角的控制点到适当的位置，调整虚线的长度，效果如图 10-22 所示。

图 10-21

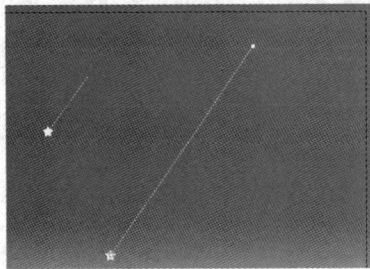

图 10-22

（14）用相同的方法复制星形和虚线到其他位置，并调整其大小，效果如图 10-23 所示。按 Ctrl+A 组合键全选所有图形，按 Ctrl+2 组合键锁定所选对象。

（15）按 Ctrl+O 组合键，打开云盘中的"Ch10 > 素材 > 少儿读物封面设计 > 02"文件，按 Ctrl+A 组合键全选图形，按 Ctrl+C 组合键复制图形。选择正在编辑的页面，按 Ctrl+V 组合键将图形粘贴到页面中，并拖曳复制的图形到适当的位置，效果如图 10-24 所示。

图 10-23

图 10-24

10.1.2　制作封面

（1）选择"文字"工具 T ，在页面外输入需要的文字。选择"选择"工具 ▶ ，在属性栏中选择合适的字体并设置文字的大小，效果如图 10-25 所示。选择"文字 > 创建轮廓"命令，将文字转换为轮廓，效果如图 10-26 所示。按 Shift+Ctrl+G 组合键取消文字编组。

（2）双击"倾斜"工具 ，弹出"倾斜"对话框，点选"水平"单选项，其他选项的设置如图 10-27 所示；单击"确定"按钮，倾斜文字，效果如图 10-28 所示。

扫码观看
本案例视频

图 10-25

图 10-26

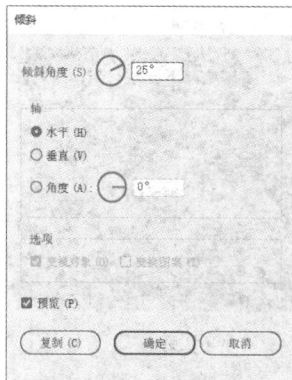

图 10-27

图 10-28

（3）选择"直接选择"工具 ▷ ，按住 Shift 键的同时，依次选取"点"文字下方不需要的锚点，如图 10-29 所示。按 Delete 键删除不需要的锚点，如图 10-30 所示。

图 10-29

图 10-30

（4）选择"矩形"工具 ▢，在适当的位置绘制一个矩形，如图 10-31 所示。选择"选择"工具 ▶，按住 Shift 键的同时，单击下方的"点"文字，将其整个选取，如图 10-32 所示。

图 10-31

图 10-32

（5）选择"窗口 > 路径查找器"命令，弹出"路径查找器"控制面板，单击"减去顶层"按钮 ▣，如图 10-33 所示；将生成新的对象，效果如图 10-34 所示。

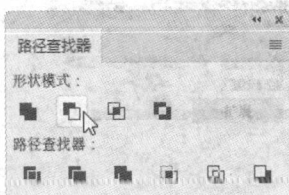

图 10-33

图 10-34

（6）按 Shift+Ctrl+G 组合键取消文字编组。选择"选择"工具 ▶，拖曳下方笔画到适当的位置，效果如图 10-35 所示。选择"删除锚点"工具 ✐，在右下角的锚点上单击，删除锚点，效果如图 10-36 所示。

图 10-35

图 10-36

（7）选择"直接选择"工具 ▷，选取左下角的锚点，并向左下方拖曳锚点到适当的位置，效果如图 10-37 所示。用相同的方法选中并向左拖曳需要的锚点到适当的位置，效果如图 10-38 所示。

（8）选择"直接选择"工具 ▷，用框选的方法选取"点"文字需要的锚点，连续按↓方向键，调整选中的锚点到适当的位置，如图 10-39 所示。

图 10-37　　　　　　　　　　　　　　　图 10-38

（9）用框选的方法选取左侧的锚点，并向左拖曳锚点到适当的位置，效果如图 10-40 所示。选取左上角的锚点，并向右拖曳锚点到适当的位置，效果如图 10-41 所示。

图 10-39　　　　　　　　　　图 10-40　　　　　　　　　　图 10-41

（10）用相同的方法制作文字"亮""星""空"，效果如图 10-42 所示。

图 10-42

（11）选择"选择"工具，用框选的方法将文字"点亮星空"同时选取，拖曳文字到封面中适当的位置，并调整其大小，效果如图 10-43 所示。设置填充色为黄色（其 CMYK 值分别为 0、0、91、0），填充文字，效果如图 10-44 所示。

图 10-43　　　　　　　　　　　　　　　图 10-44

（12）选择"文字"工具，在适当的位置分别输入需要的文字。选择"选择"工具，在属性栏中分别选择合适的字体并设置文字的大小，设置填充色为白色，效果如图 10-45 所示。选择"文字"工具，选取文字"著"，在属性栏中设置文字的大小，效果如图 10-46 所示。

图 10-45   图 10-46

（13）选择"文字"工具 <u>T</u> ，在文字"萤"的右侧单击插入光标，如图 10-47 所示。选择"文字 > 字形"命令，弹出"字形"控制面板，设置字体并选择需要的字形，如图 10-48 所示，双击插入字形，效果如图 10-49 所示。用相同的方法在其他位置插入相同的字形，效果如图 10-50 所示。

图 10-47   图 10-48

图 10-49   图 10-50

（14）选择"文字"工具 <u>T</u> ，在适当的位置分别输入需要的文字。选择"选择"工具 ▶ ，在属性栏中分别选择合适的字体并设置文字的大小，效果如图 10-51 所示。

（15）选取上方需要的文字，按 Ctrl+T 组合键弹出"字符"控制面板，将"设置行距"选项设置为 21 pt，其他选项的设置如图 10-52 所示；按 Enter 键确定操作，效果如图 10-53 所示。

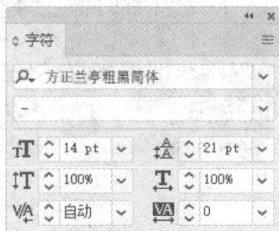

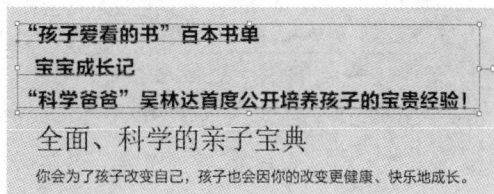

图 10-51   图 10-52   图 10-53

（16）选择"文字"工具 <u>T</u> ，选取第一行文字，在属性栏中选择合适的字体并设置文字的大小，效果如图 10-54 所示。选取第二行文字，在属性栏中设置文字的大小，效果如图 10-55 所示。

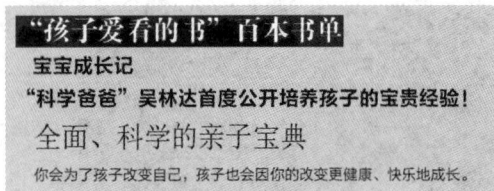

图 10-54

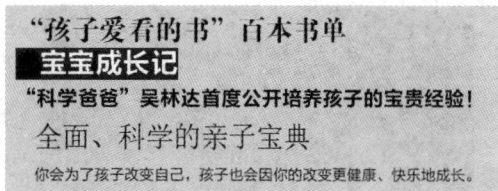

图 10-55

（17）保持文字的选取状态。设置填充色为蓝色（其 CMYK 值分别为 80、10、0、0），填充文字，效果如图 10-56 所示。选取文字"'科学爸爸'吴林达"，在属性栏中选择合适的字体，效果如图 10-57 所示。

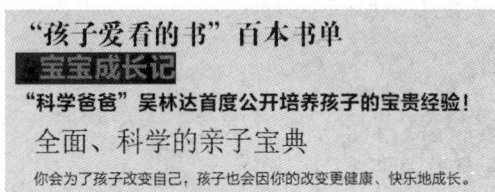

图 10-56

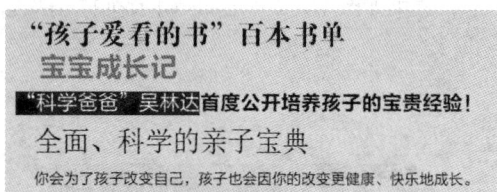

图 10-57

（18）使用"文字"工具 T 选取文字"全面、科学"，在属性栏中选择合适的字体，效果如图 10-58 所示。设置填充色为蓝色（其 CMYK 值分别为 80、10、0、0），填充文字，效果如图 10-59 所示。

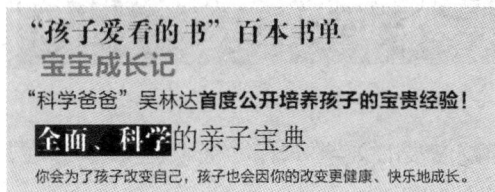

图 10-58

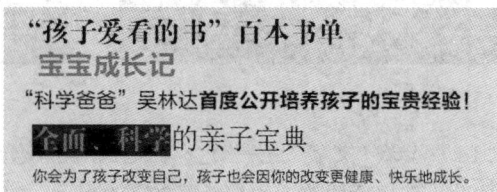

图 10-59

（19）选择"直线段"工具 ，按住 Shift 键的同时，在适当的位置绘制一条直线段，如图 10-60 所示。设置描边色为蓝色（其 CMYK 值分别为 80、10、0、0），效果如图 10-61 所示。

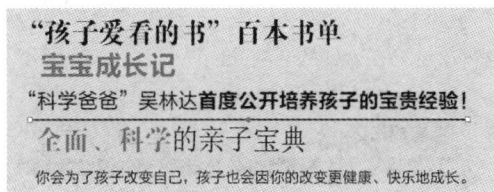

图 10-60

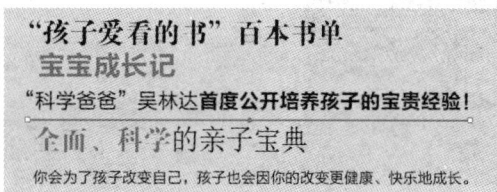

图 10-61

（20）在"描边"控制面板中，勾选"虚线"复选框，数值框被激活，其余各选项的设置如图 10-62 所示，虚线效果如图 10-63 所示。

图 10-62

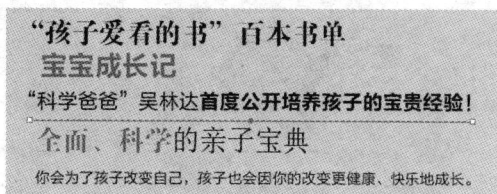

图 10-63

（21）选择"选择"工具 ▶，按住 Alt+Shift 组合键的同时，垂直向下拖曳虚线到适当的位置，复制虚线，效果如图 10-64 所示。

（22）选择"星形"工具 ★，在页面中单击，弹出"星形"对话框，选项的设置如图 10-65 所示，单击"确定"按钮，页面中会出现一个多角星形。选择"选择"工具 ▶，拖曳多角星形到适当的位置，设置填充色为白色，并设置描边色为无，效果如图 10-66 所示。

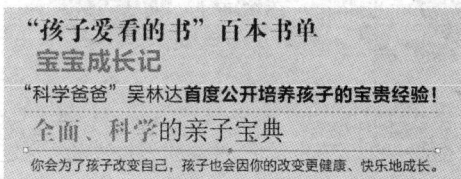

图 10-64

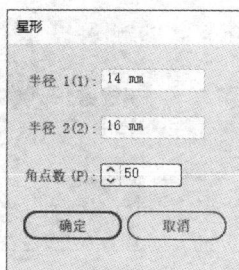

图 10-65

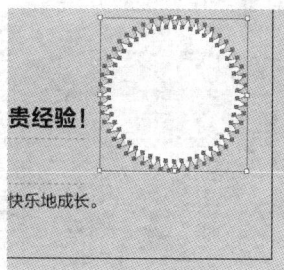

图 10-66

（23）选择"椭圆"工具 ◯，按住 Alt+Shift 组合键，以多角星形的中点为圆心绘制一个圆形，设置填充色为蓝色（其 CMYK 值分别为 90、10、0、0），填充图形，并设置描边色为无，效果如图 10-67 所示。

（24）按 Ctrl+O 组合键，打开云盘中的"Ch10 > 素材 > 少儿读物封面设计 > 03"文件。选择"选择"工具 ▶，选取需要的图形，按 Ctrl+C 组合键复制图形。选择正在编辑的页面，按 Ctrl+V 组合键将复制的图形粘贴到页面中，并拖曳复制的图形到适当的位置，效果如图 10-68 所示。

图 10-67

图 10-68

（25）选择"文字"工具 T，在适当的位置分别输入需要的文字。选择"选择"工具 ▶，在属性栏中分别选择合适的字体并设置文字的大小，效果如图 10-69 所示。选取文字"送给……教育书"，设置填充色为白色，效果如图 10-70 所示。

图 10-69

图 10-70

（26）在"字符"控制面板中，将"设置所选字符的字距调整"选项设置为 −100，其他选项的设置如图 10-71 所示；按 Enter 键确定操作，效果如图 10-72 所示。选择"文字"工具 T，选取文字"温情教育书"，在属性栏中设置文字的大小，效果如图 10-73 所示。

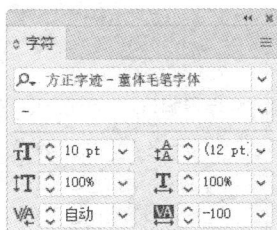

图 10-71

图 10-72

图 10-73

10.1.3　制作封底和书脊

（1）选择"椭圆"工具 ⬭，在封底中绘制多个椭圆形，如图 10-74 所示。选择"选择"工具 ▶，用框选的方法将绘制的椭圆形同时选取。在"路径查找器"控制面板中，单击"联集"按钮 ▣，如图 10-75 所示；将生成新的图形，效果如图 10-76 所示。

扫码观看
本案例视频

图 10-74

图 10-75

图 10-76

（2）保持图形的选取状态。设置填充色为黄色（其 CMYK 值分别为 0、0、91、0），填充图形，并设置描边色为无，效果如图 10-77 所示。

（3）按 Ctrl+C 组合键复制图形，按 Ctrl+F 组合键将复制的图形粘贴在前面。按住 Alt+Shift 组合键的同时，拖曳右上角的控制点到适当的位置，等比例缩小图形，效果如图 10-78 所示。

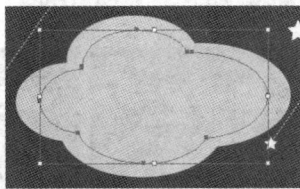

图 10-77 　　　　　　　　　　　　　　图 10-78

（4）选择"区域文字"工具，在图形内部单击，会出现一个带有选中文本的文本区域，如图 10-79 所示。重新输入需要的文字，在属性栏中选择合适的字体并设置文字的大小，效果如图 10-80 所示。

图 10-79 　　　　　　　　　　　　　　图 10-80

（5）在"字符"控制面板中，将"设置行距"选项设置为 14.5 pt，其他选项的设置如图 10-81 所示；按 Enter 键确定操作，效果如图 10-82 所示。

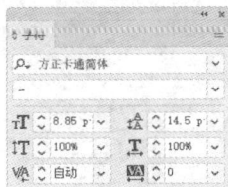

图 10-81 　　　　　　　　　　　　　　图 10-82

（6）选择"矩形"工具，在适当的位置绘制一个矩形，设置填充色为白色，并设置描边色为无，效果如图 10-83 所示。选择"文字"工具，在适当的位置分别输入需要的文字。选择"选择"工具，在属性栏中分别选择合适的字体并设置文字的大小，效果如图 10-84 所示。

图 10-83 　　　　　　　　　　　　　　图 10-84

（7）选择"选择"工具 ，在封面中选取需要的图形，如图 10-85 所示。按住 Alt 键的同时，向左拖曳图形到书脊上，复制图形，并调整其大小，效果如图 10-86 所示。用相同的方法复制需要的文字到书脊上，并调整文字的方向，效果如图 10-87 所示。

| 图 10-85 | 图 10-86 | 图 10-87 |

（8）选择"选择"工具 ，按住 Shift 键的同时，在封面中选取需要的图形和文字，如图 10-88 所示。选择"文件 > 导出所选项目"命令，弹出"导出为多种屏幕所用格式"对话框，将其命名为"04"，选择 PNG 格式，如图 10-89 所示，单击"导出资源"按钮，将选中的图形和文字导出。

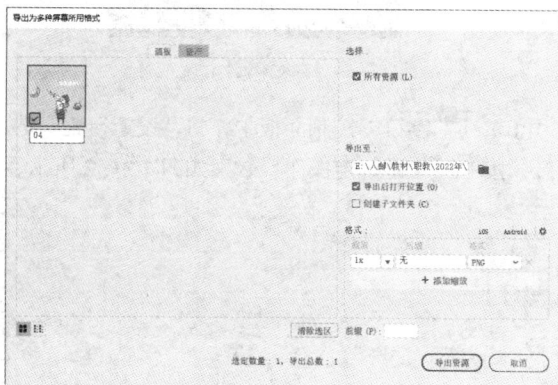

| 图 10-88 | 图 10-89 |

（9）少儿读物封面就制作完成了。按 Ctrl+S 组合键弹出"存储为"对话框，将文件命名为"少儿读物封面"，选择 AI 格式。单击"保存"按钮，弹出"Illustrator 选项"对话框，单击"确定"按钮，保存文件。

Photoshop 应用

10.1.4　制作封面立体效果

（1）打开 Photoshop 2020，按 Ctrl+N 组合键弹出"新建文档"对话框，设置宽度为 30 厘米、高度为 20 厘米、分辨率为 150 像素/英寸、颜色模式为 RGB 颜色、背景内容为白色，单击"创建"按钮，新建一个文件。

（2）选择"渐变"工具 ，单击属性栏中的"点按可编辑渐变"按钮，

扫码观看
本案例视频

弹出"渐变编辑器"对话框，在"位置"选项中分别输入 0、50、100 这 3 个位置点，分别设置 3 个位置点的颜色的 RGB 值为 0（16、109、178）、50（131、207、244）、100（0、148、222），如图 10-90 所示，单击"确定"按钮。按住 Shift 键的同时，在图像窗口中由中至下拖曳填充渐变色，效果如图 10-91 所示。

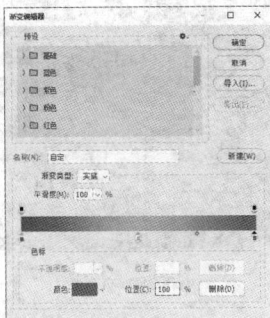

图 10-90

图 10-91

（3）按 Ctrl+O 组合键，打开云盘中的"Ch10 > 素材 > 少儿读物封面设计 > 01、04"文件。选择"移动"工具 ⊕，分别将图片拖曳到新建图像窗口中适当的位置，并调整其大小，效果如图 10-92 所示，"图层"控制面板中将生成新的图层，将其重命名为"云彩"和"文字"。

（4）按 Ctrl+O 组合键，打开云盘中的"Ch10 > 效果 > 少儿读物封面设计 > 少儿读物封面.ai"文件，单击"打开"按钮，弹出"导入 PDF"对话框，单击"确定"按钮，打开图像，如图 10-93 所示。

图 10-92

图 10-93

（5）选择"视图 > 新建参考线版面"命令，弹出"新建参考线版面"对话框，设置如图 10-94 所示；单击"确定"按钮，完成版面参考线的创建，如图 10-95 所示。

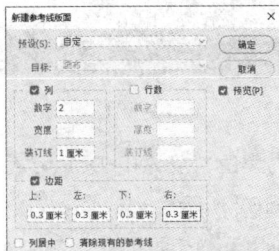

图 10-94

图 10-95

（6）选择"矩形选框"工具 ▣，在封面中绘制出需要的选区，如图 10-96 所示。选择"移动"工具 ✛，将选区中的图像拖曳到新建的图像窗口中适当的位置，并调整其大小，效果如图 10-97 所示。"图层"控制面板中将生成新的图层，将其重命名为"封面"。

图 10-96　　　　　　　　　　　　　　　　图 10-97

（7）按 Ctrl+T 组合键，图像周围会出现变换框，按住 Ctrl 键的同时，拖曳右下角的控制点到适当的位置，如图 10-98 所示。用相同的方法分别拖曳其他控制点到适当的位置，按 Enter 键确定操作，效果如图 10-99 所示。

图 10-98　　　　　　　　　　　　　　　　图 10-99

（8）用相同的方法制作"书脊"，效果如图 10-100 所示。按住 Ctrl 键的同时，单击"书脊"图层的缩览图，图像周围会生成选区，如图 10-101 所示。

图 10-100　　　　　　　　　　　　　　　　图 10-101

（9）新建图层并将其重命名为"暗影"。将前景色设置为黑色，按 Alt+Delete 组合键，用前景色填充选区，按 Ctrl+D 组合键取消选择选区，效果如图 10-102 所示。

（10）在"图层"控制面板中，将"暗影"图层的"不透明度"选项设置为 25%，如图 10-103 所示；按 Enter 键确定操作，效果如图 10-104 所示。

图 10-102

图 10-103

图 10-104

（11）按住 Shift 键的同时，单击"封面"图层，将"暗影"图层到"封面"图层之间的所有图层同时选取，如图 10-105 所示。按 Ctrl+J 组合键复制选中的图层，生成新的图层，如图 10-106 所示。按 Ctrl+E 组合键合并复制的图层并将其重命名为"书籍"，如图 10-107 所示。

图 10-105

图 10-106

图 10-107

（12）单击"图层"控制面板下方的"添加图层样式"按钮 fx，在弹出的菜单中选择"投影"命令，在弹出的对话框中进行设置，如图 10-108 所示；单击"确定"按钮，效果如图 10-109 所示。少儿读物封面的立体效果就制作完成了。

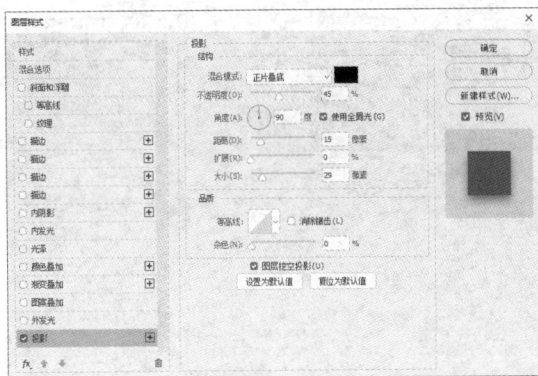
图 10-108

图 10-109

（13）按 Ctrl+S 组合键弹出"另存为"对话框，将文件命名为"少儿读物封面立体效果"，选择 PSD 格式，单击"保存"按钮，弹出"Photoshop 格式选项"对话框，单击"确定"按钮，保存文件。

10.2 课后习题——旅游书籍封面设计

习题知识要点

在 Illustrator 中，使用"椭圆"工具、"置入"命令、"矩形"工具和建立剪切蒙版组合键制作封面背景和旅游图片，使用"符号库"命令添加符号图形，使用"文字"工具和"字符"控制面板添加书名及相关信息，使用"椭圆"工具、"旋转"工具、"钢笔"工具和"路径查找器"控制面板制作装饰图形，使用"风格化"命令添加投影；在 Photoshop 中，使用"矩形选框"工具、"移动"工具和"变换"命令制作书籍立体效果，使用"载入选区"命令和"不透明度"选项制作书脊暗影，使用"添加图层样式"按钮为书籍添加投影。

素材所在位置

云盘 > Ch10 > 素材 > 旅游书籍封面设计 > 01~14。

效果所在位置

云盘 > Ch10 > 效果 > 旅游书籍封面设计 > 旅游书籍封面.ai、旅游书籍封面立体效果.psd，效果如图 10-110 所示。

图 10-110

扫码观看
本案例视频

11 第 11 章
画册设计

本章介绍

　　画册可以起到有效宣传企业或产品的作用，能够提高企业的知名度和产品的认知度。本章通过房地产画册的封面及内页设计，介绍如何把握整体风格、设定设计细节，并详细地讲解房地产画册封面、内页的制作方法和设计技巧。

学习目标

✔ 掌握画册的设计思路和过程。
✔ 掌握画册的制作方法和技巧。

技能目标

✔ 掌握"房地产画册封面"的制作方法。
✔ 掌握"房地产画册内页"的制作方法。

素养目标

✔ 培养对画册的设计创意能力。
✔ 培养对画册的审美与鉴赏能力。

11.1　房地产画册封面设计

案例学习目标

在 Photoshop 中，学习使用调整图层命令、"图层"控制面板制作画册封面底图；在 Illustrator 中，学习使用绘图工具、"文字"工具和"字符"控制面板添加封面名称和其他相关信息。

案例知识要点

在 Photoshop 中，使用"色相/饱和度"命令、"色阶"命令调整图片颜色，使用图层的混合模式为图片添加遮罩效果；在 Illustrator 中，使用参考线分割页面，使用"文字"工具、"字符"控制面板和"椭圆"工具添加封面名称及内容文字。

效果所在位置

云盘 ＞Ch11 ＞ 效果 ＞ 房地产画册封面设计 ＞ 房地产画册封面.ai，效果如图 11-1 所示。

图 11-1

Photoshop 应用

11.1.1　制作画册封面底图

（1）打开 Photoshop 2020，按 Ctrl+N 组合键弹出"新建文档"对话框，设置宽度为 21.3 厘米、高度为 29.1 厘米、分辨率为 150 像素/英寸、颜色模式为 RGB 颜色、背景内容为白色，单击"创建"按钮，新建一个文件。

（2）按 Ctrl+O 组合键，打开云盘中的"Ch11 ＞ 素材 ＞ 房地产画册封面设计 ＞ 01"文件。选择"移动"工具 ，将图片拖曳到新建图像窗口中适当的位置，并调整其大小，效果如图 11-2 所示，图层"控制面板中将生成新的图层，将其重命名为"海景房"。

（3）单击"图层"控制面板下方的"创建新的填充或调整图层"按钮 ，在弹出的菜单中选择"色相/饱和度"命令，"图层"控制面板中将生成"色相/饱和度 1"图层，同时弹出"属性"控制面板，选项的设置如图 11-3 所示；按 Enter 键确定操作，效果如图 11-4 所示。

图 11-2

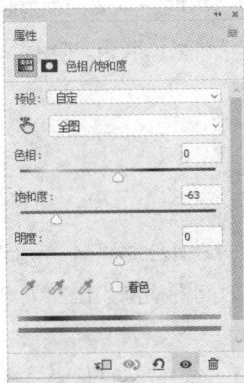
图 11-3

图 11-4

（4）单击"图层"控制面板下方的"创建新的填充或调整图层"按钮 ，在弹出的菜单中选择"色阶"命令，"图层"控制面板中将生成"色阶 1"图层，同时弹出"属性"控制面板，选项的设置如图 11-5 所示；按 Enter 键确定操作，效果如图 11-6 所示。

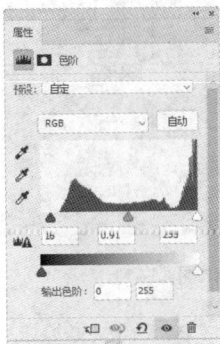
图 11-5

图 11-6

（5）将前景色设置为铅灰色（其 RGB 值分别为 165、155、145）。新建图层并将其重命名为"遮罩"。按 Alt+Delete 组合键，用前景色填充"遮罩"图层，效果如图 11-7 所示。

（6）在"图层"控制面板中，将"遮罩"图层的混合模式设置为"正片叠底"，如图 11-8 所示，效果如图 11-9 所示。

图 11-7

图 11-8

图 11-9

（7）房地产画册封面底图就制作完成了。按 Shift+Ctrl+E 组合键合并可见图层。按 Ctrl+S 组合键弹出"另存为"对话框，将文件命名为"房地产画册封面底图"，选择 JPEG 格式，单击"保存"按钮，弹出"JPEG 选项"对话框，单击"确定"按钮，保存文件。

Illustrator 应用

11.1.2 制作画册封面和封底

扫码观看
本案例视频

（1）打开 Illustrator 2020，按 Ctrl+N 组合键弹出"新建文档"对话框，设置宽度为 420 mm、高度为 285 mm、方向为横向、出血为 3 mm、颜色模式为 CMYK 颜色，单击"创建"按钮，新建一个文件。

（2）按 Ctrl+R 组合键显示标尺。选择"选择"工具，在左侧标尺上向右拖曳出一条垂直参考线。选择"窗口 > 变换"命令，弹出"变换"控制面板，将"X"选项设置为 210 mm，如图 11-10 所示；按 Enter 键确定操作，效果如图 11-11 所示。

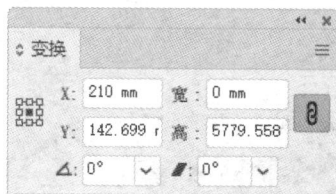

图 11-10

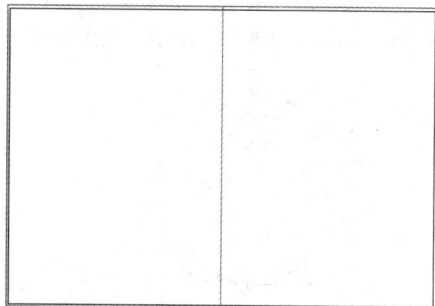

图 11-11

（3）选择"文件 > 置入"命令，弹出"置入"对话框，选择云盘中的"Ch11 > 效果 > 房地产画册封面设计 > 房地产画册封面底图.jpg"文件，单击"置入"按钮，在页面中单击置入图片。单击属性栏中的"嵌入"按钮，嵌入图片。选择"选择"工具，拖曳图片到适当的位置，效果如图 11-12 所示。按 Ctrl+2 组合键锁定所选对象。

（4）选择"矩形"工具，在适当的位置绘制一个矩形，设置填充色为浅褐色（其 CMYK 值分别为 66、65、61、13），填充图形，并设置描边色为无，效果如图 11-13 所示。

图 11-12

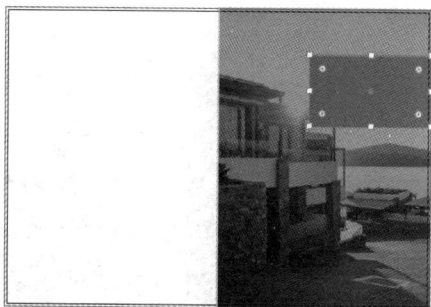

图 11-13

（5）在属性栏中将"不透明度"选项设置为80%，按 Enter 键确定操作，效果如图 11-14 所示。选择"文字"工具 T ，在页面中分别输入需要的文字。选择"选择"工具 ，在属性栏中分别选择合适的字体并设置文字的大小，设置填充色为白色，效果如图 11-15 所示。

图 11-14

图 11-15

（6）选取文字"友豪房地"，按 Ctrl+T 组合键弹出"字符"控制面板，将"设置所选字符的字距调整"选项设置为 100，其他选项的设置如图 11-16 所示；按 Enter 键确定操作，效果如图 11-17 所示。

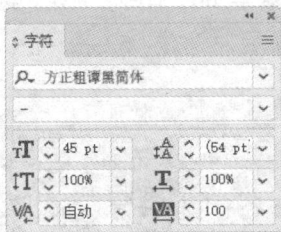
图 11 16

图 11 17

（7）选择"椭圆"工具 ，按住 Shift 键，在适当的位置绘制一个圆形，设置填充色为黄色（其 CMYK 值分别为 0、0、100、0），填充图形，并设置描边色为无，效果如图 11-18 所示。

（8）选择"文字"工具 T ，在适当的位置输入需要的文字。选择"选择"工具 ，在属性栏中选择合适的字体并设置文字的大小。设置填充色为浅褐色（其 CMYK 值分别为 66、65、61、13），填充文字，效果如图 11-19 所示。

图 11-18

图 11-19

（9）在"字符"控制面板中，将"水平缩放"选项设置为 84%，其他选项的设置如图 11-20 所示；按 Enter 键确定操作，效果如图 11-21 所示。

（10）按 Ctrl+O 组合键，打开云盘中的"Ch11 > 素材 > 房地产画册封面设计 > 02"文件。

选择"选择"工具 ，选取需要的图形和文字，按 Ctrl+C 组合键复制图形和文字。选择正在编辑的页面，按 Ctrl+V 组合键将复制的图形和文字粘贴到页面中，并拖曳复制的图形和文字到适当的位置，效果如图 11-22 所示。

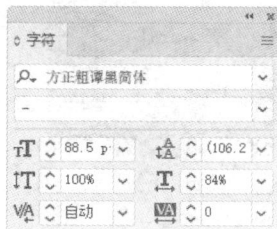

图 11-20

图 11-21

图 11-22

（11）选择"矩形"工具 ，在适当的位置绘制一个矩形，设置填充色为橄榄棕色（其 CMYK 值分别为 50、50、45、0），填充图形，并设置描边色为无，效果如图 11-23 所示。选择"选择"工具 ，在封面中选取需要的标志图形和文字，如图 11-24 所示。

图 11-23

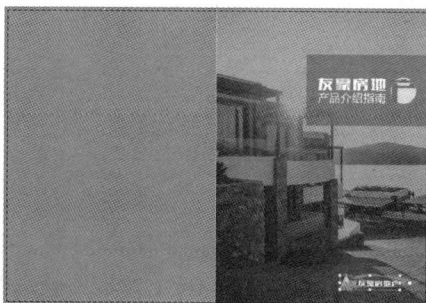

图 11-24

（12）按住 Alt 键的同时，向左拖曳标志图形和文字到封底上，复制标志图形和文字，并调整其大小，效果如图 11-25 所示。选择"编组选择"工具 ，选取标志图形，如图 11-26 所示。

图 11-25

图 11-26

（13）设置标志图形的填充色为无，效果如图 11-27 所示。按 Shift+X 组合键，互换填充色和描边色，效果如图 11-28 所示。

图 11-27

图 11-28

（14）选择"文字"工具 T，在适当的位置输入需要的文字。选择"选择"工具 ▶，在属性栏中选择合适的字体并设置文字的大小，设置填充色为白色，效果如图 11-29 所示。

（15）在"字符"控制面板中，将"设置行距"选项设置为 18 pt，其他选项的设置如图 11-30 所示；按 Enter 键确定操作，效果如图 11-31 所示。

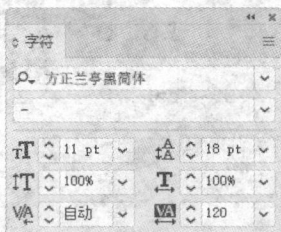

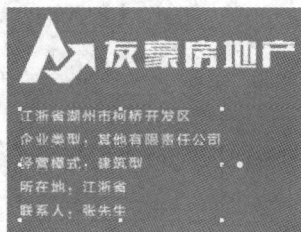

图 11-29

图 11-30

图 11-31

（16）房地产画册封面就制作完成了，效果如图 11-32 所示。按 Ctrl+S 组合键弹出"存储为"对话框，将文件命名为"房地产画册封面"，选择 AI 格式，单击"保存"按钮，弹出"Illustrator 选项"对话框，单击"确定"按钮，保存文件。

图 11-32

11.2 房地产画册内页 1 设计

扫码观看

扩展阅读

案例学习目标

在 Illustrator 中，学习使用"置入"命令、绘图工具、建立剪切蒙版组合键、"雷达图"工具、"文字"工具和"字符"控制面板制作房地产画册内页 1。

🔒 案例知识要点

在 Illustrator 中，使用参考线分割页面，使用"置入"命令、"矩形"工具、"透明度"控制面板添加并编辑图片，使用"矩形"工具、"文字"工具、"字符"控制面板和"段落"控制面板添加内页宣传文字，使用"雷达图"工具绘制年增长率图表，使用"符号库"命令添加箭头符号。

🎯 效果所在位置

云盘 > Ch11 > 效果 > 房地产画册内页 1 设计.ai，效果如图 11-33 所示。

图 11-33

Illustrator 应用

11.2.1　制作公司简介

（1）打开 Illustrator 2020，按 Ctrl+N 组合键弹出"新建文档"对话框，设置宽度为 420 mm、高度为 285 mm、方向为横向、出血为 3 mm、颜色模式为 CMYK 颜色，单击"创建"按钮，新建一个文件。

（2）按 Ctrl+R 组合键显示标尺。选择"选择"工具 ▶，在左侧标尺上向右拖曳出一条垂直参考线。选择"窗口 > 变换"命令，弹出"变换"控制面板，将"X"选项设置为 210 mm，如图 11-34 所示；按 Enter 键确定操作，效果如图 11-35 所示。

图 11-34

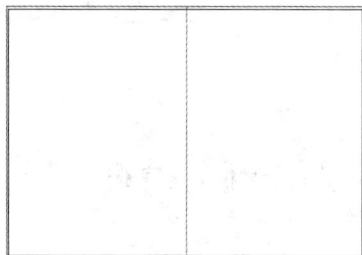

图 11-35

（3）选择"文件 > 置入"命令，弹出"置入"对话框，选择云盘中的"Ch11 > 素材 > 房地产画册内页 1 设计 > 01"文件，单击"置入"按钮，在页面中单击置入图片。单击属性栏中的"嵌入"

按钮，嵌入图片。选择"选择"工具 ▶，拖曳图片到适当的位置，并调整其大小，效果如图 11-36 所示。

（4）选择"矩形"工具 ▣，在适当的位置绘制一个矩形，设置填充色为铅灰色（其 CMYK 值分别为 41、38、40、0），填充图形，并设置描边色为无，效果如图 11-37 所示。

图 11-36

图 11-37

（5）按 Ctrl+C 组合键复制矩形。按 Ctrl+B 组合键将复制的矩形粘贴在后面。选择"选择"工具 ▶，按住 Shift 键的同时，单击下方图片，将其同时选取，如图 11-38 所示。按 Ctrl+7 组合键建立剪切蒙版，效果如图 11-39 所示。

图 11-38

图 11-39

（6）选择"选择"工具 ▶，选取最上方的铅灰色矩形，如图 11-40 所示。选择"窗口 > 透明度"命令，弹出"透明度"控制面板，选项的设置如图 11-41 所示，效果如图 11-42 所示。

图 11-40

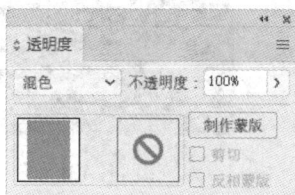

图 11-41

图 11-42

（7）选择"文字"工具 T，在页面的左上角输入需要的文字。选择"选择"工具 ▶，在属性栏中选择合适的字体并设置文字的大小。设置填充色为淡灰色（其 CMYK 值分别为 0、0、0、35），填充文字，效果如图 11-43 所示。

（8）按 Ctrl+T 组合键弹出"字符"控制面板，将"设置所选字符的字距调整"选项设置为 100，其他选项的设置如图 11-44 所示；按 Enter 键确定操作，效果如图 11-45 所示。

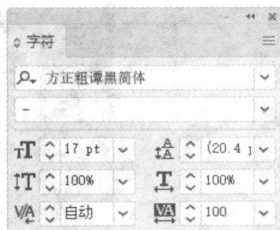

图 11-43　　　　　　　　　　　图 11-44　　　　　　　　　　　图 11-45

（9）选择"直线段"工具 ⁄，按住 Shift 键，在适当的位置绘制一条竖线，设置描边色为淡灰色（其 CMYK 值分别为 0、0、0、35），效果如图 11-46 所示。在属性栏中将"描边粗细"选项设置为 2 pt；按 Enter 键确定操作，效果如图 11-47 所示。

图 11-46　　　　　　　　　　　　　　　图 11-47

（10）选择"矩形"工具 ▢，在适当的位置绘制一个矩形，设置填充色为浅褐色（其 CMYK 值分别为 66、65、61、13），填充图形，并设置描边色为无，效果如图 11-48 所示。

（11）在属性栏中将"不透明度"选项设置为 80%，按 Enter 键确定操作，效果如图 11-49 所示。使用"矩形"工具 ▢ 再绘制一个矩形，设置填充色为白色，并设置描边色为无，效果如图 11-50 所示。

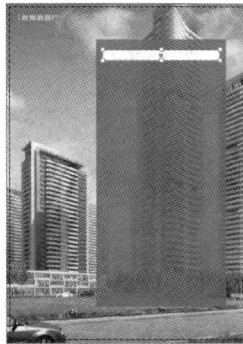

图 11-48　　　　　　　　　图 11-49　　　　　　　　　图 11-50

（12）选择"文字"工具 T，在矩形上输入需要的文字。选择"选择"工具 ▶，在属性栏中选择合适的字体并设置文字的大小。设置填充色为橄榄棕色（其 CMYK 值分别为 50、50、45、0），填充文字，效果如图 11-51 所示。

（13）在"字符"控制面板中，将"设置所选字符的字距调整"选项设置为 540，其他选项的设置如图 11-52 所示；按 Enter 键确定操作，效果如图 11-53 所示。

图 11-51　　　　　　　　　　　　　　图 11-52　　　　　　　　　　　　　　图 11-53

（14）选择"矩形"工具 ▭，在适当的位置绘制一个矩形，设置描边色为白色，效果如图 11-54 所示。按 Ctrl+C 组合键复制矩形。按 Ctrl+F 组合键将复制的矩形粘贴在前面。选择"选择"工具 ▶，向左拖曳矩形右边中间的控制点到适当的位置，调整其大小，效果如图 11-55 所示。

图 11-54　　　　　　　　　　　　　　　　图 11-55

（15）按 Shift+X 组合键互换填充色和描边色，效果如图 11-56 所示。按 Ctrl+C 组合键复制矩形。按 Ctrl+B 组合键将复制的矩形粘贴在后面。选择"选择"工具 ▶，向右拖曳矩形右边中间的控制点到适当的位置，调整其大小，效果如图 11-57 所示。

图 11-56　　　　　　　　　　　　　　　　图 11-57

（16）保持矩形的选取状态。设置填充色为黄色（其 CMYK 值分别为 0、0、100、0），填充矩形，效果如图 11-58 所示。

（17）选择"文字"工具 T，在适当的位置输入需要的文字。选择"选择"工具 ▶，在属性栏中选择合适的字体并设置文字的大小，设置填充色为白色，效果如图 11-59 所示。

图 11-58　　　　　　　　　　　　　　　　图 11-59

（18）在"字符"控制面板中，将"设置所选字符的字距调整"选项设置为 838，其他选项的设置如图 11-60 所示；按 Enter 键确定操作，效果如图 11-61 所示。

（19）选择"文字"工具 T，在适当的位置按住鼠标左键不放，拖曳出一个带有选中文本的文本框，如图 11-62 所示。重新输入需要的文字，选择"选择"工具 ▶，在属性栏中选择合适的字体并设置文字的大小，设置填充色为白色，效果如图 11-63 所示。

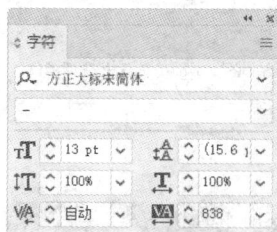

图 11-60

图 11-61

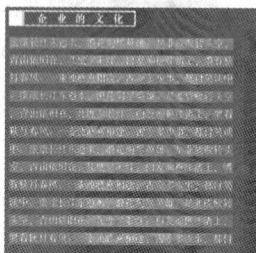

图 11-62

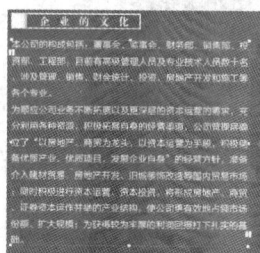

图 11-63

（20）在"字符"控制面板中，将"设置所选字符的字距调整"选项设置为 75，其他选项的设置如图 11-64 所示；按 Enter 键确定操作，效果如图 11-65 所示。

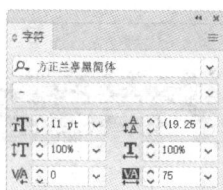

图 11-64

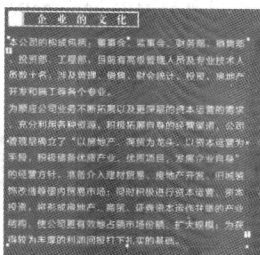

图 11-65

（21）按 Alt+Ctrl+T 组合键弹出"段落"控制面板，将"首行左缩进"选项设置为 22 pt，其他选项的设置如图 11-66 所示；按 Enter 键确定操作，效果如图 11-67 所示。用相同的方法制作"我们的目标""企业的声誉"部分，效果如图 11-68 所示。

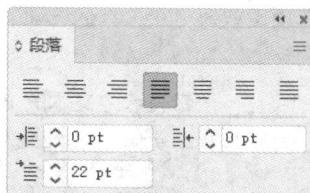

图 11-66

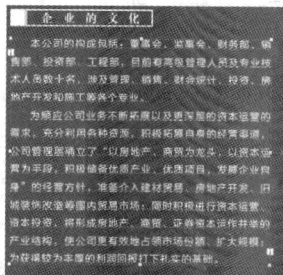

图 11-67

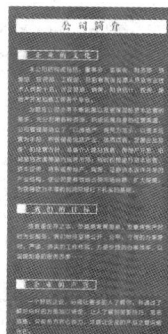

图 11-68

11.2.2 制作年增长图表

（1）选择"矩形"工具▢，在适当的位置绘制一个矩形，设置填充色为橄榄棕色（其 CMYK 值分别为 50、50、45、0），填充图形，并设置描边色为无，效果如图 11-69 所示。

（2）选择"文件 > 置入"命令，弹出"置入"对话框，选择云盘中的"Ch11 > 素材 > 房地产画册内页 1 设计 > 02"文件，单击"置入"按钮，在页面中单击置入图片。单击属性栏中的"嵌入"按钮，嵌入图片。选择"选择"工具▶，拖曳图片到适当的位置，并调整其大小，效果如图 11-70 所示。

图 11-69

图 11-70

（3）选择"矩形"工具▢，在适当的位置绘制一个矩形，如图 11-71 所示。选择"选择"工具▶，按住 Shift 键的同时，单击下方的图片，将其同时选取，如图 11-72 所示。按 Ctrl+7 组合键建立剪切蒙版，效果如图 11-73 所示。

图 11-71

图 11-72

图 11-73

（4）选择"文字"工具Ｔ，在适当的位置分别输入需要的文字。选择"选择"工具▶，在属性栏中分别选择合适的字体并设置文字的大小，设置填充色为白色，效果如图 11-74 所示。

（5）选择"文字"工具Ｔ，在适当的位置按住鼠标左键不放，拖曳出一个带有选中文本的文本框，如图 11-75 所示。重新输入需要的文字，选择"选择"工具▶，在属性栏中选择合适的字体并设置文字的大小，设置填充色为白色，效果如图 11-76 所示。

（6）在"字符"控制面板中，将"设置所选字符的字距调整"选项设置为 75，其他选项的设置如图 11-77 所示；按 Enter 键确定操作，效果如图 11-78 所示。

图 11-74

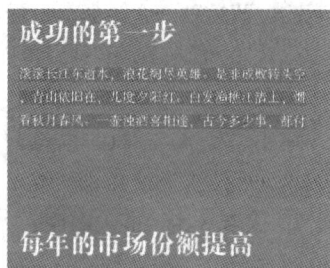

图 11-75

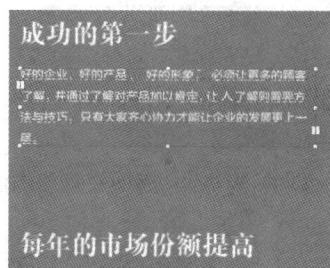

图 11-76

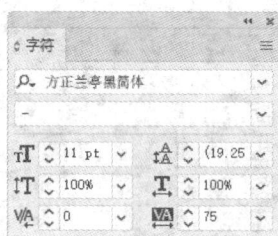

图 11-77

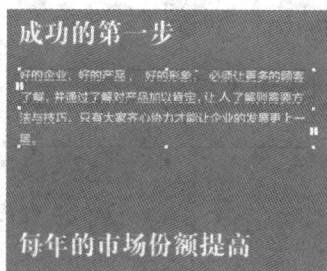

图 11-78

（7）在"段落"控制面板中，将"首行左缩进"选项设置为 22 pt，其他选项的设置如图 11-79 所示；按 Enter 键确定操作，效果如图 11-80 所示。

（8）选择"直线段"工具 ，按住 Shift 键，在适当的位置绘制一条直线段，设置描边色为白色，效果如图 11-81 所示。

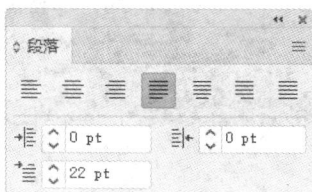

图 11-79

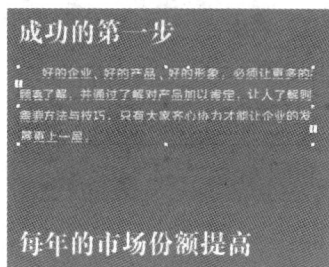

图 11-80

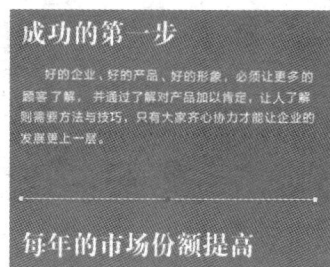

图 11-81

（9）选择"雷达图"工具 ，在页面中单击，弹出"图表"对话框，设置如图 11-82 所示；单击"确定"按钮，弹出"图表数据"对话框，输入需要的数据，如图 11-83 所示。输入完成后，单击"应用"按钮 ，关闭"图表数据"对话框，建立雷达图表，并将其拖曳到页面中适当的位置，效果如图 11-84 所示。

（10）选择"编组选择"工具 ，按住 Shift 键的同时，依次选取需要的线条和刻度线，如图 11-85 所示。设置描边色为白色，效果如图 11-86 所示。用相同的方法分别设置其他图形的填充色和描边色，效果如图 11-87 所示。

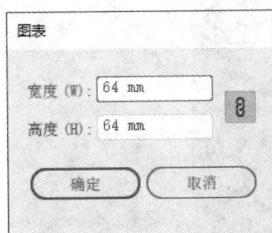

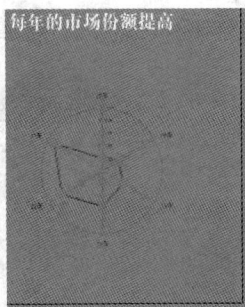

图 11-82 图 11-83 图 11-84

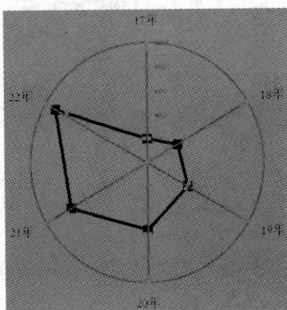

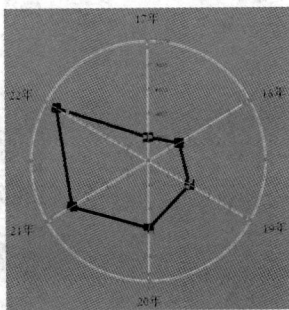

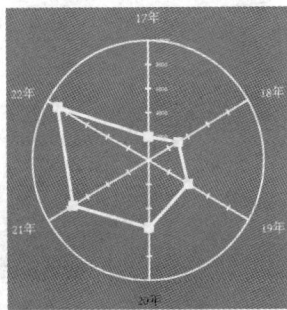

图 11-85 图 11-86 图 11-87

（11）选择"窗口 > 符号库 > 箭头"命令，弹出"箭头"控制面板，选择需要的符号，如图 11-88 所示。选择"选择"工具，拖曳符号到页面中适当的位置，并调整其大小，效果如图 11-89 所示。在符号上单击鼠标右键，在弹出的菜单中选择"断开符号链接"命令，断开符号链接，效果如图 11-90 所示。

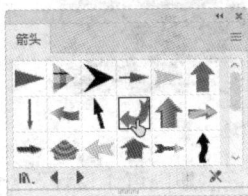

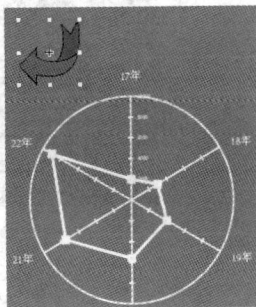

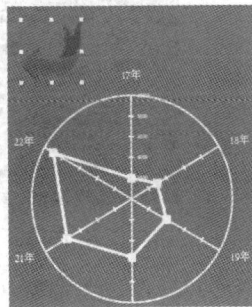

图 11-88 图 11-89 图 11-90

（12）设置符号图形的填充色为白色，效果如图 11-91 所示。设置描边色为铅灰色（其 CMYK 值分别为 40、40、34、0），效果如图 11-92 所示。

（13）在"变换"控制面板中，将"旋转"选项设置为 180°，如图 11-93 所示，按 Enter 键确定操作，效果如图 11-94 所示。

（14）选择"文字"工具，在符号图形右侧输入需要的文字。选择"选择"工具，在属性栏中选择合适的字体并设置文字的大小，设置填充色为白色，效果如图 11-95 所示。房地产画册内页

1 就制作完成了，效果如图 11-96 所示。

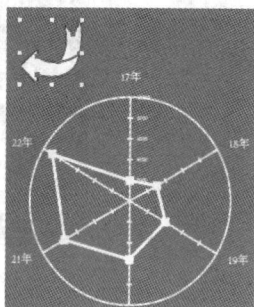

图 11-91

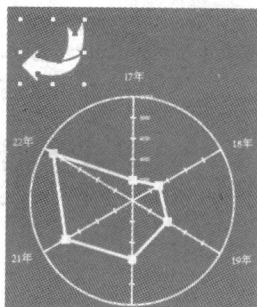

图 11-92

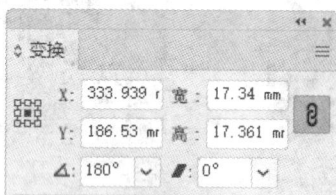

图 11-93

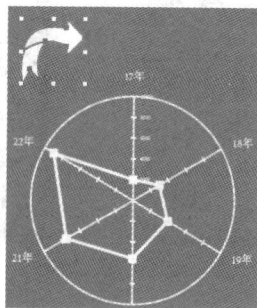

图 11-94

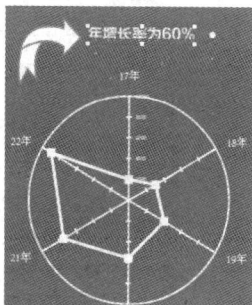

图 11-95

图 11-96

（15）按 Ctrl+S 组合键弹出"存储为"对话框，将文件命名为"房地产画册内页 1 设计"，选择 AI 格式，单击"保存"按钮，弹出"Illustrator 选项"对话框，单击"确定"按钮，保存文件。

11.3　课后习题——房地产画册内页 2 设计

习题知识要点

在 Illustrator 中，使用"置入"命令、"矩形"工具和建立剪切蒙版组合键制作图片蒙版效果，使用"文字"工具、"字符"控制面板和"字形"命令添加内页宣传文字，使用"文字"工具、"制表符"控制面板制作图表文字，使用"直线段"工具、"描边"控制面板和"复制"命令制作图表。

素材所在位置

云盘 > Ch11 > 素材 > 房地产画册内页 2 设计 > 01、02。

效果所在位置

云盘 > Ch11 > 效果 > 房地产画册内页 2 设计.ai，效果如图 11-97 所示。

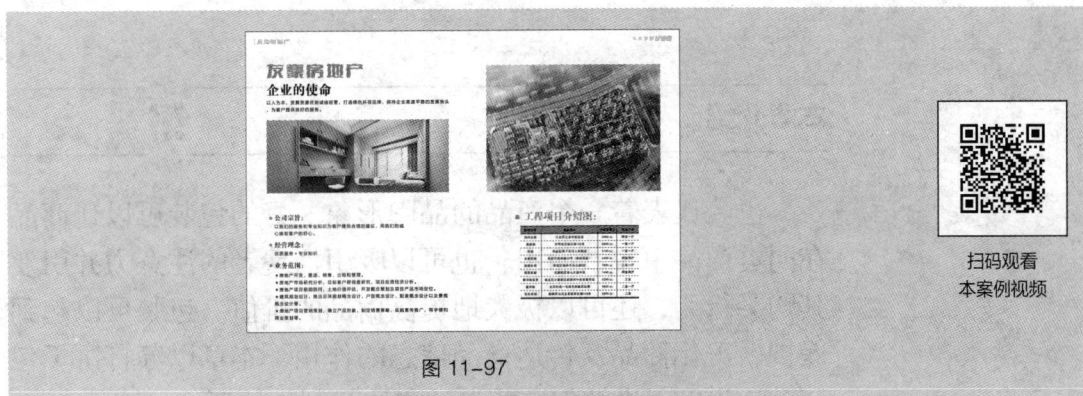

图 11-97

扫码观看
本案例视频

第 12 章
包装设计

本章介绍

    包装代表着一个商品的品牌形象。好的包装可以让商品在同类商品中脱颖而出，也可以吸引消费者的注意力并引发其购买行为，还可以极大地提高商品的价值。包装可以起到保护、美化商品及传达商品信息的作用。本章以苏打饼干包装设计为例，讲解包装的设计方法和制作技巧。

学习目标

- ✔ 掌握包装的设计思路和过程。
- ✔ 掌握包装的制作方法和技巧。

技能目标

- ✔ 掌握"苏打饼干包装"的制作方法。
- ✔ 掌握"坚果食品包装"的制作方法。

素养目标

- ✔ 培养对包装的设计创意能力。
- ✔ 培养对包装的审美与鉴赏能力。

12.1　苏打饼干包装设计

案例学习目标

在 Illustrator 中，学习使用参考线分割页面，使用绘图工具、"变换"控制面板、"添加锚点"工具、"直接选择"工具和"渐变"工具制作包装平面展开图，使用"文字"工具、"字符"控制面板、"倾斜"工具添加产品名称和包装相关信息；在 Photoshop 中，学习使用"高斯模糊"命令制作包装广告效果。

扫码观看
扩展阅读

案例知识要点

在 Illustrator 中，使用"置入"命令添加产品图片，使用"投影"命令为产品图片添加投影效果，使用"矩形"工具、"渐变"工具、"变换"控制面板、"镜像"工具、"添加锚点"工具和"直接选择"工具制作包装平面展开图，使用"文字"工具、"倾斜"工具添加产品名称，使用"文字"工具、"字符"控制面板、"矩形"工具和"直线段"工具添加营养成分表和包装其他信息；在 Photoshop 中，使用"矩形选框"工具、"移动"工具添加包装正面、顶面和侧面，使用"高斯模糊"命令为包装添加阴影效果。

效果所在位置

云盘 > Ch12 > 效果 > 苏打饼干包装设计 > 苏打饼干包装平面展开图.ai、苏打饼干包装广告效果.psd，效果如图 12-1 所示。

图 12-1

Illustrator 应用

12.1.1　绘制包装平面展开图

（1）打开 Illustrator 2020，按 Ctrl+N 组合键弹出"新建文档"对话框，设置宽度为 234 mm、高度为 268 mm、方向为纵向、颜色模式为 CMYK 颜色，单

扫码观看
本案例视频

击"创建"按钮，新建一个文件。

（2）按 Ctrl+R 组合键显示标尺。选择"选择"工具 ，在上方标尺上向下拖曳出一条水平参考线。选择"窗口 > 变换"命令，弹出"变换"控制面板，将"Y"选项设置为 3 mm，如图 12-2 所示；按 Enter 键确定操作，如图 12-3 所示。使用相同的方法，分别在 41 mm、44 mm、134 mm、137 mm、175 mm、178 mm 处新建水平参考线，如图 12-4 所示。

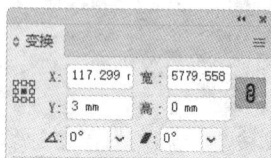

图 12-2

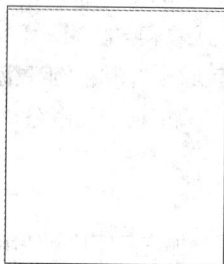

图 12-3

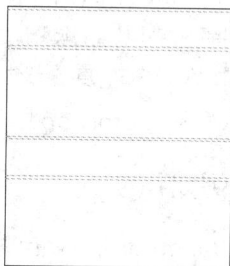

图 12-4

（3）选择"选择"工具 ，在左侧标尺上向右拖曳出一条垂直参考线。选择"窗口 > 变换"命令，弹出"变换"控制面板，将"X"选项设置为 17 mm，如图 12-5 所示；按 Enter 键确定操作，如图 12-6 所示。使用相同的方法，分别在 39 mm、42 mm、192 mm、195 mm、217 mm 处新建垂直参考线，如图 12-7 所示。

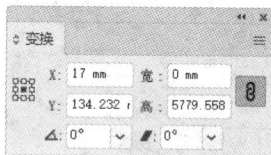

图 12-5

图 12-6

图 12-7

（4）选择"矩形"工具 ，在页面中绘制一个矩形，如图 12-8 所示。双击"渐变"工具 ，弹出"渐变"控制面板，选中"径向渐变"按钮 ，在色带上设置 3 个渐变滑块，分别将渐变滑块的位置设置为 16%、53%、100%，并设置 CMYK 值分别为 16（0、12、58、0）、53（0、35、90、0）、100（0、60、88、0），其他选项的设置如图 12-9 所示；图形被填充为渐变色，效果如图 12-10 所示。

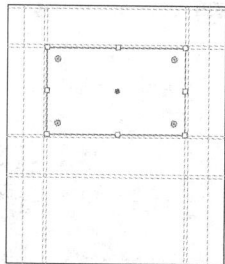

图 12-8

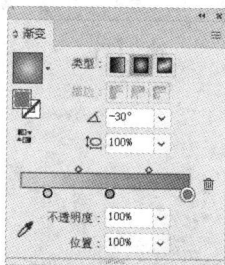

图 12-9

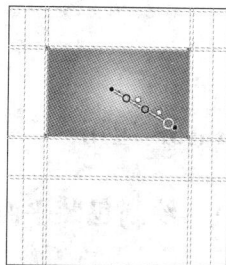

图 12-10

（5）选择"渐变"工具 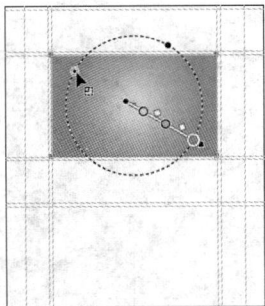，将鼠标指针放置在渐变虚线环左侧的缩放点上，当鼠标指针变为▸圆图标时，如图 12-11 所示，单击并按住鼠标左键，拖曳缩放点到适当的位置，松开鼠标左键后，调整渐变虚线环的大小，效果如图 12-12 所示。

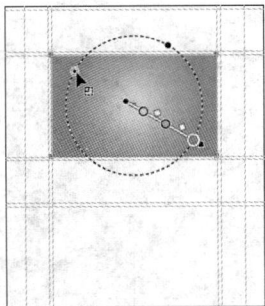
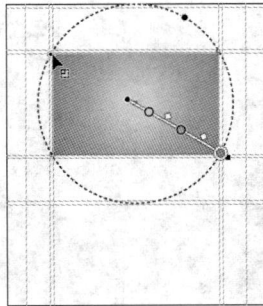

图 12-11 图 12-12

（6）选择"渐变"工具 ，将鼠标指针放置在渐变的起点处，当鼠标指针变为▸图标时，如图 12-13 所示，单击并按住鼠标左键，拖曳起点到适当的位置，松开鼠标左键后，调整渐变色，效果如图 12-14 所示。选择"选择"工具 ，设置描边色为无，效果如图 12-15 所示。

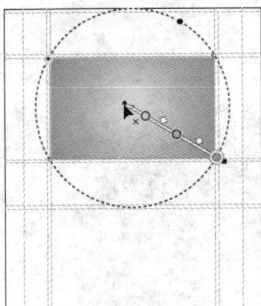
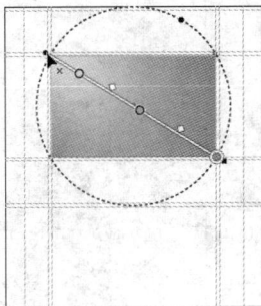
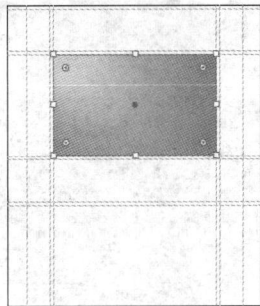

图 12-13 图 12-14 图 12-15

（7）选择"矩形"工具 ，在适当的位置绘制一个矩形，设置填充色为橘黄色（其 CMYK 值分别为 0、35、90、0），填充图形，并设置描边色为无，效果如图 12-16 所示。

（8）选择"窗口 > 变换"命令，弹出"变换"控制面板，在"矩形属性"选项组中将"圆角半径"选项设置为 4 mm 和 0 mm，如图 12-17 所示。按 Enter 键确定操作，效果如图 12-18 所示。

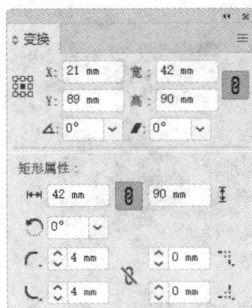

图 12-16 图 12-17 图 12-18

（9）选择"直接选择"工具 ，用框选的方法将圆角矩形左上角的锚点同时选取，如图 12-19 所示。按 Shift+↓ 组合键，水平向下移动锚点到适当的位置，如图 12-20 所示。用相同的方法调整左下角的锚点，效果如图 12-21 所示。

图 12-19 图 12-20 图 12-21

（10）选择"选择"工具 ，选取图形。双击"镜像"工具 ，弹出"镜像"对话框，选项的设置如图 12-22 所示；单击"复制"按钮，镜像复制图形，效果如图 12-23 所示。

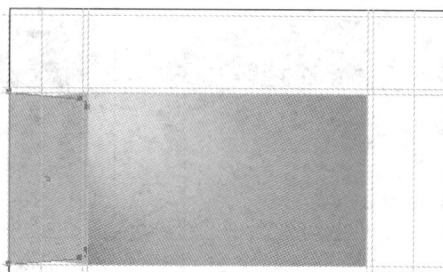

图 12-22 图 12-23

（11）选择"选择"工具 ，按住 Shift 键的同时，水平向右拖曳复制的图形到适当的位置，效果如图 12-24 所示。选择"矩形"工具 ，在适当的位置绘制一个矩形，如图 12-25 所示。

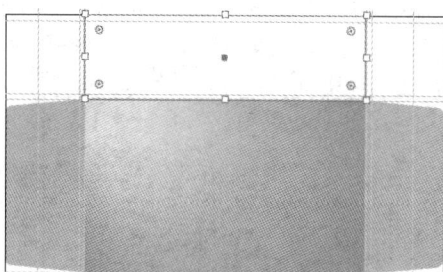

图 12-24 图 12-25

（12）选择"吸管"工具 ，将吸管图标 放置在下方的渐变矩形上，如图 12-26 所示，单击吸取属性，如图 12-27 所示。

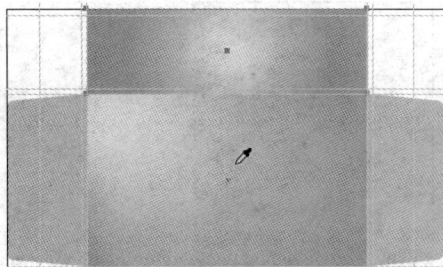

图 12-26   图 12-27

（13）选择"渐变"工具 ，将鼠标指针放置在渐变的终点处，当鼠标指针变为图标时，如图 12-28 所示，按住鼠标左键，拖曳终点到适当的位置，松开鼠标左键后，调整渐变色，效果如图 12-29 所示。

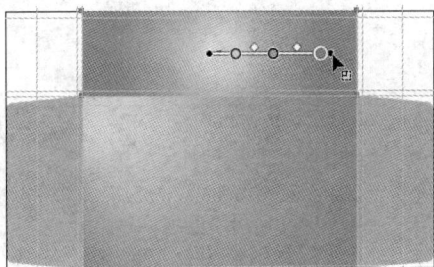
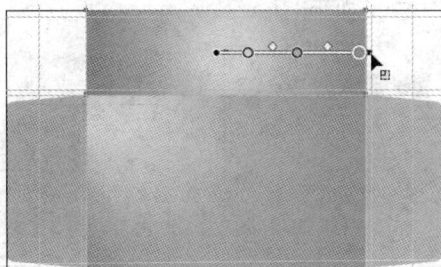

图 12-28   图 12-29

（14）选择"矩形"工具，在适当的位置绘制一个矩形，设置填充色为橘黄色（其 CMYK 值分别为 0、35、90、0），填充图形，并设置描边色为无，效果如图 12-30 所示。

（15）在"变换"控制面板中，在"矩形属性"选项组中将"圆角半径"选项设置为 2 mm 和 0 mm，如图 12-31 所示。按 Enter 键确定操作，效果如图 12-32 所示。

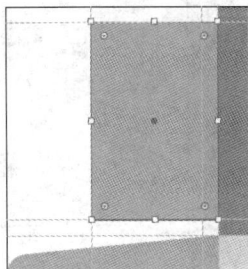

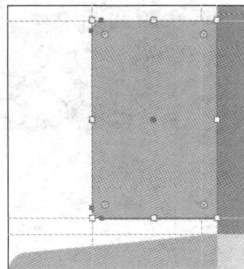

图 12-30   图 12-31   图 12-32

（16）选择"添加锚点"工具，在适当的位置单击，添加两个锚点，如图 12-33 所示。选择"直接选择"工具，选中并向下拖曳右下角的锚点到适当的位置，如图 12-34 所示。用相同的方法调整右上角的锚点，效果如图 12-35 所示。

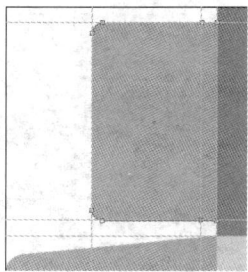  

图 12-33　　　　　　　　　　图 12-34　　　　　　　　　　图 12-35

（17）选择"选择"工具，选取图形。双击"镜像"工具，弹出"镜像"对话框，选项的设置如图 12-36 所示；单击"复制"按钮，镜像复制图形，效果如图 12-37 所示。

（18）选择"选择"工具，按住 Shift 键的同时，水平向右拖曳复制的图形到适当的位置，效果如图 12-38 所示。

 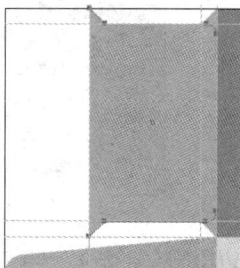 

图 12-36　　　　　　　图 12-37　　　　　　　　　　　图 12-38

（19）用框选的方法将绘制的图形同时选取，如图 12-39 所示。按住 Alt+Shift 组合键的同时，垂直向下拖曳图形到适当的位置，复制图形，效果如图 12-40 所示。

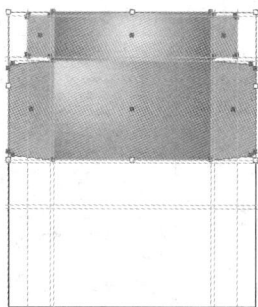 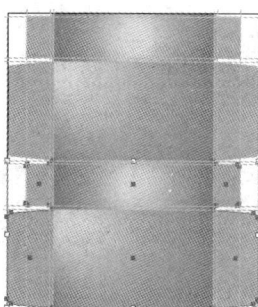

图 12-39　　　　　　　　　图 12-40

（20）选择"矩形"工具，在适当的位置绘制一个矩形，设置填充色为白色，并设置描边色为无，效果如图 12-41 所示。选择"选择"工具，按住 Alt+Shift 组合键的同时，水平向右拖曳矩形到适当的位置，复制矩形，效果如图 12-42 所示。

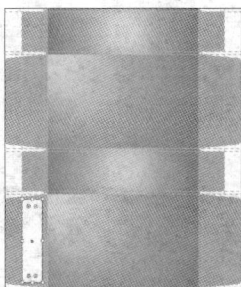

图 12-41

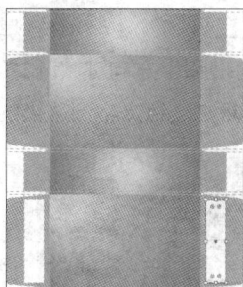

图 12-42

12.1.2 制作包装正面和侧面

（1）选择"文件 > 置入"命令，弹出"置入"对话框，选择云盘中的"Ch12 > 素材 > 苏打饼干包装设计 > 01"文件，单击"置入"按钮，在页面中单击置入图片。单击属性栏中的"嵌入"按钮，嵌入图片。选择"选择"工具 ，拖曳图片到适当的位置，效果如图 12-43 所示。

（2）选择"文字"工具 T ，在页面中输入需要的文字。选择"选择"工具 ，在属性栏中选择合适的字体并设置文字的大小。设置填充色为红色（其 CMYK 值分别为 17、99、100、0），填充文字，效果如图 12-44 所示。

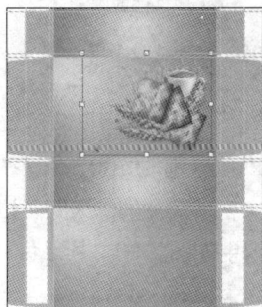

扫码观看
本案例视频

图 12-43

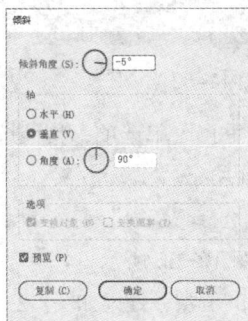

图 12-44

（3）双击"倾斜"工具 ，弹出"倾斜"对话框，点选"垂直"单选项，其他选项的设置如图 12-45 所示；单击"确定"按钮，倾斜文字，效果如图 12-46 所示。

图 12-45

图 12-46

（4）选择"选择"工具 ，按 Ctrl+C 组合键复制文字。按 Ctrl+B 组合键将复制的文字粘贴在后面。分别按←方向键和↓方向键微调文字到适当的位置，设置填充色为白色，效果如图 12-47 所示。用相同的方法再复制一组文字到适当的位置，并填充相应的颜色，效果如图 12-48 所示。

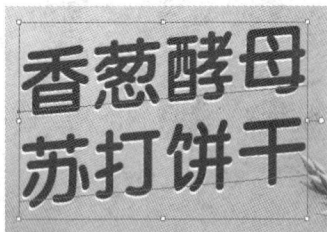
图 12-47

图 12-48

（5）选择"文字"工具 T ，在适当的位置输入需要的文字。选择"选择"工具 ，在属性栏中选择合适的字体并设置文字的大小，效果如图 12-49 所示。在属性栏中单击"居中对齐"按钮 ，并微调文字到适当的位置，效果如图 12-50 所示。

图 12-49

图 12-50

（6）保持文字的选取状态。设置填充色为暗绿色（其 CMYK 值分别为 100、55、100、35），填充文字，效果如图 12-51 所示。选择"文字"工具 T ，选取文字"美丽的一天"，设置填充色为暗红色（其 CMYK 值分别为 55、86、100、38），填充文字，效果如图 12-52 所示。

图 12-51

图 12-52

（7）双击"倾斜"工具 ，弹出"倾斜"对话框，点选"垂直"单选项，其他选项的设置如图 12-53 所示；单击"确定"按钮，倾斜文字，效果如图 12-54 所示。

（8）选择"文字"工具 T ，在适当的位置输入需要的文字。选择"选择"工具 ，在属性栏中选择合适的字体并设置文字的大小，设置填充色为白色，效果如图 12-55 所示。

（9）在属性栏中单击"右对齐"按钮 ，并微调文字到适当的位置，效果如图 12-56 所示。选择"文字"工具 T ，选取文字"图片仅供参考"，在属性栏中设置文字的大小，效果如图 12-57 所示。

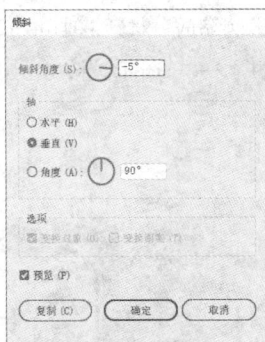

图 12-53 　　　　　　　　　　图 12-54

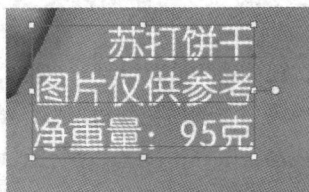

图 12-55 　　　　　图 12-56 　　　　　图 12-57

（10）选择"矩形"工具 ▢，在适当的位置绘制一个矩形，如图 12-58 所示，设置描边色为白色，并在属性栏中将"描边粗细"选项设置为 0.5 pt；按 Enter 键确定操作，效果如图 12-59 所示。

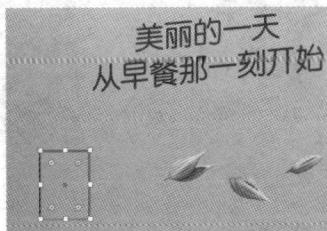

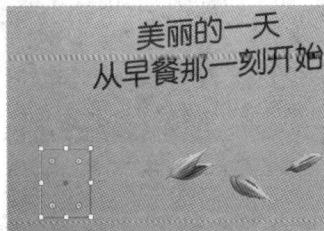

图 12-58 　　　　　　　　　　　图 12-59

（11）在"变换"控制面板中，在"矩形属性"选项组中将"圆角半径"选项均设置为 2.5 mm，如图 12-60 所示；按 Enter 键确定操作，效果如图 12-61 所示。

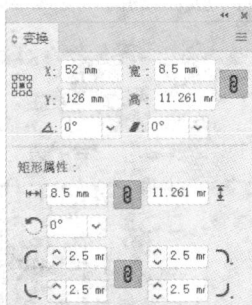

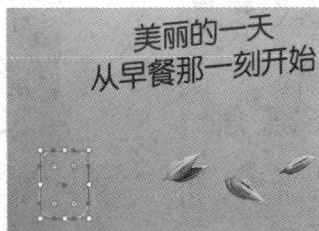

图 12-60 　　　　　　　　　　　图 12-61

（12）选择"对象 > 变换 > 缩放"命令，在弹出的"比例缩放"对话框中进行设置，如图 12-62 所示；单击"复制"按钮，复制并缩小圆角矩形，效果如图 12-63 所示。按 Shift+X 组合键互换填充色和描边色，效果如图 12-64 所示。

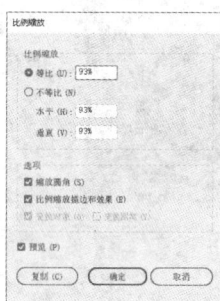

图 12-62

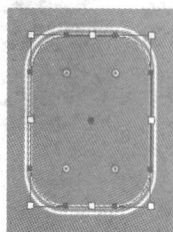

图 12-63

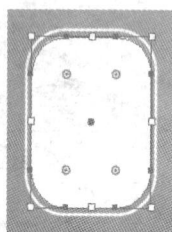

图 12-64

（13）选择"椭圆"工具 ⬭，在适当的位置绘制一个椭圆形，如图 12-65 所示。选择"选择"工具 ▶，按住 Shift 键的同时，单击下方的白色圆角矩形，将其同时选取，如图 12-66 所示。

（14）选择"窗口 > 路径查找器"命令，弹出"路径查找器"控制面板，单击"减去顶层"按钮 ⬜，如图 12-67 所示；将生成新的对象，效果如图 12-68 所示。

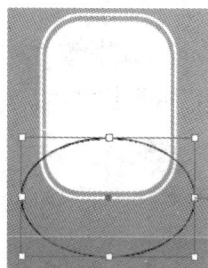

图 12-65

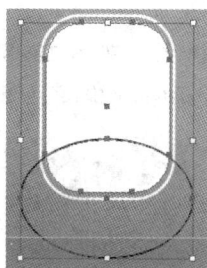

图 12-66

图 12-67

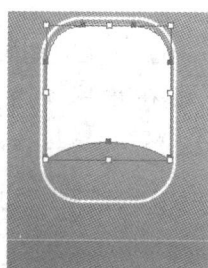

图 12-68

（15）选择"文字"工具 T，在适当的位置分别输入需要的文字。选择"选择"工具 ▶，在属性栏中分别选择合适的字体并设置文字的大小，单击"左对齐"按钮 ▤，微调文字到适当的位置，效果如图 12-69 所示。

（16）选取文字"每份 18.5 克"，设置填充色为白色，效果如图 12-70 所示。选取文字"能量 383 千焦"，在属性栏中单击"居中对齐"按钮 ▤，并微调文字到适当的位置，效果如图 12-71 所示。

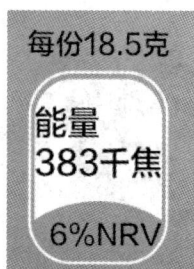

图 12-69

图 12-70

图 12-71

（17）保持文字的选取状态。设置填充色为橘黄色（其 CMYK 值分别为 0、62、100、0），填充文字，效果如图 12-72 所示。按 Ctrl+T 组合键弹出"字符"控制面板，将"水平缩放"选项设置为 87%，其他选项的设置如图 12-73 所示；按 Enter 键确定操作，效果如图 12-74 所示。

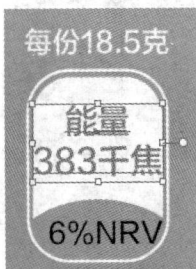

图 12-72

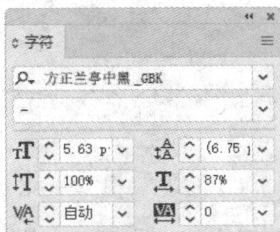

图 12-73

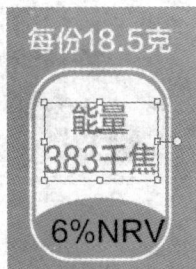

图 12-74

（18）选取文字"6%NRV"，设置填充色为白色。在"字符"控制面板中，将"水平缩放"选项设置为 87%，其他选项的设置如图 12-75 所示；按 Enter 键确定操作，效果如图 12-76 所示。

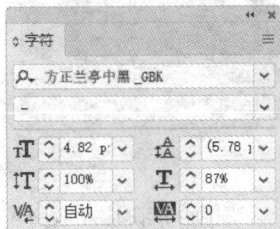

图 12-75

图 12-76

（19）按 Ctrl+O 组合键，打开云盘中的"Ch12 > 素材 > 苏打饼干包装设计 > 02"文件。选择"选择"工具 ，选取需要的图形，按 Ctrl+C 组合键复制图形。选择正在编辑的页面，按 Ctrl+V 组合键将复制的图形粘贴到页面中，并拖曳复制的图形到适当的位置，效果如图 12-77 所示。

（20）双击"旋转"工具 ，弹出"旋转"对话框，选项的设置如图 12-78 所示；单击"复制"按钮，复制并旋转图形，效果如图 12-79 所示。

图 12-77

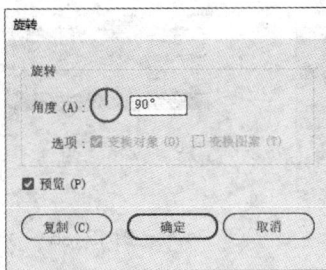

图 12-78

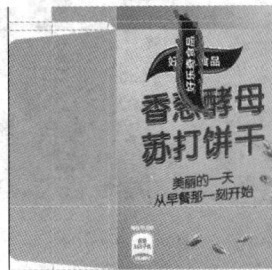

图 12-79

（21）选择"选择"工具 ，向左拖曳复制的图形到包装左侧面适当的位置，效果如图 12-80 所示。双击"旋转"工具 ，弹出"旋转"对话框，选项的设置如图 12-81 所示；单击"复制"按钮，复制并旋转图形，效果如图 12-82 所示。

图 12-80

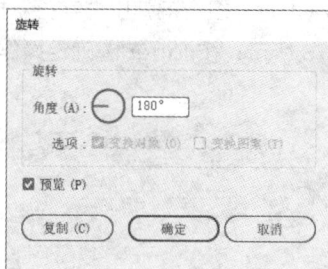

图 12-81

图 12-82

（22）选择"选择"工具 ▶，按住 Shift 键的同时，水平向右拖曳复制的图形到包装右侧面适当的位置，效果如图 12-83 所示。

图 12-83

（23）选择"钢笔"工具 ✐，在适当的位置绘制一个不规则的图形，如图 12-84 所示。双击"渐变"工具 ▦，弹出"渐变"控制面板，选中"线性渐变"按钮 ▦，在色带上设置两个渐变滑块，分别将渐变滑块的位置设置为 0%、100%，并设置 CMYK 值分别为 0（0、35、90、0）、100（17、99、100、0），其他选项的设置如图 12-85 所示，图形被填充为渐变色，并设置描边色为无，效果如图 12-86 所示。

图 12-84

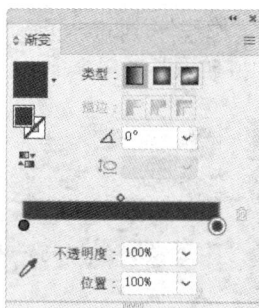

图 12-85

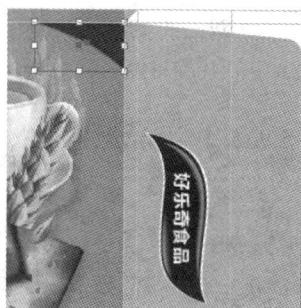

图 12-86

（24）选择"钢笔"工具 ✐，在适当的位置绘制一条曲线，如图 12-87 所示。选择"路径文字"工具 ✍，单击"左对齐"按钮 ≡，在曲线路径上单击，会出现一个带有选中文本的文本区域，如图 12-88 所示；输入需要的文字，选择"选择"工具 ▶，在属性栏中选择合适的字体并设置适当的文字大小，设置填充色为白色，效果如图 12-89 所示。

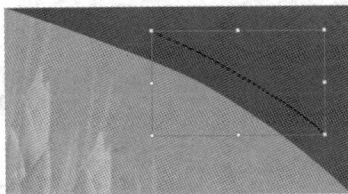
图 12-87

图 12-88

图 12-89

12.1.3 制作包装顶面和底面

（1）选择"文件 > 置入"命令，弹出"置入"对话框，选择云盘中的"Ch12 > 素材 > 苏打饼干包装设计 > 03"文件，单击"置入"按钮，在页面中单击置入图片。单击属性栏中的"嵌入"按钮，嵌入图片。选择"选择"工具 ，拖曳图片到适当的位置，效果如图 12-90 所示。

（2）选择"效果 > 风格化 > 投影"命令，在弹出的"投影"对话框中进行设置，如图 12-91 所示；单击"确定"按钮，效果如图 12-92 所示。

扫码观看
本案例视频

图 12-90

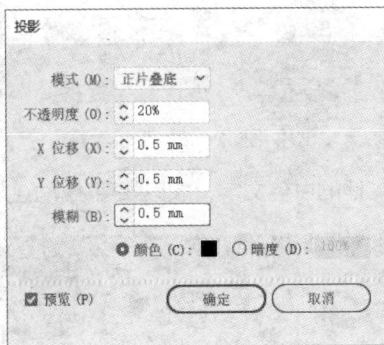
图 12-91

图 12-92

（3）选择"选择"工具 ，按住 Shift 键的同时，在包装正面中依次选取需要的文字，按 Ctrl+G 组合键将选中的文字编组，如图 12-93 所示。按住 Alt 键的同时，向下拖曳编组文字到适当的位置，复制编组文字，并调整其大小，效果如图 12-94 所示。

图 12-93

图 12-94

（4）选择"文字"工具 T ，在适当的位置输入需要的文字。选择"选择"工具 ，在属性栏中选择合适的字体并设置文字的大小，效果如图 12-95 所示。设置填充色为暗绿色（其 CMYK 值分别为 100、55、100、35），填充文字，效果如图 12-96 所示。

图 12-95

图 12-96

（5）选择"文字"工具 T，在包装顶面中输入需要的文字。选择"选择"工具 ▶，在属性栏中选择合适的字体并设置文字的大小，设置填充色为白色，效果如图 12-97 所示。

（6）在"字符"控制面板中，将"设置行距"选项设置为 8 pt，其他选项的设置如图 12-98 所示；按 Enter 键确定操作，效果如图 12-99 所示。

图 12-97

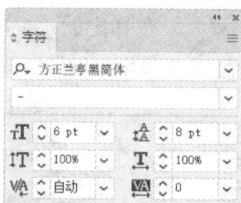

图 12-98

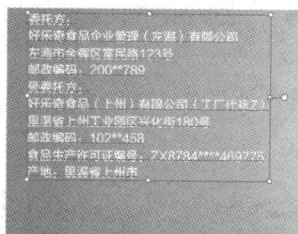

图 12-99

（7）用相同的方法分别输入其他的白色文字，效果如图 12-100 所示。

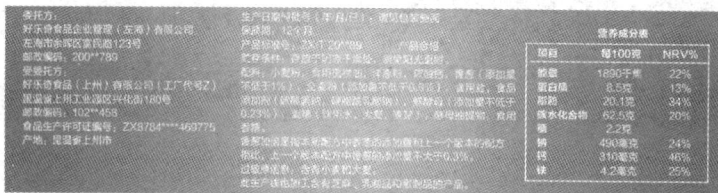

图 12-100

（8）选择"矩形"工具 ▣，在适当的位置绘制一个矩形，设置描边色为白色，并在属性栏中将"描边粗细"选项设置为 0.5 pt；按 Enter 键确定操作，效果如图 12-101 所示。

（9）选择"直线段"工具 ╱，按住 Shift 键的同时，在适当的位置绘制一条直线段，设置描边色为白色，并在属性栏中将"描边粗细"选项设置为 0.5 pt；按 Enter 键确定操作，效果如图 12-102 所示。

图 12-101

图 12-102

（10）选择"选择"工具 ▶，按住 Shift 键的同时，在包装正面中依次选取需要的图片和文字，如图 12-103 所示。按住 Alt+Shift 组合键的同时，垂直向下拖曳图片和文字到适当的位置，复制图片和文字，效果如图 12-104 所示。

图 12-103   图 12-104

（11）选择"选择"工具 ▶，按住 Shift 键的同时，在包装正面中选取需要的图形和文字，如图 12-105 所示。选择"文件 > 导出所选项目"命令，弹出"导出为多种屏幕所用格式"对话框，将其命名为"05"，选择 PNG 格式，如图 12-106 所示，单击"导出资源"按钮，将选中的图形和文字导出。

 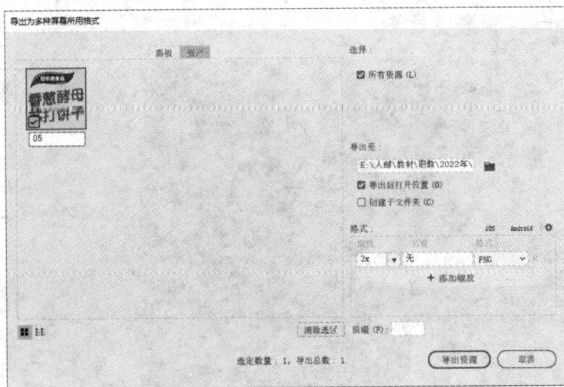

图 12-105   图 12-106

（12）苏打饼干包装平面展开图就制作完成了。按 Ctrl+S 组合键弹出"存储为"对话框，将文件命名为"苏打饼干包装平面展开图"，选择 AI 格式，单击"保存"按钮，弹出"Illustrator 选项"对话框，单击"确定"按钮，保存文件。

Photoshop 应用

12.1.4　制作包装广告效果

（1）打开 Photoshop 2020，按 Ctrl+N 组合键弹出"新建文档"对话框，

扫码观看
本案例视频

设置宽度为 29.7 厘米、高度为 18.5 厘米、分辨率为 150 像素/英寸、颜色模式为 RGB 颜色、背景内容为白色，单击"创建"按钮，新建一个文件。

（2）按 Ctrl+O 组合键，打开云盘中的"Ch12 > 素材 > 苏打饼干包装设计 > 04、05"文件。选择"移动"工具 ⊕，分别将图片拖曳到新建图像窗口中适当的位置，并调整其大小，效果如图 12-107 所示，"图层"控制面板中将分别生成新的图层，将其重命名为"图片"和"产品名称"，如图 12-108 所示。

图 12-107

图 12-108

（3）按 Ctrl+O 组合键，打开云盘中的"Ch12 > 效果 > 苏打饼干包装设计 > 苏打饼干包装平面展开图.ai"文件，单击"打开"按钮，弹出"导入 PDF"对话框，单击"确定"按钮，打开图像，如图 12-109 所示。选择"矩形选框"工具 ▣，在包装平面展开图中绘制出需要的选区，如图 12-110 所示。

图 12-109

图 12-110

（4）选择"移动"工具 ⊕，将选区中的图像拖曳到新建的图像窗口中适当的位置，并调整其大小，效果如图 12-111 所示。"图层"控制面板中将生成新的图层，将其重命名为"正面"。

（5）按 Ctrl+T 组合键，图像周围会出现变换框，按住 Ctrl 键的同时，拖曳右下角的控制点到适当的位置，如图 12-112 所示；用相同的方法拖曳右上角的控制点到适当的位置，如图 12-113 所示；按 Enter 键确定操作，效果如图 12-114 所示。

图 12-111

图 12-112

图 12-113

图 12-114

（6）用相同的方法制作"顶面"效果，如图 12-115 所示。选择"多边形套索"工具 ，在图像窗口中沿着正面和顶面的边缘绘制选区，效果如图 12-116 所示。

图 12-115

图 12-116

（7）新建图层并将其重命名为"色块"。将前景色设置为土黄色（其 RGB 值分别为 218、158、17），按 Alt+Delete 组合键用前景色填充选区，效果如图 12-117 所示。按 Ctrl+D 组合键取消选择选区，效果如图 12-118 所示。

图 12-117

图 12-118

（8）选择"苏打饼干包装平面展开图.ai"文件。选择"矩形选框"工具 ⬚，在包装平面展开图中绘制出需要的选区，如图 12-119 所示。选择"移动"工具 ✛，将选区中的图像拖曳到新建的图像窗口中适当的位置，并调整其大小，效果如图 12-120 所示。"图层"控制面板中将生成新的图层，将其重命名为"侧面"。

图 12-119

图 12-120

（9）按 Ctrl+T 组合键，图像周围会出现变换框，按住 Ctrl 键的同时，拖曳左上角的控制点到适当的位置，如图 12-121 所示；用相同的方法拖曳左下角的控制点到适当的位置，如图 12-122 所示；按 Enter 键确定操作，效果如图 12-123 所示。

图 12-121

图 12-122

图 12-123

（10）新建图层并将其重命名为"阴影"。将前景色设置为暗红色（其 RGB 值分别为 107、26、0）。选择"钢笔"工具 ✐，在属性栏的"选择工具模式"选项中选择"路径"，在图像窗口中绘制路径，如图 12-124 所示。按 Ctrl+Enter 组合键将路径转换为选区。按 Alt+Delete 组合键用前景色填充选区，按 Ctrl+D 组合键取消选择选区，效果如图 12-125 所示。

图 12-124

图 12-125

（11）选择"滤镜 > 模糊 > 高斯模糊"命令，在弹出的对话框中进行设置，如图 12-126 所示；
单击"确定"按钮，效果如图 12-127 所示。

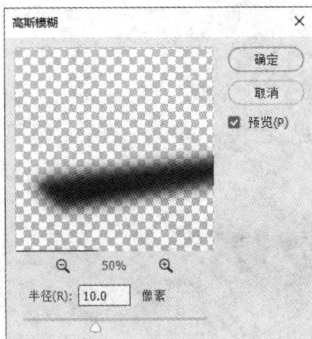

图 12-126

图 12-127

（12）在"图层"控制面板中，将"阴影"图层拖曳到"正面"图层的下方，如图 12-128 所示，
效果如图 12-129 所示。苏打饼干包装广告效果就制作完成了。

图 12-128

图 12-129

（13）按 Ctrl+S 组合键弹出"另存为"对话框，将文件命名为"苏打饼干包装广告效果"，
选择 PSD 格式，单击"保存"按钮，弹出"Photoshop 格式选项"对话框，单击"确定"按钮，
保存文件。

12.2 课后习题——坚果食品包装设计

🖉 习题知识要点

在 Illustrator 中，使用"矩形"工具、"钢笔"工具和"透明度"控制面板制作包装底图，使用
绘图工具、建立剪切蒙版组合键、"镜像"工具绘制卡通松鼠，使用"文字"工具、"字符"控制面
板添加商品名称及其他相关信息，使用"置入"命令、"投影"命令、建立剪切蒙版组合键和混合模
式制作包装展示图；在 Photoshop 中，使用"置入嵌入对象"命令置入包装平面展开图，使用"投
影"命令为包装添加投影效果，使用图层混合模式为包装添加叠加效果。

◉ 素材所在位置

云盘 > Ch12 > 素材 > 坚果食品包装设计 > 01~04。

◉ 效果所在位置

云盘 > Ch12 > 效果 > 坚果食品包装设计 > 坚果食品包装平面展开图.ai、坚果食品包装立体
展示图.psd，效果如图 12-130 所示。

图 12-130

扫码观看
本案例视频

13

第13章
网页设计

本章介绍 ⠿

　　网页是构成网站的基本元素，是承载各种网站应用的平台。它实际上是一个文件，存放在世界某个角落的某一台计算机中，与互联网相连并通过网址来识别与存取信息。用户在浏览器中输入网址后，浏览器会快速运行一段程序，将网页文件传送到用户的计算机中，解析并展示网页的内容。本章以生活家具类网页设计为例，讲解网页的设计方法和技巧。

学习目标 ⠿

- ✔ 掌握网页的设计思路和过程。
- ✔ 掌握网页的制作方法和技巧。

技能目标 ⠿

- ✔ 掌握"生活家具类网页"的制作方法。
- ✔ 掌握"品茗茶业网页"的制作方法。

素养目标 ⠿

- ✔ 培养对网页的设计创意能力。
- ✔ 培养对网页的审美与鉴赏能力。

13.1 生活家居类网页设计

案例学习目标

在 Photoshop 中，学习使用绘图工具、"添加图层样式"按钮、"移动"工具制作生活家居类网页。

案例知识要点

在 Photoshop 中，使用"移动"工具添加素材图片，使用"横排文字"工具、"字符"控制面板、"矩形"工具、"椭圆"工具制作 Banner 和导航栏，使用"直线"工具、"渐变叠加"命令、"矩形"工具和"横排文字"工具制作网页内容和底部信息。

扫码观看
扩展阅读

效果所在位置

云盘 > Ch13 > 效果 > 生活家居类网页设计.psd，效果如图 13-1 所示。

图 13-1

Photoshop 应用

13.1.1 制作 Banner 和导航栏

（1）打开 Photoshop 2020，按 Ctrl+N 组合键弹出"新建文档"对话框，设置宽度为 1920 像素、高度为 3174 像素、分辨率为 72 像素/英寸、颜色模式为 RGB 颜色、背景内容为白色，单击"创建"按钮，新建一个文件。

（2）单击"图层"控制面板下方的"创建新组"按钮，将生成新的图层组，将其重命名为"Banner"。选择"矩形"工具，在属性栏的"选择工具模式"选项中选择"形状"，将填充色设置为灰色（其 RGB 值分别为 235、235、235），将描边色设置为无，在图像窗口中绘制一个矩形，效果如图 13-2 所示，"图层"控制面板中将生成新的图层"矩形 1"。

（3）按 Ctrl+O 组合键，打开云盘中的"Ch13 > 素材 > 生活家居类网页设计 > 01"文件。选择"移动"工具，将图片拖曳到新建图像窗口中适当的位置，效果如图 13-3 所示，"图层"控制面板中将生成新的图层，将其重命名为"窗户"。按 Alt+Ctrl+G 组合键为"窗户"图层创建剪贴蒙版，效果如图 13-4 所示。

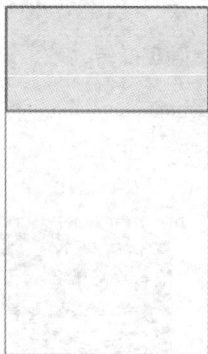

图 13-2

图 13-3

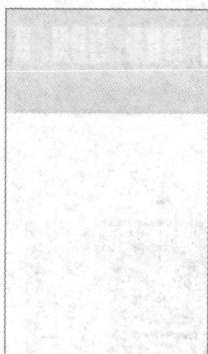

图 13-4

（4）选择"矩形"工具，在属性栏中将填充色设置为棕色（其 RGB 值分别为 76、50、33），将描边色设置为无，在图像窗口中绘制一个矩形，效果如图 13-5 所示，"图层"控制面板中将生成新的图层"矩形 2"。

（5）按 Ctrl+O 组合键，打开云盘中的"Ch13 > 素材 > 生活家居类网页设计 > 02、03"文件。选择"移动"工具，分别将图片拖曳到新建图像窗口中适当的位置，效果如图 13-6 所示，"图层"控制面板中将分别生成新的图层，将其重命名为"书架"和"沙发"。

图 13-5

图 13-6

（6）选择"横排文字"工具 T.，在适当的位置分别输入需要的文字并选取文字。在属性栏中分别选择合适的字体并设置文字的大小，设置文字颜色为白色，效果如图 13-7 所示，"图层"控制面板中将生成新的文字图层。

（7）选择"矩形"工具 □.，在属性栏中将填充色设置为无，将描边色设置为白色，将"描边宽度"选项设置为 2 像素，在图像窗口中绘制一个矩形，效果如图 13-8 所示，"图层"控制面板中将生成新的图层，将其重命名为"白色框"。

图 13-7　　　　　　　　　　　　　图 13-8

（8）选择"横排文字"工具 T.，在适当的位置输入需要的文字并选取文字。在属性栏中选择合适的字体并设置文字的大小，效果如图 13-9 所示，"图层"控制面板中将生成新的文字图层。

（9）选取文字"立即购买"，按 Ctrl+T 组合键弹出"字符"控制面板，将"设置所选字符的字距调整"选项设置为 75，其他选项的设置如图 13-10 所示；按 Enter 键确定操作，效果如图 13-11 所示。

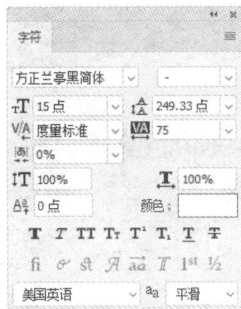

图 13-9　　　　　　　　　图 13-10　　　　　　　　　图 13-11

（10）选择"椭圆"工具 ○.，在属性栏中将填充色设置为白色，将描边色设置为无，按住 Shift 键，在图像窗口中绘制一个圆形，效果如图 13-12 所示，"图层"控制面板中将生成新的图层"椭圆1"。

（11）按 Ctrl+J 组合键复制"椭圆 1"图层，将生成新的图层"椭圆 1 拷贝"。选择"路径选择"工具 ▶.，按住 Shift 键的同时，水平向右拖曳圆形到适当的位置。在属性栏中将填充色设置为无，将描边色设置为白色，将"描边宽度"选项设置为 2 像素，效果如图 13-13 所示。

（12）按 Ctrl+J 组合键复制"椭圆 1 拷贝"图层，将生成新的图层"椭圆 1 拷贝 2"。选择"路径选择"工具 ▶.，按住 Shift 键的同时，水平向右拖曳圆形到适当的位置，效果如图 13-14 所示。单击"Banner"图层组左侧的 ∨ 图标，将"Banner"图层组中的图层隐藏。

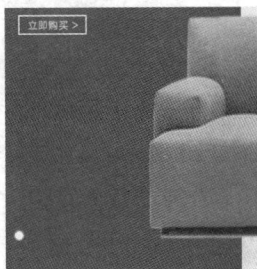
图 13-12

图 13-13

图 13-14

（13）单击"图层"控制面板下方的"创建新组"按钮 ▢，将生成新的图层组，将其重命名为"导航"。选择"横排文字"工具 T.，在适当的位置分别输入需要的文字并选取文字。在属性栏中分别选择合适的字体并设置文字的大小，效果如图 13-15 所示，"图层"控制面板中将生成新的文字图层。

（14）选择"横排文字"工具 T.，在适当的位置输入需要的文字并选取文字。在属性栏中选择合适的字体并设置文字的大小，设置文字颜色为黑色，效果如图 13-16 所示，"图层"控制面板中将生成新的文字图层。单击"导航"图层组左侧的 ﹀ 图标，将"导航"图层组中的图层隐藏。

图 13-15

图 13-16

13.1.2 制作网页内容

（1）单击"图层"控制面板下方的"创建新组"按钮 ▢，生成新的图层组，将其重命名为"内容 1"。选择"横排文字"工具 T.，在适当的位置输入需要的文字并选取文字，设置文字颜色为深灰色（其 RGB 值分别为 33、33、33）。在属性栏中选择合适的字体并设置文字的大小，效果如图 13-17 所示，"图层"控制面板中将生成新的文字图层。

扫码观看
本案例视频

（2）选择"直线"工具 ╱.，将填充色设置为洋红色（其 RGB 值分别为 255、124、124），将"粗细"选项设置为 4 像素，按住 Shift 键的同时，在图像窗口中绘制一条直线段，效果如图 13-18 所示，"图层"控制面板中将生成新的图层"形状 1"。

图 13-17

当季新品

图 13-18

（3）新建"组 1"图层组。选择"矩形"工具 ▢，在图像窗口中绘制一个矩形，效果如图 13-19 所示，"图层"控制面板中将生成新的图层"矩形 3"。

（4）单击"图层"控制面板下方的"添加图层样式"按钮 ƒx，在弹出的菜单中选择"渐变叠加"命令，弹出对话框。单击"点按可编辑渐变"按钮 ▮▮▮▮▮ ⌄，弹出"渐变编辑器"对话框，将渐变色设置为从棕色（其 RGB 值分别为 142、101、71）到淡棕色（其 RGB 值分别为 175、138、112），如图 13-20 所示。单击"确定"按钮，返回到"图层样式"对话框中进行设置，如图 13-21 所示。单击"确定"按钮，效果如图 13-22 所示。

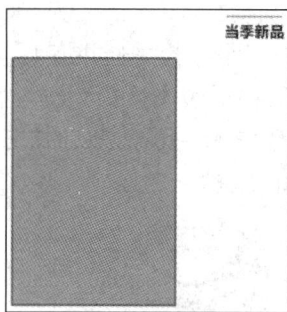

图 13-19

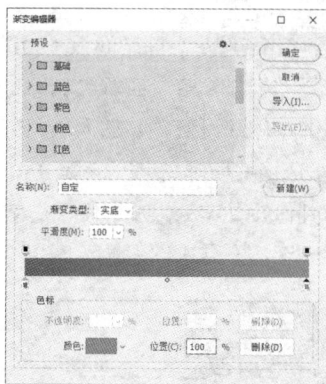

图 13-20

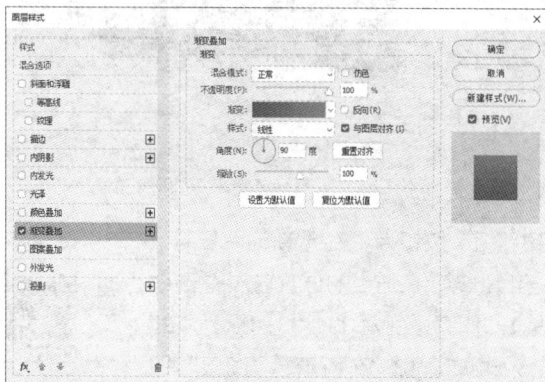

图 13-21

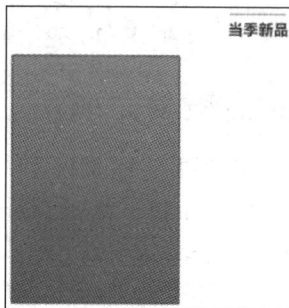

图 13-22

（5）按 Ctrl+O 组合键，打开云盘中的"Ch13 > 素材 > 生活家居类网页设计 > 04"文件。选择"移动"工具 ✛，将图片拖曳到新建图像窗口中适当的位置，效果如图 13-23 所示，"图层"控制面板中将生成新的图层，将其重命名为"单人椅"。

（6）选择"横排文字"工具 T，在适当的位置分别输入需要的文字并选取文字。在属性栏中分别选择合适的字体并设置文字的大小，设置文字颜色为白色，效果如图 13-24 所示，"图层"控制面板中将生成新的文字图层。

图 13-23

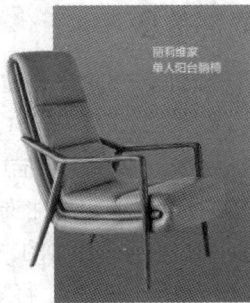

图 13-24

（7）选择"矩形"工具 ⬜，在属性栏中将填充色设置为白色，将描边色设置为无，在图像窗口中绘制一个矩形，效果如图 13-25 所示，"图层"控制面板中将生成新的图层"矩形 4"。

（8）选择"横排文字"工具 T，在适当的位置输入需要的文字并选取文字。在属性栏中选择合适的字体并设置文字的大小，设置文字颜色为深灰色（其 RGB 值分别为 33、33、33），效果如图 13-26 所示，"图层"控制面板中将生成新的文字图层。

图 13-25

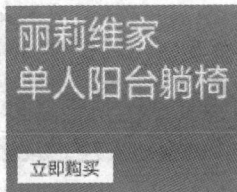

图 13-26

（9）单击"组 1"图层组左侧的 👁 图标，将"组 1"图层组中的图层隐藏。使用相同的方法打开"05~12"素材图片，制作图 13-27 所示的效果。

图 13-27

13.1.3　制作底部信息

（1）单击"图层"控制面板下方的"创建新组"按钮 ▢，将生成新的图层组，将其重命名为"底部"。选择"矩形"工具 ▢，在属性栏中将填充色设置为棕色（其 RGB 值分别为 160、139、120），将描边色设置为无，在图像窗口中绘制一个矩形，效果如图 13-28 所示，"图层"控制面板中将生成新的图层"矩形 7"。

（2）按 Ctrl+O 组合键，打开云盘中的"Ch13 > 素材 > 生活家居类网页设计 > 13"文件。选择"移动"工具 ✛，将图片拖曳到新建图像窗口中适当的位置，效果如图 13-29 所示，"图层"控制面板中将生成新的图层，将其重命名为"坐椅"。

图 13-28

图 13-29

（3）选择"横排文字"工具 T，在适当的位置输入需要的文字并选取文字。在属性栏中选择合适的字体并设置文字的大小，设置文字颜色为深棕色（其 RGB 值分别为 67、46、31），效果如图 13-30 所示，"图层"控制面板中将生成新的文字图层。

图 13-30

（4）选择"直线"工具 ╱，将填充色设置为深棕色（其 RGB 值分别为 67、46、31），将"粗细"选项设置为 4 像素，按住 Shift 键的同时，在图像窗口中绘制一条直线段，效果如图 13-31 所示，"图层"控制面板中将生成新的图层"形状 2"。

（5）选择"横排文字"工具 T，在适当的位置输入需要的文字并选取文字。在属性栏中选择合适的字体并设置文字的大小，效果如图 13-32 所示，"图层"控制面板中将生成新的文字图层。

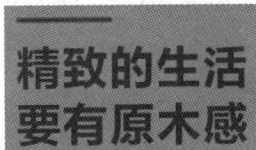

图 13-31

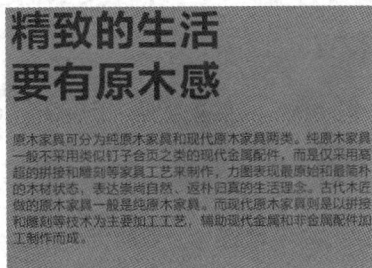

图 13-32

（6）选取下方的段落文字，在"字符"控制面板中，将"设置行距"选项设置为 22 点，其他选项的设置如图 13-33 所示；按 Enter 键确定操作，效果如图 13-34 所示。

（7）单击"底部"图层组左侧的 ∨ 图标，将"底部"图层组中的图层隐藏。至此，生活家具类网页就制作完成了，效果如图 13-35 所示。

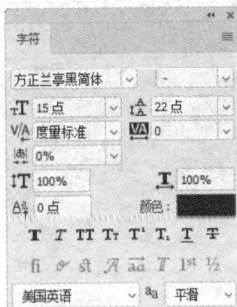

图 13-33

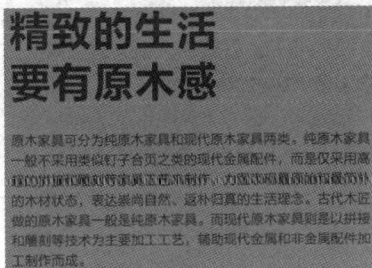

图 13-34

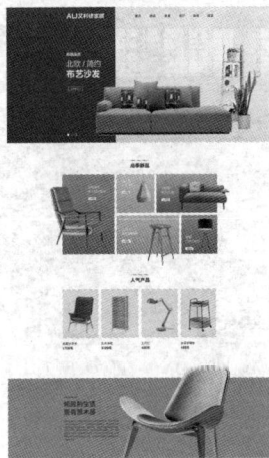

图 13-35

（8）按 Ctrl+S 组合键弹出"另存为"对话框，将文件命名为"生活家具类网页设计"，选择 PSD格式，单击"保存"按钮，弹出"Photoshop 格式选项"对话框，单击"确定"按钮，保存文件。

13.2 课后习题——品茗茶业网页设计

习题知识要点

在 Photoshop 中，使用"移动"工具、"添加图层蒙版"按钮、"渐变"工具制作产品展示区，使用"圆角矩形"工具、"多边形"工具和"添加图层样式"按钮制作 Banner 和导航栏，使用"横排文字"工具、"字符"控制面板和"自定形状"工具制作宣传语和内容文字。

◎ 素材所在位置

云盘 ＞Ch13＞ 素材 ＞ 品茗茶业网页设计 ＞01~40。

◎ 效果所在位置

云盘 ＞Ch13＞ 效果 ＞ 品茗茶业网页设计.psd，效果如图 13-36 所示。

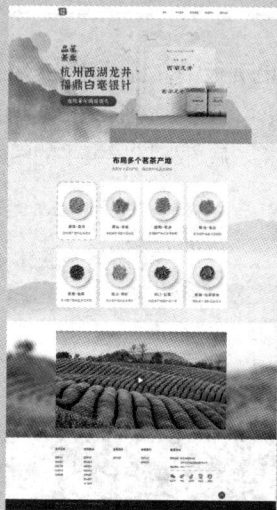

图 13-36

扫码观看
本案例视频

14

第 14 章
UI 设计

本章介绍

　　UI 设计即用户界面设计，主要是对人机交互界面、操作逻辑等的整体设计。随着信息技术的高速发展，用户对信息的需求不断增加，图形界面的设计也越来越多样化。本章以食品餐饮类 App 界面设计为例，讲解食品餐饮类 App 界面的设计方法和制作技巧。

学习目标

- ✔ 掌握 UI 的设计思路和过程。
- ✔ 掌握 UI 的制作方法和技巧。

技能目标

- ✔ 掌握 "食品餐饮类 App 首页" 的制作方法。
- ✔ 掌握 "食品餐饮类 App 收藏页" 的制作方法。
- ✔ 掌握 "食品餐饮类 App 购物车页" 的制作方法。

素养目标

- ✔ 培养对 UI 界面的设计创意能力。
- ✔ 培养对 UI 界面的审美与鉴赏能力。

14.1　食品餐饮类 App 首页设计

案例学习目标

在 Photoshop 中，学习使用"新建参考线版面"命令分割页面，使用绘图工具、"置入嵌入对象"命令、"横排文字"工具、"添加图层样式"按钮和创建剪贴蒙版组合键制作食品餐饮类 App 首页。

扫码观看
扩展阅读

案例知识要点

在 Photoshop 中，使用"新建参考线"命令添加水平和垂直参考线，使用"矩形"工具、"圆角矩形"工具、"置入嵌入对象"命令制作状态栏和导航栏，使用"移动"工具添加各类图形，使用"横排文字"工具、"圆角矩形"工具、"属性"控制面板、"置入嵌入对象"命令制作内容区，使用"投影"命令为图形添加投影效果。

效果所在位置

云盘 > Ch14 > 效果 > 食品餐饮类 App 首页设计.psd，效果如图 14-1 所示。

图 14-1

Photoshop 应用

14.1.1　制作状态栏和导航栏

（1）打开 Photoshop 2020，按 Ctrl+N 组合键弹出"新建文档"对话框，设置宽度为 750 像素、高度为 1334 像素、分辨率为 72 像素/英寸、颜色模式为 RGB 颜色、背景内容为白色，单击"创建"按钮，新建一个文件。

（2）选择"视图 > 新建参考线版面"命令，弹出"新建参考线版面"对话框，设置如图 14-2 所示；单击"确定"按钮，完成版面参考线的创建，如图 14-3 所示。

扫码观看
本案例视频

（3）选择"视图 > 新建参考线"命令，弹出"新建参考线"对话框，在 300 像素（距上方参考线 260 像素）的位置建立水平参考线，设置如图 14-4 所示；单击"确定"按钮，完成参考线的创建，如图 14-5 所示。

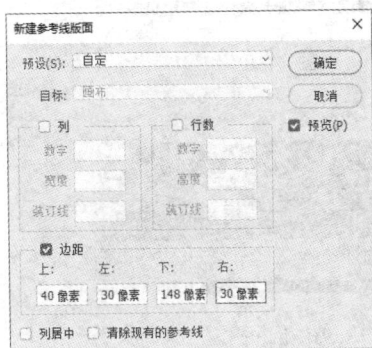

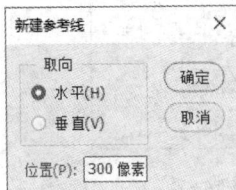

图 14-2　　　　　　　　　图 14-3　　　　　　　图 14-4　　　　　　　图 14-5

（4）选择"矩形"工具 □，在属性栏的"选择工具模式"选项中选择"形状"，将填充色设置为玫红色（其 RGB 值分别为 245、45、86），将描边色设置为无，在图像窗口中绘制一个矩形，效果如图 14-6 所示，"图层"控制面板中将生成新的图层"矩形 1"。

（5）选择"文件 > 置入嵌入对象"命令，弹出"置入嵌入的对象"对话框，选择云盘中的"Ch14 > 素材 > 食品餐饮类 App 首页设计 > 01"文件，单击"置入"按钮，将图片置入图像窗口中。拖曳图片到适当的位置，并调整其大小，按 Enter 键确定操作，效果如图 14-7 所示，"图层"控制面板中将生成新的图层，将其重命名为"状态栏"。

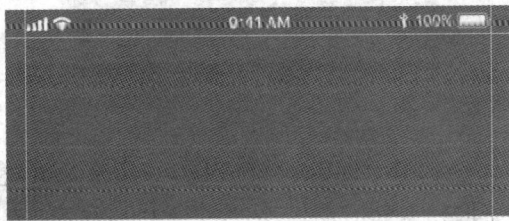

图 14-6　　　　　　　　　　　　　　　图 14-7

（6）选择"横排文字"工具 T.，在适当的位置分别输入需要的文字并选取文字。在属性栏中分别选择合适的字体并设置文字的大小，设置文字颜色为白色，效果如图 14-8 所示，"图层"控制面板中将生成新的文字图层。

（7）选择"圆角矩形"工具 □.，在属性栏的"选择工具模式"选项中选择"形状"，将填充色设置为白色（其 RGB 值分别为 248、248、248），将描边色设置为无，将"半径"选项设置为 8 像素，在图像窗口中绘制一个圆角矩形，效果如图 14-9 所示，"图层"控制面板中将生成新的图层"圆角矩形 1"。

（8）选择"视图 > 新建参考线"命令，弹出"新建参考线"对话框，在 50 像素（距左侧参考线 20 像素）的位置建立垂直参考线，设置如图 14-10 所示；单击"确定"按钮，完成参考线的创建，如图 14-11 所示。

图 14-8

图 14-9

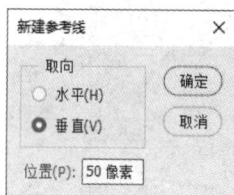

图 14-10

图 14-11

（9）按 Ctrl＋O 组合键，打开云盘中的"Ch14 >素材 > 食品餐饮类 App 首页设计 > 02"文件。选择"移动"工具 ，将"搜索"图形拖曳到适当的位置，效果如图 14-12 所示，"图层"控制面板中将生成新的图层。

（10）选择"横排文字"工具 T，在适当的位置输入需要的文字并选取文字。在属性栏中选择合适的字体并设置文字的大小，设置文字颜色为灰色（其 RGB 值分别为 193、192、201），效果如图 14-13 所示，"图层"控制面板中将生成新的文字图层。

图 14-12

图 14-13

（11）在"图层"控制面板中，按住 Shift 键的同时，将"搜索…"文字图层和"浏览"文字图层之间的所有图层同时选取，如图 14-14 所示。按 Ctrl+G 组合键编组图层并将其重命名为"导航栏"，如图 14-15 所示。

图 14-14

图 14-15

14.1.2 制作内容区

（1）单击"图层"控制面板下方的"创建新组"按钮 ▢，将生成新的图层组，将其重命名为"内容区"。选择"视图 > 新建参考线"命令，弹出"新建参考线"对话框，在 368 像素（距上方参考线 68 像素）的位置建立水平参考线，设置如图 14-16 所示；单击"确定"按钮，完成参考线的创建，如图 14-17 所示。用相同的方法，分别在 432 像素、921 像素、992 像素处新建水平参考线，如图 14-18 所示。

扫码观看
本案例视频

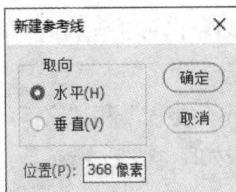
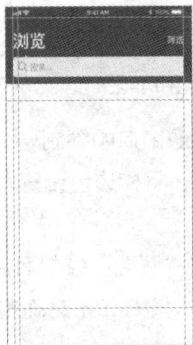
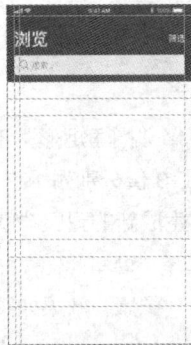

图 14-16　　　　　　　图 14-17　　　　　　　图 14-18

（2）选择"横排文字"工具 T，在适当的位置输入需要的文字并选取文字。在属性栏中选择合适的字体并设置文字的大小，设置文字颜色为黑色，效果如图 14-19 所示，"图层"控制面板中将生成新的文字图层。选取文字"查看全部"，在属性栏中设置文字颜色为玫红色（其 RGB 值分别为 245、46、86），效果如图 14-20 所示。

（3）在"02"图像窗口中选择"移动"工具 ⊕，将"更多"图形拖曳到适当的位置，效果如图 14-21 所示，"图层"控制面板中将生成新的图层。

图 14-19　　　　　　　图 14-20　　　　　　　图 14-21

（4）选择"圆角矩形"工具 ▢，在属性栏中将"半径"选项设置为 4 像素，在图像窗口中绘制一个圆角矩形。将填充色设置为白色，将描边色设置为无，效果如图 14-22 所示，"图层"控制面板中将生成新的图层"圆角矩形 2"。

（5）单击"图层"控制面板下方的"添加图层样式"按钮 fx，在弹出的菜单中选择"投影"命令，在弹出的对话框中进行设置，如图 14-23 所示；单击"确定"按钮，效果如图 14-24 所示。

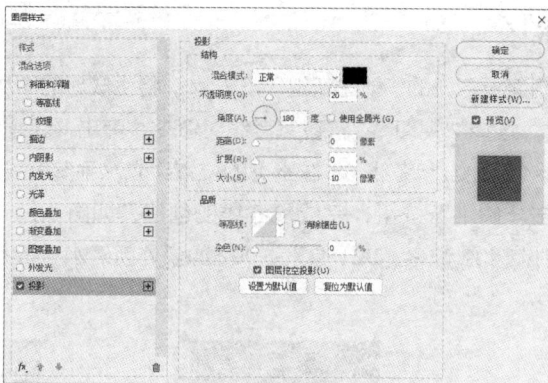

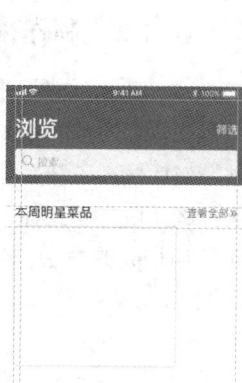

图 14-22 图 14-23 图 14-24

（6）选择"圆角矩形"工具 ，在图像窗口中绘制一个圆角矩形。在属性栏中将填充色设置为灰色（其 RGB 值分别为 193、192、201），将描边色设置为无，效果如图 14-25 所示，"图层"控制面板中将生成新的图层"圆角矩形 3"。

（7）选择"窗口 > 属性"命令，弹出"属性"控制面板，将"左下角半径"和"右下角半径"选项设置为 0 像素，效果如图 14-26 所示；按 Enter 键确定操作，效果如图 14-27 所示。

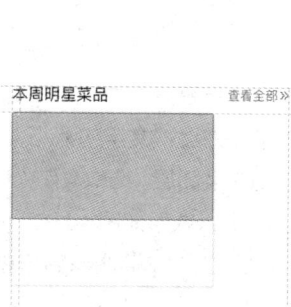

图 14-25 图 14-26 图 14-27

（8）选择"文件 > 置入嵌入对象"命令，弹出"置入嵌入的对象"对话框，选择云盘中的"Ch14 > 素材 > 食品餐饮类 App 首页设计 > 03"文件，单击"置入"按钮，将图片置入图像窗口中。拖曳图片到适当的位置，并调整其大小，按 Enter 键确定操作，效果如图 14-28 所示，"图层"控制面板中将生成新的图层，将其重命名为"美食 1"。按 Alt+Ctrl+G 组合键为"美食 1"图层创建剪贴蒙版，效果如图 14-29 所示。

（9）在"02"图像窗口中选择"移动"工具 ，将"星星"图形拖曳到适当的位置，效果如图 14-30 所示，"图层"控制面板中将生成新的图层。

（10）选择"横排文字"工具 ，在适当的位置分别输入需要的文字并选取文字。在属性栏中分别选择合适的字体并设置文字的大小，设置文字颜色为黑色，效果如图 14-31 所示，"图层"控制面板中将生成新的文字图层。选取文字"川味小馆"，在属性栏中设置文字颜色为灰色（其 RGB 值分别为 155、155、155），效果如图 14-32 所示。

图 14-28

图 14-29

图 14-30

（11）在"02"图像窗口中选择"移动"工具 ⊕，将"五颗星"图形拖曳到适当的位置，效果如图 14-33 所示，"图层"控制面板中将生成新的图层。

图 14-31

图 14-32

图 14-33

（12）用相同的方法置入其他图片，并添加相应的文字，效果如图 14-34 所示。单击"内容区"图层组左侧的 ∨ 图标，将"内容区"图层组中的图层隐藏，如图 14-35 所示。

图 14-34

图 14-35

14.1.3　制作标签栏

（1）单击"图层"控制面板下方的"创建新组"按钮 ▢，将生成新的图层组，将其重命名为"标签栏"，如图 14-36 所示。在"02"图像窗口中选择"移动"工具 ⊕，将"底部导航栏"图形拖曳到适当的位置，效果如图 14-37 所示，"图层"控制面板中将生成新的图层。（为方便读者观看，这里以黑色显示。）

扫码观看
本案例视频

图 14-36

图 14-37

（2）单击"图层"控制面板下方的"添加图层样式"按钮 *fx*，在弹出的菜单中选择"投影"命令，在弹出的对话框中进行设置，如图 14-38 所示；单击"确定"按钮，效果如图 14-39 所示。

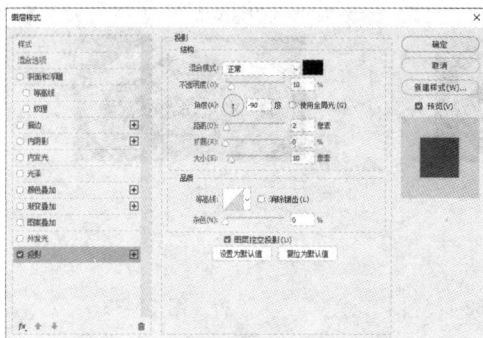

图 14-38

图 14-39

（3）在"02"图像窗口中选择"移动"工具 ✛，将"首页"图形拖曳到适当的位置，效果如图 14-40 所示，"图层"控制面板中将生成新的图层。

（4）选择"横排文字"工具 **T**，在适当的位置输入需要的文字并选取文字。在属性栏中选择合适的字体并设置文字的大小，设置文字颜色为玫红色（其 RGB 值分别为 245、45、86），效果如图 14-41 所示，"图层"控制面板中将生成新的文字图层。

图 14-40

图 14-41

（5）用相同的方法制作"发现""收藏夹""我的"图标，效果如图 14-42 所示。

（6）选择"椭圆"工具 ◯，在属性栏的"选择工具模式"选项中选择"形状"，将填充色设置为玫红色（其 RGB 值分别为 245、45、86），将描边色设置为无，按住 Shift 键，在图像窗口中绘制一个圆形，效果如图 14-43 所示，"图层"控制面板中将生成新的图层"椭圆 1"。

图 14-42

图 14-43

（7）单击"图层"控制面板下方的"添加图层样式"按钮 fx，在弹出的菜单中选择"投影"命令，在弹出的对话框中进行设置，如图 14-44 所示；单击"确定"按钮，效果如图 14-45 所示。

（8）在"02"图像窗口中选择"移动"工具 ，将"购物车"图形拖曳到适当的位置，效果如图 14-46 所示，"图层"控制面板中将生成新的图层。

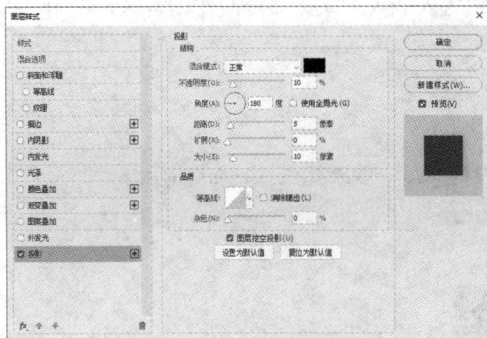

图 14-44   图 14-45   图 14-46

（9）单击"标签栏"图层组左侧的 图标，将"标签栏"图层组中的图层隐藏，如图 14-47 所示。食品餐饮类 App 首页就制作完成了，效果如图 14-48 所示。

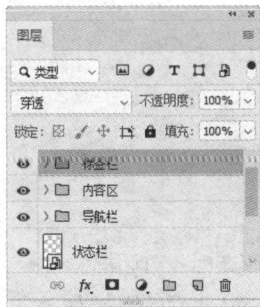
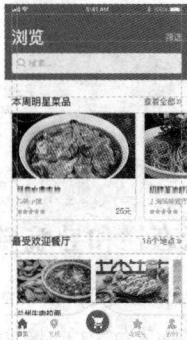

图 14-47   图 14-48

（10）按 Ctrl+S 组合键弹出"另存为"对话框，将文件命名为"食品餐饮类 App 首页设计"，选择 PSD 格式，单击"保存"按钮，弹出"Photoshop 格式选项"对话框，单击"确定"按钮，保存文件。

14.2 食品餐饮类 App 收藏页设计

扫码观看
扩展阅读

案例学习目标

在 Photoshop 中，学习使用"新建参考线版面"命令分割页面，使用绘图工具、"置入嵌入对象"命令、"横排文字"工具、"添加图层样式"按钮和创建剪贴蒙版组合键制作食品餐饮类 App 收藏页。

🔒 案例知识要点

在 Photoshop 中，使用"新建参考线"命令添加水平参考线，使用"矩形"工具、"置入嵌入对象"命令和"横排文字"工具制作状态栏和导航栏，使用"移动"工具添加各类图形，使用"横排文字"工具、"圆角矩形"工具、"属性"控制面板、"置入嵌入对象"命令制作内容区，使用"投影"命令为图形添加投影效果。

◎ 效果所在位置

云盘 > Ch14 > 效果 > 食品餐饮类 App 收藏页设计.psd，效果如图 14-49 所示。

图 14-49

Photoshop 应用

14.2.1　制作状态栏和导航栏

（1）打开 Photoshop 2020，按 Ctrl+N 组合键弹出"新建文档"对话框，设置宽度为 750 像素、高度为 1334 像素、分辨率为 72 像素/英寸、颜色模式为 RGB 颜色、背景内容为白色，单击"创建"按钮，新建一个文件。

（2）选择"视图 > 新建参考线版面"命令，弹出"新建参考线版面"对话框，设置如图 14-50 所示；单击"确定"按钮，完成版面参考线的创建，如图 14-51 所示。

扫码观看
本案例视频

图 14-50

图 14-51

（3）选择"视图 > 新建参考线"命令，弹出"新建参考线"对话框，在 121 像素（距上方参考线 81 像素）的位置建立水平参考线，设置如图 14-52 所示；单击"确定"按钮，完成参考线的创建，如图 14-53 所示。

（4）选择"矩形"工具 ▢，在属性栏的"选择工具模式"选项中选择"形状"，将填充色设置为浅灰色（其 RGB 值分别为 248、248、248），将描边色设置为无，在图像窗口中绘制一个矩形，效果如图 14-54 所示，"图层"控制面板中将生成新的图层"矩形 1"。

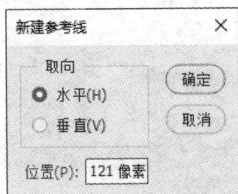

图 14-52

图 14-53

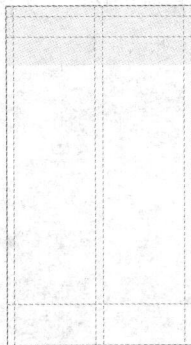

图 14-54

（5）单击"图层"控制面板下方的"添加图层样式"按钮 fx，在弹出的菜单中选择"投影"命令，在弹出的对话框中进行设置，如图 14-55 所示；单击"确定"按钮，效果如图 14-56 所示。

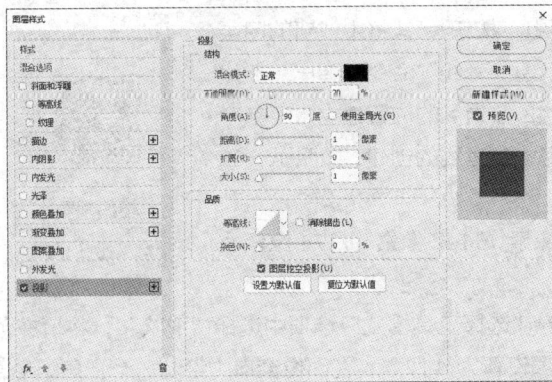

图 14-55

图 14-56

（6）选择"文件 > 置入嵌入对象"命令，弹出"置入嵌入的对象"对话框，选择云盘中的"Ch14 > 素材 > 食品餐饮类 App 收藏页设计 > 01"文件，单击"置入"按钮，将图片置入图像窗口中。拖曳图片到适当的位置，并调整其大小，按 Enter 键确定操作，效果如图 14-57 所示，"图层"控制面板中将生成新的图层，将其重命名为"状态栏"。

（7）选择"横排文字"工具 T，在适当的位置输入需要的文字并选取文字。在属性栏中选择合适的字体并设置文字的大小，设置文字颜色为黑色，效果如图 14-58 所示，"图层"控制面板中将生成新的文字图层。

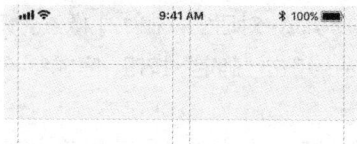

图 14-57

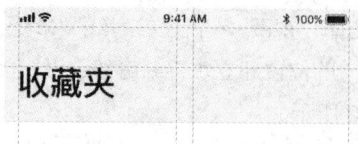

图 14-58

（8）在"图层"控制面板中，按住 Shift 键的同时，将"收藏夹"文字图层和"矩形 1"图层之间的所有图层同时选取，如图 14-59 所示；按 Ctrl+G 组合键编组图层并将其重命名为"导航栏"，如图 14-60 所示。

图 14-59

图 14-60

14.2.2　制作内容区

（1）单击"图层"控制面板下方的"创建新组"按钮 □，将生成新的图层组，将其重命名为"内容区"。选择"视图 > 新建参考线"命令，弹出"新建参考线"对话框，在 264 像素（距上方参考线 143 像素）的位置建立水平参考线，设置如图 14-61 所示；单击"确定"按钮，完成参考线的创建，如图 14-62 所示。

（2）用相同的方法，分别在 686 像素、720 像素、1142 像素、1174 像素处新建水平参考线，如图 14-63 所示。

（3）选择"圆角矩形"工具 □，在属性栏的"选择工具模式"选项中选择"形状"，将填充色设置为白色，将描边色设置为无，将"半径"选项设置为 4 像素，在图像窗口中绘制一个圆角矩形，效果如图 14-64 所示，"图层"控制面板中将生成新的图层"圆角矩形 1"。

扫码观看
本案例视频

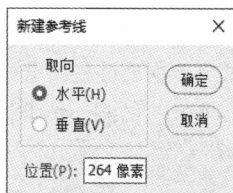

图 14-61

图 14-62

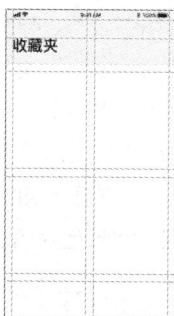

图 14-63

图 14-64

（4）单击"图层"控制面板下方的"添加图层样式"按钮 fx，在弹出的菜单中选择"投影"命令，在弹出的对话框中进行设置，如图 14-65 所示；单击"确定"按钮，效果如图 14-66 所示。

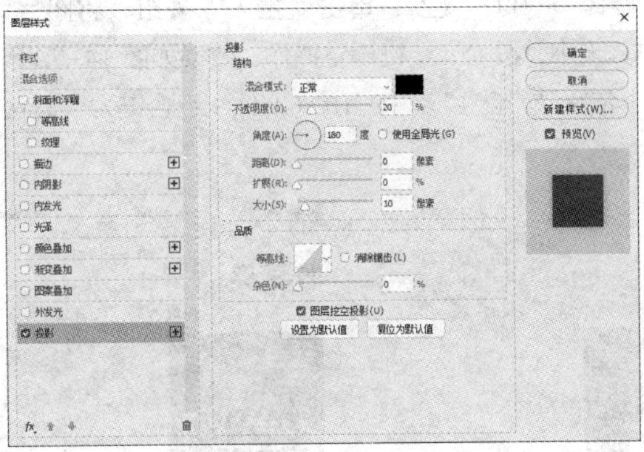

图 14-65

图 14-66

（5）按 Ctrl+J 组合键复制"圆角矩形 1"图层，生成新的图层"圆角矩形 1 拷贝"，如图 14-67 所示。删除新图层的"投影"效果，如图 14-68 所示。

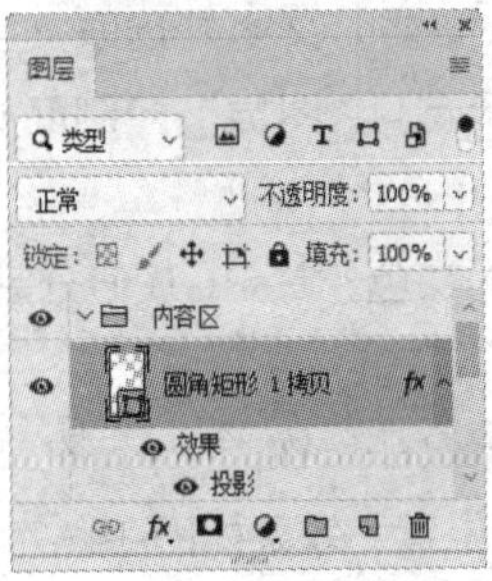

图 14-67

图 14-68

（6）在属性栏中将填充色设置为灰色（其 RGB 值分别为 144、144、145），效果如图 14-69 所示。选择"窗口 > 属性"命令，弹出"属性"控制面板，将"左下角半径"和"右下角半径"选项设置为 0 像素，如图 14-70 所示。按 Enter 键确定操作，效果如图 14-71 所示。

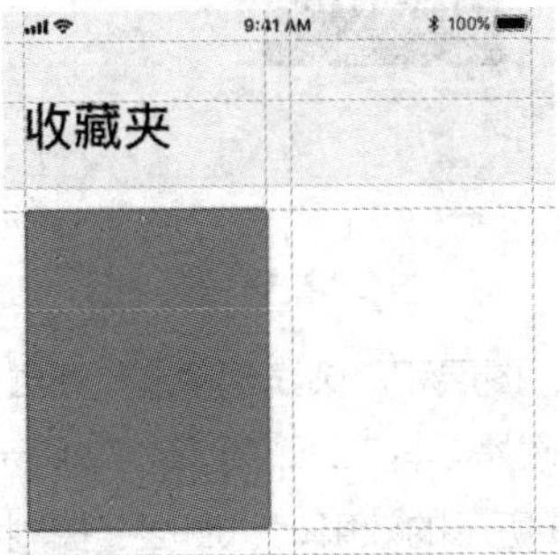

图 14-69

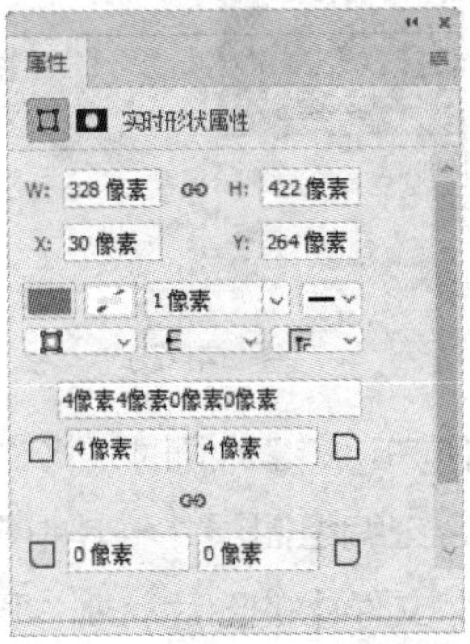

图 14-70

图 14-71

（7）按 Ctrl+T 组合键，图形周围会出现变换框，向上拖曳圆角矩形下方中间的控制点到适当的位置，调整其大小，按 Enter 键确定操作，效果如图 14-72 所示。

（8）选择"文件 > 置入嵌入对象"命令，弹出"置入嵌入的对象"对话框，选择云盘中的"Ch14 > 素材 > 食品餐饮类 App 收藏页设计 > 02"文件，单击"置入"按钮，将图片置入图像窗口中。拖曳图片到适当的位置，并调整其大小，按 Enter 键确定操作，效果如图 14-73 所示，"图层"控制面板中将生成新的图层，将其重命名为"美食 1"。按 Alt+Ctrl+G 组合键为"美食 1"图层创建剪贴蒙版，效果如图 14-74 所示。

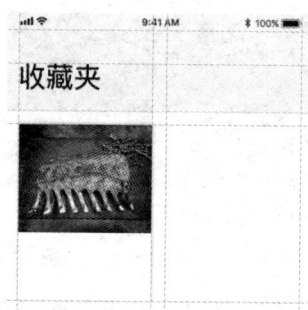

图 14-72   图 14-73   图 14-74

（9）选择"横排文字"工具 **T**，在适当的位置分别输入需要的文字并选取文字。在属性栏中分别选择合适的字体并设置文字的大小，效果如图 14-75 所示，"图层"控制面板中将生成新的文字图层。

（10）选取文字"康乐烧烤"，在属性栏中设置文字颜色为灰色（其 RGB 值分别为 155、155、155），效果如图 14-76 所示。

（11）按 Ctrl+O 组合键，打开云盘中的"Ch14 > 素材 > 食品餐饮类 App 收藏页设计 > 03"文件。选择"移动"工具 ⊕，将"五颗星"图形拖曳到适当的位置，效果如图 14-77 所示，"图层"控制面板中将生成新的图层。

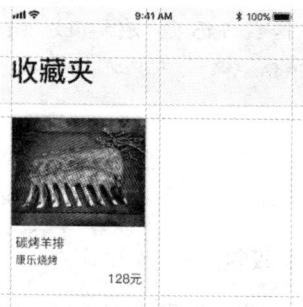

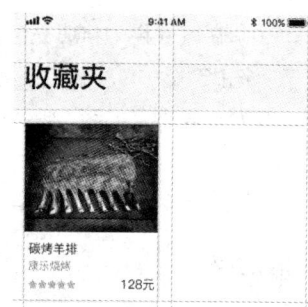

图 14-75   图 14-76   图 14-77

（12）在"图层"控制面板中，按住 Shift 键的同时，将"五颗星"图层和"圆角矩形 1"图层之间的所有图层同时选取，按 Ctrl+G 组合键编组图层并将其重命名为"碳烤羊排"，如图 14-78 所示。

（13）用相同的方法置入"04~08"文件中的图片，制作图 14-79 所示的效果，"图层"控制面板如图 14-80 所示。单击"内容区"图层组左侧的 ∨ 图标，将"内容区"图层组中的图层隐藏。

图 14-78　　　　　　　　　　图 14-79　　　　　　　　　　图 14-80

14.2.3　制作标签栏

（1）单击"图层"控制面板下方的"创建新组"按钮 ▢，将生成新的图层组，将其重命名为"标签栏"。在"02"图像窗口中选择"移动"工具 ⊕，将"底部导航栏"图形拖曳到适当的位置，效果如图 14-81 所示，"图层"控制面板中将生成新的图层。

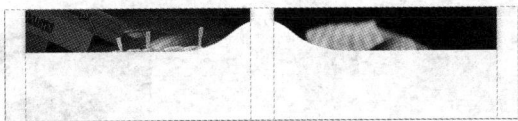

图 14-81

（2）单击"图层"控制面板下方的"添加图层样式"按钮 fx，在弹出的菜单中选择"投影"命令，在弹出的对话框中进行设置，如图 14-82 所示；单击"确定"按钮，效果如图 14-83 所示。

（3）在"02"图像窗口中选择"移动"工具 ⊕，将"首页"图形拖曳到适当的位置，效果如图 14-84 所示，"图层"控制面板中将生成新的图层。

（4）选择"横排文字"工具 T，在适当的位置输入需要的文字并选取文字。在属性栏中选择合适的字体并设置文字的大小，设置文字颜色为灰色（其 RGB 值分别为 193、192、201），效果如图 14-85 所示，"图层"控制面板中将生成新的文字图层。

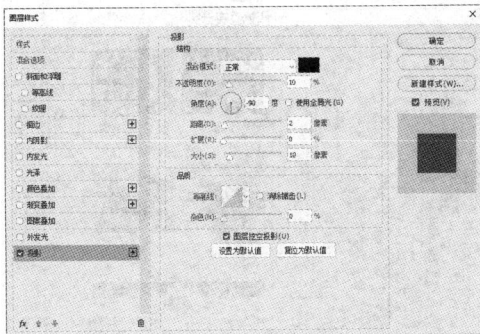

图 14-82

图 14-83

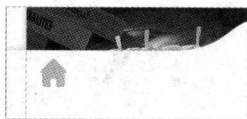

图 14-84

图 14-85

（5）用相同的方法制作"发现""收藏夹""我的"图标，效果如图 14-86 所示。

（6）选择"椭圆"工具 ，在属性栏的"选择工具模式"选项中选择"形状"，将填充色设置为玫红色（其 RGB 值分别为 245、45、86），将描边色设置为无，按住 Shift 键，在图像窗口中绘制一个圆形，效果如图 14-87 所示，"图层"控制面板中将生成新的图层"椭圆 1"。

图 14-86

图 14-87

（7）单击"图层"控制面板下方的"添加图层样式"按钮 ，在弹出的菜单中选择"投影"命令，在弹出的对话框中进行设置，如图 14-88 所示；单击"确定"按钮，效果如图 14-89 所示。

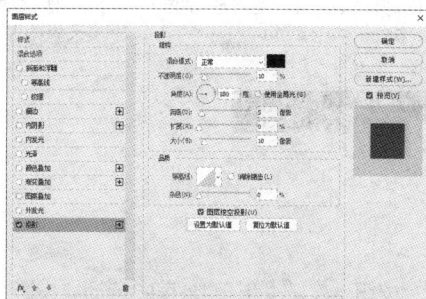

图 14-88

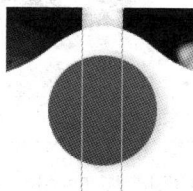

图 14-89

（8）在"02"图像窗口中选择"移动"工具 ，将"购物车"图形拖曳到适当的位置，效果如图 14-90 所示，"图层"控制面板中将生成新的图层。单击"标签栏"图层组左侧的 图标，将"标签栏"图层组中的图层隐藏，如图 14-91 所示。食品餐饮类 App 收藏页就制作完成了，效果如图 14-92 所示。

图 14-90

图 14-91

图 14-92

（9）按 Ctrl+S 组合键弹出"另存为"对话框，将文件命名为"食品餐饮类 App 收藏页设计"，选择 PSD 格式，单击"保存"按钮，弹出"Photoshop 格式选项"对话框，单击"确定"按钮，保存文件。

14.3　课后习题——食品餐饮类 App 购物车页设计

习题知识要点

在 Photoshop 中，学习使用"新建参考线版面"命令分割页面，使用"新建参考线"命令添加水平和垂直参考线，使用"矩形"工具、"椭圆"工具、"置入嵌入对象"命令和"横排文字"工具制作导航栏和状态栏，使用"横排文字"工具、"圆角矩形"工具、"置入嵌入对象"命令制作内容区，使用"投影"命令为图形添加投影效果。

素材所在位置

云盘 > Ch14 > 素材 > 食品餐饮类 App 购物车页设计 > 01~05。

效果所在位置

云盘 > Ch14 > 效果 > 食品餐饮类 App 购物车页设计.psd，效果如图 14-93 所示。

图 14-93

扫码观看
本案例视频

15 第15章
H5 设计

本章介绍

  随着移动互联网的兴起，H5 逐渐成为了互联网领域的一个重要传播形式，因此学会和掌握 H5 设计对广大互联网从业人员来说非常有用。本章以文化传媒行业企业招聘页面为例，讲解 H5 页面的设计方法和制作技巧。

学习目标

✔ 掌握 H5 页面的设计思路和过程。
✔ 掌握 H5 页面的制作方法和技巧。

技能目标

✔ 掌握"文化传媒行业企业招聘 H5 首页"的制作方法。
✔ 掌握"文化传媒行业企业招聘 H5 工作环境页"的制作方法。
✔ 掌握"文化传媒行业企业招聘 H5 待遇页"的制作方法。

素养目标

✔ 培养对 H5 页面的设计创意能力。
✔ 培养对 H5 页面的审美与鉴赏能力。

15.1 文化传媒行业企业招聘 H5 首页设计

案例学习目标

在 Photoshop 中，学习使用"置入嵌入对象"命令、"图层"控制面板、"字符"控制面板、"添加图层样式"按钮、"钢笔"工具和"渐变"工具等制作文化传媒行业企业招聘 H5 首页。

案例知识要点

在 Photoshop 中，使用"置入嵌入对象"命令、"不透明度"选项合成底图，使用"横排文字"工具、"字符"控制面板、"渐变叠加"命令添加并编辑标题文字，使用"钢笔"工具、"添加图层蒙版"按钮、"渐变"工具为文字添加阴影效果。

效果所在位置

云盘 > Ch15 > 效果 > 文化传媒行业企业招聘 H5 首页设计.psd，效果如图 15-1 所示。

图 15-1

Photoshop 应用

15.1.1 添加并编辑文字

（1）打开 Photoshop 2020，按 Ctrl+N 组合键弹出"新建文档"对话框，设置宽度为 750 像素、高度为 1206 像素、分辨率为 72 像素/英寸、颜色模式为 RGB 颜色、背景内容为白色，单击"创建"按钮，新建一个文件。

（2）选择"文件 > 置入嵌入对象"命令，弹出"置入嵌入的对象"对话框，分别选择云盘中的"Ch15 > 素材 > 文化传媒行业企业招聘 H5 首页设计 > 01、02"文件，单击"置入"按钮，将图片置入图像窗口中，分别将其拖曳到适当的位置并调整其大小，按 Enter 键确定操作，效果如图 15-2 所示。"图层"控制面板中将分别生成新的图层，将其重命名为"底图"和"网状分布"。

（3）在"图层"控制面板中，将"网状分布"图层的"不透明度"选项设置为60%，如图15-3所示，效果如图15-4所示。

图 15-2　　　　　　　　图 15-3　　　　　　　　图 15-4

（4）选择"横排文字"工具 T.，在适当的位置输入需要的文字并选取文字。选择"窗口 > 字符"命令，弹出"字符"控制面板，将文字颜色设置为黑色，其他选项的设置如图 15-5 所示。按 Enter键确定操作，效果如图 15-6 所示，"图层"控制面板中将生成新的文字图层。

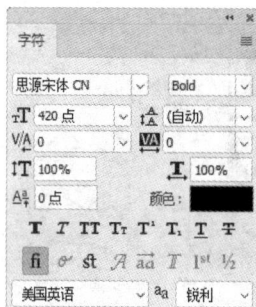

图 15-5　　　　　　　　　　　　图 15-6

（5）单击"图层"控制面板下方的"添加图层样式"按钮 fx.，在弹出的菜单中选择"渐变叠加"命令，弹出"图层样式"对话框。单击"渐变"选项右侧的"点按可编辑渐变"按钮，弹出"渐变编辑器"对话框，将渐变色设置为从深蓝色（其 RGB 值分别为 34、51、85）到灰蓝色（其RGB 值分别为 89、97、113），如图 15-7 所示，单击"确定"按钮。返回到"图层样式"对话框，其他选项的设置如图 15-8 所示，单击"确定"按钮，效果如图 15-9 所示。

（6）选择"横排文字"工具 T.，在适当的位置输入需要的文字并选取文字。在"字符"控制面板中，将文字颜色设置为黑色，其他选项的设置如图 15-10 所示。按 Enter 键确定操作，效果如图 15-11 所示，"图层"控制面板中将生成新的文字图层。

（7）在"诚"文字图层上单击鼠标右键，在弹出的菜单中选择"拷贝图层样式"命令。在"聘"文字图层上单击鼠标右键，在弹出的菜单中选择"粘贴图层样式"命令，效果如图 15-12 所示。

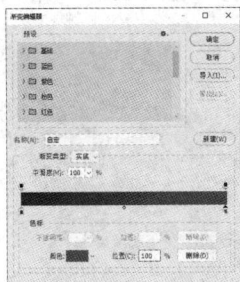
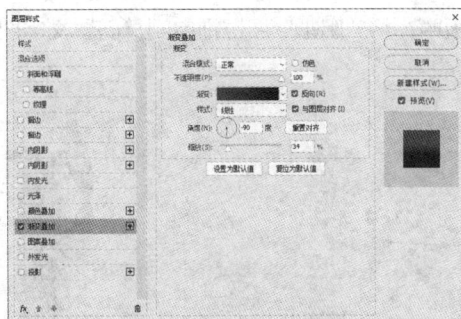

图 15-7　　　　　　　　　　　图 15-8　　　　　　　　　　　图 15-9

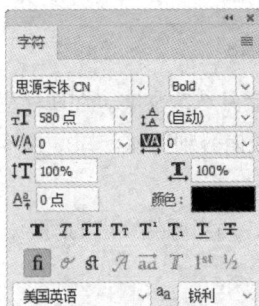

图 15-10　　　　　　　　　　图 15-11　　　　　　　　　　图 15-12

15.1.2　添加其他首页信息

（1）选择"钢笔"工具 ，在属性栏的"选择工具模式"选项中选择"形状"，在图像窗口中绘制图形，效果如图 15-13 所示，"图层"控制面板中将生成新的图层，将其重命名为"阴影"。单击"图层"控制面板下方的"添加图层蒙版"按钮 ，为"阴影"图层添加图层蒙版，如图 15-14 所示。

（2）选择"渐变"工具 ，单击属性栏中的"点按可编辑渐变"按钮 ，弹出"渐变编辑器"对话框，将渐变色设置为从黑色到白色，如图 15-15 所示，单击"确定"按钮。在图像窗口中从左到右拖曳填充渐变色，效果如图 15-16 所示。

扫码观看
本案例视频

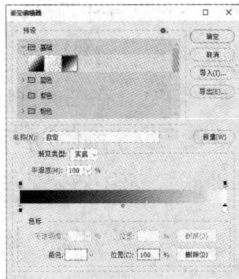

图 15-13　　　　　　　图 15-14　　　　　　　图 15-15　　　　　　　图 15-16

（3）在"图层"控制面板中，将"阴影"图层拖曳到"聘"文字图层的下方，如图 15-17 所示，效果如图 15-18 所示。

图 15-17

图 15-18

（4）选择"横排文字"工具 T，在图像窗口中分别输入需要的文字并选取文字。在属性栏中分别选择合适的字体并设置文字的大小，设置文字颜色为深蓝色（其 RGB 值分别为 43、58、96），效果如图 15-19 所示。"图层"控制面板中将分别生成新的文字图层。

（5）选择文字"Art Design 文化……公司"，按 Alt+ → 组合键，适当调整文字的间距，效果如图 15-20 所示。

图 15-19

图 15-20

（6）选择"文件 > 置入嵌入对象"命令，弹出"置入嵌入的对象"对话框，选择云盘中的"Ch15 > 素材 > 文化传媒行业企业招聘 H5 首页设计 > 03"文件，单击"置入"按钮，将图片置入图像窗口中。将其拖曳到适当的位置并调整其大小，按 Enter 键确定操作，效果如图 15-21 所示，"图层"控制面板中将生成新的图层，将其重命名为"三角"。

（7）选择"横排文字"工具 T，在图像窗口中输入需要的文字并选取文字。在属性栏中选择合适的字体并设置文字的大小，设置文字颜色为浅蓝色（其 RGB 值分别为 168、174、194）。按 → 组合键，适当调整文字的间距，文字效果如图 15-22 所示，"图层"控制面板中将生成新的文字图层。

图 15-21

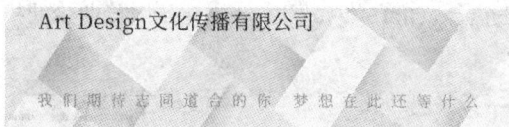

图 15-22

（8）在"图层"控制面板中，按住 Shift 键的同时，将"底图"图层和"我们期待……等什么"文字图层之间的所有图层同时选取。按 Ctrl+G 组合键编组图层并将其重命名为"首页"，如图 15-23 所示，效果如图 15-24 所示。文化传媒行业企业招聘 H5 首页就制作完成了。

图 15-23

图 15-24

（9）按 Ctrl+S 组合键弹出"另存为"对话框，将文件命名为"文化传媒行业企业招聘 H5 首页设计"，选择 PSD 格式，单击"保存"按钮，弹出"Photoshop 格式选项"对话框，单击"确定"按钮，保存文件。

15.2　文化传媒行业企业招聘 H5 工作环境页设计

案例学习目标

在 Photoshop 中，学习使用"置入嵌入对象"命令、绘图工具、创建剪贴蒙版组合键、"添加图层样式"按钮、"图层"控制面板和"横排文字"工具制作文化传媒行业企业招聘 H5 工作环境页。

扫码观看
扩展阅读

案例知识要点

在 Photoshop 中，使用"矩形"工具、"不透明度"选项和"渐变叠加"命令制作网格背景，使用"矩形"工具、"置入嵌入对象"命令、创建剪贴蒙版组合键制作蒙版效果，使用"自定形状"工具绘制装饰图形。

◉ 效果所在位置

云盘 > Ch15 > 效果 > 文化传媒行业企业招聘 H5 工作环境页设计.psd，效果如图 15-25
所示。

图 15-25

Photoshop 应用

15.2.1　制作背景效果

（1）打开 Photoshop 2020，按 Ctrl+O 组合键，打开云盘中的"Ch15 > 效
果 > 文化传媒行业企业招聘 H5 首页设计.psd"文件，如图 15-26 所示。

（2）选择"矩形"工具 □，在属性栏的"选择工具模式"选项中选择"形
状"，将填充色设置为深蓝色（其 RGB 值分别为 43、58、96），将描边色设
置为无，在图像窗口中绘制一个矩形，效果如图 15-27 所示，"图层"控制面
板中将生成新的图层"矩形 1"。

扫码观看
本案例视频

图 15-26

图 15-27

（3）在"图层"控制面板中，将"矩形 1"图层的"不透明度"选项设置为 85%，如图 15-28
所示，按 Enter 键确定操作，效果如图 15-29 所示。

图 15-28

图 15-29

（4）按 Ctrl+J 组合键复制"矩形 1"图层，将生成新的图层"矩形 1 拷贝"。在"图层"控制面板中，将"矩形 1 拷贝"图层的"不透明度"选项设置为 100%，如图 15-30 所示，按 Enter 键确定操作。在属性栏中将填充色设置为白色，效果如图 15-31 所示。按 Ctrl+T 组合键，图形周围会出现变换框，按住 Alt+Shift 组合键的同时，拖曳右下角的控制点等比例缩小图形，按 Enter 键确定操作，效果如图 15-32 所示。

图 15-30

图 15-31

图 15-32

（5）单击"图层"控制面板下方的"添加图层样式"按钮 fx ，在弹出的菜单中选择"图案叠加"命令，弹出"图层样式"对话框，单击"图案"选项右侧的按钮，弹出图案选择面板，展开"旧版图案及其他 > 旧版图案 > 图案"选项，在面板中选中需要的图案，如图 15-33 所示，其他选项的设置如图 15-34 所示，单击"确定"按钮，效果如图 15-35 所示。

图 15-33

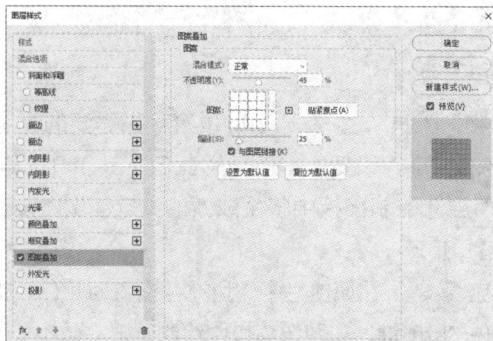

图 15-34

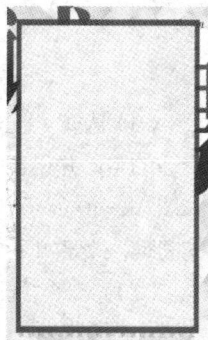

图 15-35

> **提示**　如果无"旧版图案及其他"选项，可以选择"窗口 > 图案"命令，弹出"图案"控制面板，单击控制面板右上方的 ≣ 图标，在弹出的菜单中选择"旧版图案及其他"命令，加载"旧版图案及其他"选项。

（6）选择"矩形"工具 □，在图像窗口中绘制一个矩形，在属性栏中将填充色设置为深蓝色（其 RGB 值分别为 43、58、96），将描边色设置为无，效果如图 15-36 所示，"图层"控制面板中将生成新的图层"矩形 2"。

（7）选择"文件 > 置入嵌入对象"命令，弹出"置入嵌入的对象"对话框，选择云盘中的"Ch15 > 素材 > 文化传媒行业企业招聘 H5 工作环境页设计 > 01"文件，单击"置入"按钮，将图片置入图像窗口中。将其拖曳到适当的位置并调整其大小，按 Enter 键确定操作，效果如图 15-37 所示，"图层"控制面板中将生成新的图层，将其重命名为"楼房"。

图 15-36

图 15-37

（8）按住 Alt 键的同时，将鼠标指针放在"楼房"图层和"矩形 2"图层的中间，当鼠标指针变为 ↓□ 图标时，如图 15-38 所示，单击创建剪贴蒙版，效果如图 15-39 所示。

图 15-38

图 15-39

（9）选择"横排文字"工具 T，在适当的位置输入需要的文字并选取文字。在属性栏中选择合适的字体并设置文字的大小，设置文字颜色为蓝色（其 RGB 值分别为 75、87、120），效果如图 15-40 所示，"图层"控制面板中将生成新的文字图层。按 Alt+ → 组合键，适当调整文字的间距，效果如图 15-41 所示。

（10）选择"椭圆"工具 ○，在属性栏中将填充色设置为蓝色（其 RGB 值分别为 75、87、120），将描边色设置为无，按住 Shift 键，在图像窗口中绘制圆形，效果如图 15-42 所示，"图层"控制面板中将生成新的图层"椭圆 1"。

图 15-40

图 15-41

（11）选择"路径选择"工具，按住 Alt+Shift 组合键的同时，水平向右拖曳图形到适当的位置，复制图形，效果如图 15-43 所示。用相同的方法按需要再复制 4 个图形，效果如图 15-44 所示。

图 15-42

图 15-43

图 15-44

（12）选择"横排文字"工具，在适当的位置输入需要的文字并选取文字。在属性栏中选择合适的字体并设置文字的大小，设置文字颜色为深蓝色（其 RGB 值分别为 43、58、96），效果如图 15-45 所示，"图层"控制面板中将生成新的文字图层。按 Alt+ → 组合键，适当调整文字的间距，效果如图 15-46 所示。

图 15-45

图 15-46

15.2.2　制作展示环境图片

（1）选择"自定形状"工具，单击属性栏中的"形状"选项，弹出形状面板，展开"旧版形状及其他 > 所有旧版默认形状 > 自然"选项，在面板中选中"波浪"形状，如图 15-47 所示。在属性栏中将填充色设置为深蓝色（其 RGB 值分别为 43、58、96），在图像窗口中绘制图形，效果如图 15-48 所示，"图层"控制面板中将生成新的图层"形状 1"。

（2）选择"移动"工具，按 Ctrl+J 组合键复制"形状 1"图层，将生成新的图层"形状 1 拷贝"。按住 Shift 键的同时，水平向右拖曳图形到适当的位

扫码观看
本案例视频

置，效果如图 15-49 所示。

图 15-47

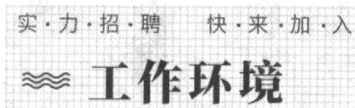

图 15-48

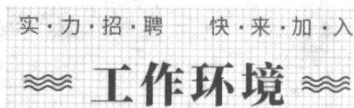

图 15-49

> 提示
>
> 如果无"旧版形状及其他"选项，则可以选择"窗口 > 形状"命令，弹出"形状"控制面板，单击控制面板右上方的 ≡ 图标，在弹出的菜单中选择"旧版形状及其他"命令，加载"旧版形状及其他"选项。

（3）选择"矩形"工具 □，在图像窗口中绘制一个矩形，在属性栏中将填充色设置为深蓝色（其 RGB 值分别为 43、58、96），将描边色设置为无，效果如图 15-50 所示，"图层"控制面板中将生成新的图层"矩形 3"。

（4）选择"文件 > 置入嵌入对象"命令，弹出"置入嵌入的对象"对话框，选择云盘中的"Ch15 > 素材 > 文化传媒行业企业招聘 H5 工作环境页设计 > 02"文件，单击"置入"按钮，将图片置入图像窗口中。将其拖曳到适当的位置并调整其大小，按 Enter 键确定操作，效果如图 15-51 所示，"图层"控制面板中将生成新的图层，将其重命名为"综合办公区"。

图 15-50

图 15-51

（5）按 Alt+Ctrl+G 组合键为"综合办公区"图层创建剪贴蒙版，效果如图 15-52 所示。选择"横排文字"工具 T.，在适当的位置输入需要的文字并选取文字。在属性栏中选择合适的字体并设置文字的大小，设置文字颜色为深蓝色（其 RGB 值分别 43、58、96），效果如图 15-53 所示，"图层"控制面板中将生成新的文字图层。

（6）用相同的方法置入图片并制作剪贴蒙版，添加相应的文字，效果如图 15-54 所示。选择"横排文字"工具 T.，在适当的位置输入需要的文字并选取文字。在属性栏中选择合适的字体并设置文字的大小，设置文字颜色为深蓝色（其 RGB 值分别 43、58、96），效果如图 15-55 所示，"图层"控制面板中将生成新的文字图层。

图 15-52

图 15-53

图 15-54

图 15-55

（7）在"图层"控制面板中，按住 Shift 键的同时，将"JOIN US"文字图层和"矩形 1"图层之间的所有图层同时选取。按 Ctrl+G 组合键编组图层并将其重命名为"工作环境"，如图 15-56 所示，效果如图 15-57 所示。文化传媒行业企业招聘 H5 工作环境页就制作完成了。

图 15-56

图 15-57

（8）按 Shift+Ctrl+S 组合键弹出"另存为"对话框，将文件命名为"文化传媒行业企业招聘 H5 工作环境页设计"，选择 PSD 格式，单击"保存"按钮，弹出"Photoshop 格式选项"对话框，单击"确定"按钮，保存文件。

| 15.3 | **课后习题——文化传媒行业企业招聘 H5 待遇页设计** |

习题知识要点

在 Photoshop 中，使用"横排文字"工具更改标题文字，使用"椭圆"工具、"描边类型"选项、"横排文字"工具、"字符"控制面板制作福利待遇模块。

效果所在位置

云盘 > Ch15 > 效果 > 文化传媒行业企业招聘 H5 待遇页设计.psd，效果如图 15-58 所示。

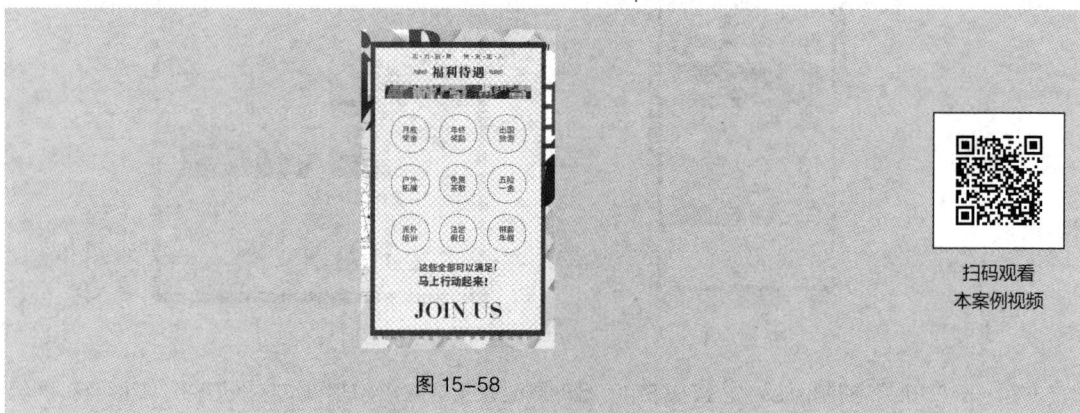

图 15-58

扫码观看
本案例视频

16

第 16 章
VI 设计

本章介绍 ⚏

 VI 设计是企业形象设计的整合。它通过具体的符号对企业理念、文化素质、企业规范等抽象概念进行充分的表达，以标准化、系统化、统一化的方式塑造良好的企业形象，传播企业文化。本章以设计速益达科技 VI 手册为例，讲解 VI 手册的设计方法和制作技巧。

学习目标 ⚏

✔ 掌握 VI 手册的设计思路和过程。
✔ 掌握 VI 手册的制作方法和技巧。

技能目标 ⚏

✔ 掌握"速益达科技 VI 手册"的制作方法。
✔ 掌握"伯仑酒店 VI 手册"的制作方法。

素养目标 ⚏

✔ 培养对 VI 手册的设计创意能力。
✔ 培养对 VI 手册的审美与鉴赏能力。

| 16.1 | 速益达科技 VI 手册设计 |

案例学习目标

在 Illustrator 中，学习使用绘图工具、"路径查找器"命令、"混合"工具、"文字"工具和其他辅助工具制作 VI 手册基础部分和 VI 手册应用部分。

扫码观看
扩展阅读

案例知识要点

在 Illustrator 中，使用"矩形"工具、"直线段"工具、"文字"工具、"选择"工具制作 VI 手册模板，使用"对齐"控制面板对齐所选对象，使用"矩形"工具、"直线段"工具和"描边"命令制作标志预留空间与最小比例限定，使用"矩形"工具、"混合"工具、"扩展"命令制作标准色和辅助色系列，使用"直线段"工具和"文字"工具对图形进行标注，使用建立剪切蒙版组合键制作信纸底图，使用绘图工具、"镜像"命令制作信封，使用"描边"控制面板制作虚线效果，使用多种绘图工具、"渐变"工具和复制/粘贴组合键制作员工胸卡，使用"倾斜"工具倾斜图形。

效果所在位置

云盘 > Ch16 > 效果 > 速益达科技 VI 手册设计 > 模板 A.ai、模板 B.ai、标志墨稿.ai、标志反白稿.ai、标志预留空间与最小比例限定.ai、企业全称中文字体.ai、企业全称英文字体.ai、企业标准色.ai、企业辅助色系列.ai、名片.ai、信纸.ai、信封.ai、传真纸.ai、员工胸卡.ai、文件夹.ai，效果如图 16-1 所示。

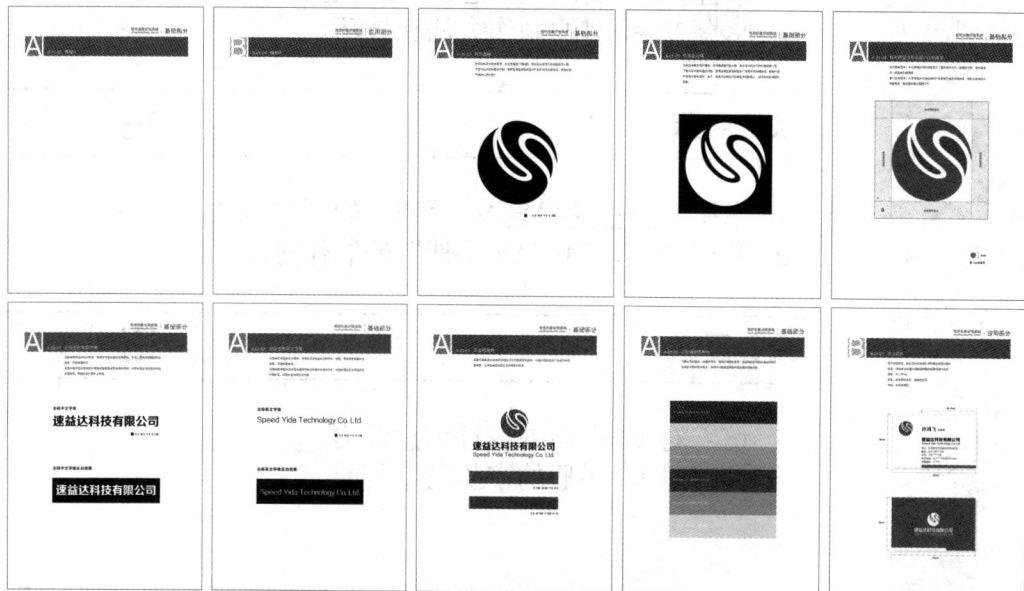

图 16-1

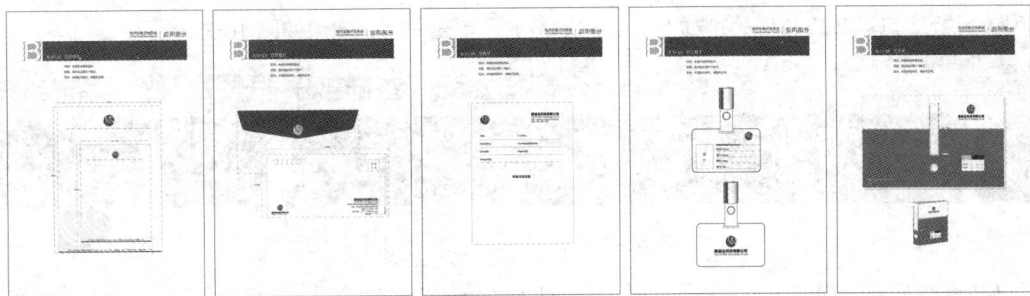

图 16-1（续）

Illustrator 应用

16.1.1 制作模板 A

（1）打开 Illustrator 2020，按 Ctrl+N 组合键弹出"新建文档"对话框，设置宽度为 210 mm、高度为 297 mm、方向为纵向、颜色模式为 CMYK 颜色，单击"创建"按钮，新建一个文件。

（2）选择"矩形"工具 ，在页面中拖曳绘制一个矩形，设置填充色为青色（其 CMYK 值分别为 100、0、0、0），填充图形，并设置描边色为无，效果如图 16-2 所示。

扫码观看
本案例视频

（3）选择"选择"工具 ，按住 Alt+Shift 组合键的同时，水平向右拖曳图形到适当的位置，复制图形，效果如图 16-3 所示。水平向右拖曳复制矩形右边中间的控制点到适当的位置，调整其大小。设置填充色为蓝色（其 CMYK 值分别为 100、50、0、0），填充图形，效果如图 16-4 所示。

图 16-2   图 16-3

图 16-4

（4）选择"文字"工具 T，在适当的位置分别输入需要的文字。选择"选择"工具 ，在属性栏中分别选择合适的字体并设置文字的大小，效果如图 16-5 所示。将输入的文字同时选取，设置填充色为淡黑色（其 CMYK 值分别为 0、0、0、80），填充文字，效果如图 16-6 所示。

图 16-5　　　　　　　　　　　　　　　　　　图 16-6

（5）选取文字"视觉……系统"，按 Ctrl+T 组合键弹出"字符"控制面板，将"设置所选字符的字距调整"选项设置为 50，其他选项的设置如图 16-7 所示；按 Enter 键确定操作，效果如图 16-8 所示。

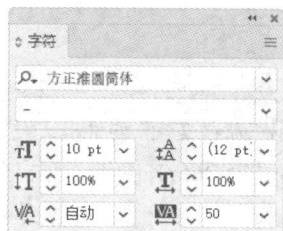

图 16-7　　　　　　　　　　　　　图 16-8

（6）选择"直线段"工具，按住 Shift 键，在适当的位置绘制一条竖线。在属性栏中将"描边粗细"选项设置为 0.5 pt，设置描边色为淡黑色（其 CMYK 值分别为 0、0、0、80），效果如图 16-9 所示。

（7）选择"文字"工具，在适当的位置分别输入需要的文字。选择"选择"工具，在属性栏中分别选择合适的字体并设置文字的大小，设置填充色为白色，取消文字的选取状态，效果如图 16-10 所示。模板 A 就制作完成了。模板 A 部分表示 VI 手册中的基础部分。

图 16-9　　　　　　　　　　　　　　图 16-10

（8）按 Ctrl+S 组合键弹出"存储为"对话框，将文件命名为"模板 A"，选择 AI 格式，单击"保存"按钮，保存文件。

16.1.2　制作模板 B

（1）按 Ctrl+O 组合键，打开云盘中的"Ch16 > 效果 > 速益达科技 VI 手册设计 > 模板 A.ai"文件。选择"文字"工具，选取文字"基础"，如图 16-11 所示。重新输入需要的文字"应用"，效果如图 16-12 所示。用相同的方法重新输入其他文字，效果如图 16-13 所示。

扫码观看
本案例视频

图 16-11

图 16-12

图 16-13

（2）选择"选择"工具 ▶，选取青色矩形，如图 16-14 所示。设置填充色为橘黄色（其 CMYK 值分别为 0、35、100、0），填充图形，效果如图 16-15 所示。模板 B 就制作完成了。模板 B 部分表示 VI 手册中的应用部分。

图 16-14

图 16-15

（3）按 Shift+Ctrl+S 组合键弹出"存储为"对话框，将文件命名为"模板 B"，选择 AI 格式，单击"保存"按钮，保存文件。

16.1.3　制作标志墨稿

（1）按 Ctrl+O 组合键，打开云盘中的"Ch16 > 效果 > 速益达科技 VI 手册设计 > 模板 A.ai"文件，如图 16-16 所示。选择"文字"工具 T，选取并重新输入文字"A-01-02　标志墨稿"，效果如图 16-17 所示。

扫码观看
本案例视频

图 16-16

图 16-17

（2）选择"文字"工具 T，在适当的位置按住鼠标左键不放，拖曳出一个带有选中文本的文本框，如图 16-18 所示。输入需要的文字，选择"选择"工具 ▶，在属性栏中选择合适的字体并设置文字的大小。设置填充色为淡黑色（其 CMYK 值分别为 0、0、0、80），填充文字，效果如图 16-19 所示。

图 16-18

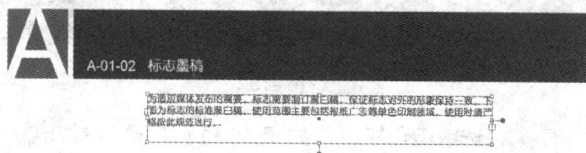

图 16-19

（3）按 Ctrl+T 组合键弹出"字符"控制面板，将"设置行距"选项设置为 16 pt，其他选项的设置如图 16-20 所示；按 Enter 键确定操作，效果如图 16-21 所示。

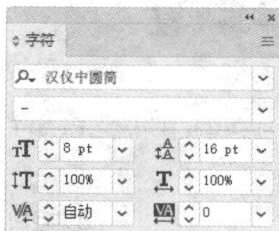

图 16-20

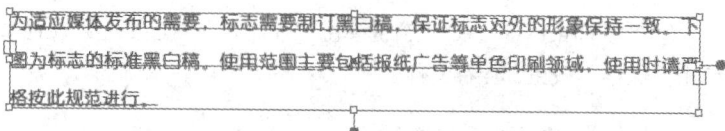

图 16-21

（4）按 Ctrl+O 组合键，打开云盘中的"Ch04 > 效果 > 速益达科技标志设计 > 速益达科技标志.ai"文件。选择"选择"工具，选取需要的标志图形，如图 16-22 所示，按 Ctrl+C 组合键复制标志图形。选择正在编辑的页面，按 Ctrl+V 组合键将复制的标志图形粘贴到页面中，拖曳标志图形到适当的位置并调整其大小，效果如图 16-23 所示。设置填充色为黑色，效果如图 16-24 所示。

图 16-22

图 16-23

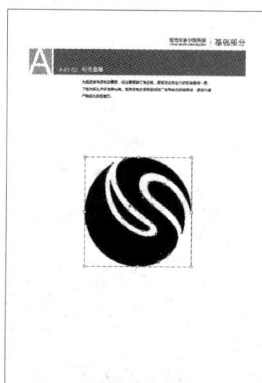

图 16-24

（5）选择"矩形"工具▣，在页面中单击，弹出"矩形"对话框，选项的设置如图 16-25 所示，单击"确定"按钮，页面中会出现一个正方形。选择"选择"工具▶，拖曳正方形到适当的位置，设置填充色为黑色，并设置描边色为无，效果如图 16-26 所示。

（6）选择"文字"工具Ｔ，在正方形的右侧输入需要的文字。选择"选择"工具▶，在属性栏中选择合适的字体并设置文字的大小，效果如图 16-27 所示。

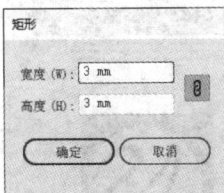

图 16-25

图 16-26

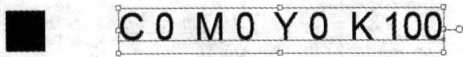

图 16-27

（7）标志墨稿就制作完成了。按 Shift+Ctrl+S 组合键弹出"存储为"对话框，将文件命名为"标志墨稿"，选择 AI 格式，单击"保存"按钮，保存文件。

16.1.4 制作标志反白稿

（1）按 Ctrl+O 组合键，打开云盘中的"Ch16 > 效果 > 速益达科技 VI 手册设计 > 标志墨稿.ai"文件。选择"选择"工具▶，选取不需要的图形和文字，如图 16-28 所示，按 Delete 键将其删除。选取黑色标志图形，设置填充色为白色，效果如图 16-29 所示。

扫码观看
本案例视频

图 16-28

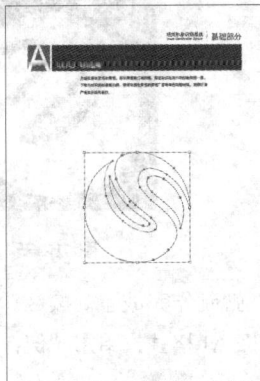

图 16-29

（2）选择"文字"工具Ｔ，选取文字并重新输入文字"A-01-03　标志反白稿"，效果如图 16-30 所示。用相同的方法选取并重新输入下方段落文字，效果如图 16-31 所示。

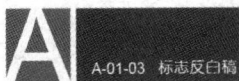

图 16-30

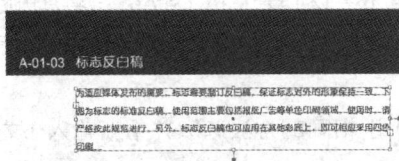

图 16-31

（3）选择"矩形"工具，在页面中单击，弹出"矩形"对话框，选项的设置如图 16-32 所示，单击"确定"按钮，出现一个矩形。选择"选择"工具，拖曳矩形到适当的位置，设置填充色为黑色，并设置描边色为无，效果如图 16-33 所示。按 Shift+Ctrl+[组合键，将矩形置于底层，效果如图 16-34 所示。

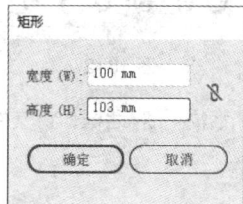

图 16-32　　　　　　　　　图 16-33　　　　　　　　　图 16-34

（4）选择"选择"工具，按住 Shift 键的同时，单击上方白色标志图形将其同时选取，如图 16-35 所示。在属性栏中单击"水平居中对齐"按钮和"垂直居中对齐"按钮，将选中的图形居中对齐，效果如图 16-36 所示。

图 16-35　　　　　　　　　图 16-36

（5）标志反白稿就制作完成了。按 Shift+Ctrl+S 组合键弹出"存储为"对话框，将文件命名为"标志反白稿"，选择 AI 格式，单击"保存"按钮，保存文件。

16.1.5　制作标志预留空间与最小比例限定

（1）按 Ctrl+O 组合键，打开云盘中的"Ch16 > 效果 > 速益达科技 VI 手册设计 > 标志墨稿.ai"文件。选择"选择"工具，选取不需要的图形和文字，如图 16-37 所示，按 Delete 键将其删除。选择"文字"工具，选取并重新输入文字"A-01-04　标志预留空间与最小比例限定"，效果如图 16-38 所示。

（2）用相同的方法选取并重新输入下方的段落文字，效果如图 16-39 所示。

扫码观看
本案例视频

图 16-37

图 16-38

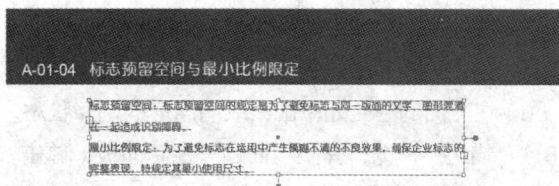

图 16-39

（3）选择"速益达科技标志.ai"文件。选择"选择"工具 ▶，选取需要的标志图形，如图 16-40 所示，按 Ctrl+C 组合键复制标志图形。选择正在编辑的页面，按 Ctrl+V 组合键将复制的标志图形粘贴到页面中，拖曳标志图形到适当的位置并调整其大小，效果如图 16-41 所示。

图 16-40

图 16-41

（4）选择"矩形"工具 ▢，在页面中单击，弹出"矩形"对话框，选项的设置如图 16-42 所示，单击"确定"按钮，页面中会出现一个矩形。选择"选择"工具 ▶，拖曳矩形到适当的位置，设置描边色为灰色（其 CMYK 值分别为 0、0、0、10），并设置填充色为无，效果如图 16-43 所示。

（5）选择"选择"工具 ▶，按住 Shift 键的同时，单击标志图形将其同时选取。在属性栏中单击

"水平居中对齐"按钮 ▤ 和 "垂直居中对齐"按钮 ▥，将选中的图形居中对齐，图形效果如图 16-44 所示。

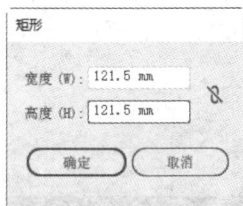

图 16-42   图 16-43   图 16-44

（6）在页面的空白处单击，取消图形的选择状态。使用"选择"工具 ▶ 选择绘制的矩形，选择 "窗口 > 描边"命令，弹出"描边"控制面板，单击"对齐描边"选项中的"使描边内侧对齐"按 钮 ▛，其他选项的设置如图 16-45 所示。按 Enter 键确定操作，效果如图 16-46 所示。

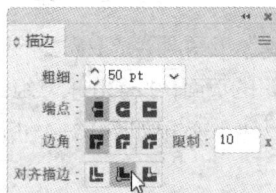

图 16-45   图 16-46

（7）按 Ctrl+C 组合键复制灰色图形，按 Ctrl+F 组合键将复制的灰色图形粘贴在前面。设置描边 色为黑色，打开"描边"控制面板，单击"对齐描边"选项中的"使描边外侧对齐"按钮 ▜，其他选 项的设置如图 16-47 所示。按 Enter 键确定操作，效果如图 16-48 所示。

图 16-47   图 16-48

（8）选择"直线段"工具 ✐，按住 Shift 键的同时，绘制一条直线段，效果如图 16-49 所示。打 开"描边"控制面板，勾选"虚线"复选框，数值框被激活，各选项的设置如图 16-50 所示。按 Enter 键确定操作，效果如图 16-51 所示。

图 16-49　　　　　　图 16-50　　　　　　图 16-51

（9）选择"选择"工具 ▶，选择虚线，按住 Alt+Shift 组合键的同时，垂直向下拖曳虚线到适当的位置，复制一条虚线，如图 16-52 所示。按住 Shift 键的同时，单击原虚线将其同时选取。双击"旋转"工具 ↻，弹出"旋转"对话框，选项的设置如图 16-53 所示；单击"复制"按钮，复制并旋转虚线，效果如图 16-54 所示。

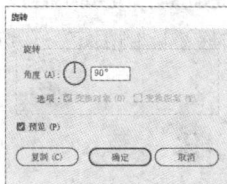

图 16-52　　　　　　图 16-53　　　　　　图 16-54

（10）选择"文字"工具 T，在适当的位置分别输入需要的文字。选择"选择"工具 ▶，在属性栏中分别选择合适的字体并设置文字的大小，效果如图 16-55 所示。

（11）选择"直排文字"工具 ⫶T⫶，在适当的位置分别输入需要的文字。选择"选择"工具 ▶，在属性栏中分别选择合适的字体并设置文字的大小，效果如图 16-56 所示。

图 16-55　　　　　　图 16-56

（12）选择"选择"工具 ▶，选择标志图形，按住 Alt 键的同时，向下拖曳标志图形到适当的位置，复制标志图形。按住 Shift+Alt 组合键，等比例缩小标志图形，效果如图 16-57 所示。

（13）选择"矩形"工具 ▢，在页面中单击，弹出"矩形"对话框，选项的设置如图 16-58 所示，单击"确定"按钮，页面中会出现一个矩形。选择"选择"工具 ▶，拖曳矩形到适当的位置，在属性栏中将"描边粗细"选项设置为 0.5 pt；按 Enter 键确定操作，效果如图 16-59 所示。

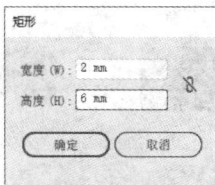

图 16-57　　　　　　图 16-58　　　　　　图 16-59

（14）在页面的空白处单击，取消矩形的选择状态。选择"直接选择"工具▷，选择矩形的左边，如图 16-60 所示。按 Delete 键将其删除，效果如图 16-61 所示。

（15）选择"文字"工具 T，在适当的位置分别输入需要的文字。选择"选择"工具▶，在属性栏中分别选择合适的字体并设置文字的大小，效果如图 16-62 所示。

图 16-60　　　　　　　图 16-61　　　　　　　图 16-62

（16）标志预留空间与最小比例限定就制作完成了。按 Shift+Ctrl+S 组合键弹出"存储为"对话框，将文件命名为"标志预留空间与最小比例限定"，选择 AI 格式，单击"保存"按钮，保存文件。

16.1.6　制作企业全称中文字体

（1）按 Ctrl+O 组合键，打开云盘中的"Ch16 > 效果 > 速益达科技 VI 手册设计 > 模板 A.ai"文件，如图 16-63 所示。选择"文字"工具 T，选取并重新输入文字"A-02-01　企业全称中文字体"，效果如图 16-64 所示。

扫码观看
本案例视频

图 16-63　　　　　　　　　　　　　图 16-64

（2）选择"文字"工具 T，在适当的位置按住鼠标左键不放，拖曳出一个带有选中文本的文本框，如图 16-65 所示。输入需要的文字，选择"选择"工具▶，在属性栏中选择合适的字体并设置文字的大小。按 Alt+↓ 组合键，适当调整文字的行距。设置填充色为淡黑色（其 CMYK 值分别为 0、0、0、80），填充文字，效果如图 16-66 所示。

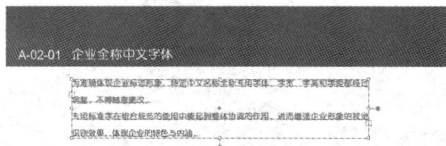

图 16-65　　　　　　　　　　　　　图 16-66

（3）选择"文字"工具 T ，在适当的位置分别输入需要的文字。选择"选择"工具 ▶ ，在属性栏中分别选择合适的字体并设置文字的大小，效果如图 16-67 所示。

（4）选择"矩形"工具 ▢ ，在页面中单击，弹出"矩形"对话框，选项的设置如图 16-68 所示，单击"确定"按钮，页面中会出现一个正方形。选择"选择"工具 ▶ ，拖曳正方形到适当的位置，设置填充色为黑色，并设置描边色为无，效果如图 16-69 所示。

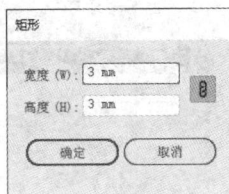

图 16-67　　　　　　　图 16-68　　　　　　　图 16-69

（5）选择"文字"工具 T ，在适当的位置输入需要的文字。选择"选择"工具 ▶ ，在属性栏中选择合适的字体并设置文字的大小，效果如图 16-70 所示。

（6）选择"矩形"工具 ▢ ，在页面中绘制一个矩形，设置填充色为黑色，并设置描边色为无，效果如图 16-71 所示。

图 16-70　　　　　　　　　　图 16-71

（7）选择"文字"工具 T ，在适当的位置输入需要的文字。选择"选择"工具 ▶ ，在属性栏中选择合适的字体并设置文字的大小，设置填充色为白色，效果如图 16-72 所示。企业全称中文字体就制作完成了，效果如图 16-73 所示。

图 16-72　　　　　　　　　　图 16-73

（8）按 Shift+Ctrl+S 组合键弹出"存储为"对话框，将文件命名为"企业全称中文字体"，选择 AI 格式，单击"保存"按钮，保存文件。

16.1.7 制作企业全称英文字体

（1）按 Ctrl+O 组合键，打开云盘中的"Ch16 > 效果 > 速益达科技 VI 手册设计 > 企业全称中文字体.ai"文件。选择"选择"工具 ，选取不需要的文字，如图 16-74 所示，按 Delete 键将其删除，如图 16-75 所示。选择"文字"工具 ，选取并重新输入文字"A-02-02　企业全称英文字体""全称英文字体""全称英文字体反白效果"，效果如图 16-76 所示。

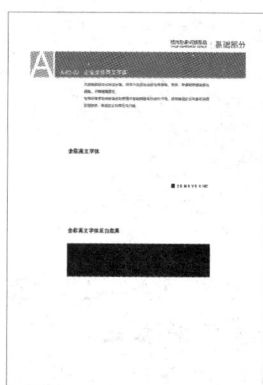

图 16-74　　　　　　　　　　图 16-75　　　　　　　　　　图 16-76

（2）选择"文字"工具 ，在适当的位置输入需要的文字。选择"选择"工具 ，在属性栏中选择合适的字体并设置文字的大小，效果如图 16-77 所示。选取输入的文字，按住 Alt 键的同时，向下拖曳文字到适当的位置，并调整文字的大小，设置填充色为白色，效果如图 16-78 所示。

图 16-77　　　　　　　　　　　　　　图 16-78

（3）企业全称英文字体就制作完成了。按 Shift+Ctrl+S 组合键弹出"存储为"对话框，将文件命名为"企业全称英文字体"，选择 AI 格式，单击"保存"按钮，保存文件。

16.1.8 制作企业标准色

（1）按 Ctrl+O 组合键，打开云盘中的"Ch16 > 效果 > 速益达科技 VI 手册设计 > 标志墨稿.ai"文件。选择"选择"工具 ，选取不需要的图形和文字，

如图 16-79 所示，按 Delete 键将其删除，如图 16-80 所示。

图 16-79

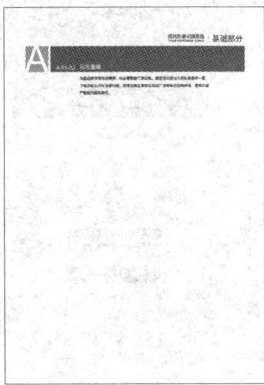

图 16-80

（2）选择"文字"工具 T，选取并重新输入文字"A-03-01　企业标准色"，效果如图 16-81 所示。用相同的方法选取并重新输入下方的段落文字，效果如图 16-82 所示。

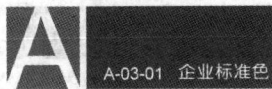

图 16-81

图 16-82

（3）选择"速益达科技标志.ai"文件。选择"选择"工具 ，用框选的方法选取需要的标志和标准字，如图 16-83 所示，按 Ctrl+C 组合键复制标志和标准字。选择正在编辑的页面，按 Ctrl+V 组合键将复制的标志和标准字粘贴到页面中，拖曳标志和标准字到适当的位置，并调整其大小，效果如图 16-84 所示。

图 16-83

图 16-84

（4）选择"矩形"工具 ，在适当的位置绘制一个矩形，设置填充色为蓝色（其 CMYK 值分别为 100、50、0、0），填充图形，并设置描边色为无，效果如图 16-85 所示。

（5）选择"文字"工具，在矩形的右下方输入矩形的 CMYK 颜色值。选择"选择"工具，在属性栏中选择合适的字体并设置文字的大小，效果如图 16-86 所示。

图 16-85

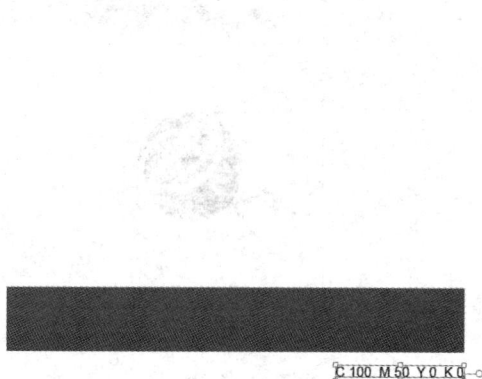

图 16-86

（6）选择"选择"工具，用框选的方法将矩形和文字同时选取。按住 Alt+Shift 组合键的同时，垂直向下拖曳矩形和文字到适当的位置，复制矩形和文字，效果如图 16-87 所示。选取复制的蓝色矩形，设置填充色为红色（其 CMYK 值分别为 0、100、100、10），填充图形，效果如图 16-88 所示。

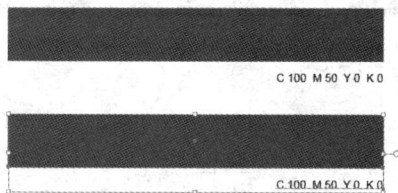

图 16-87

图 16-88

（7）选择"文字"工具，选取并重新输入红色矩形的 CMYK 颜色值，效果如图 16-89 所示。企业标准色就制作完成了，效果如图 16-90 所示。

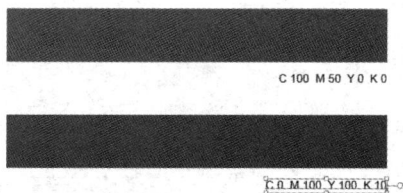

图 16-89

图 16-90

（8）按 Shift+Ctrl+S 组合键弹出"存储为"对话框，将文件命名为"企业标准色"，选择 AI 格式，单击"保存"按钮，保存文件。

16.1.9 制作企业辅助色系列

（1）按 Ctrl+O 组合键，打开云盘中的"Ch16 > 效果 > 速益达科技 VI 手册设计 > 模板 A.ai"文件，如图 16-91 所示。选择"文字"工具 T，选取并重新输入文字"A-03-02 企业辅助色系列"，效果如图 16-92 所示。

（2）选择"文字"工具 T，在适当的位置按住鼠标左键不放，拖曳出一个带有选中文本的文本框，如图 16-93 所示。输入需要的文字，选择"选择"工具 ，在属性栏中选择合适的字体并设置文字的大小。按 Alt+↓ 组合键，适当调整文字的行距。设置填充色为淡黑色（其 CMYK 值分别为 0、0、0、80），填充文字，效果如图 16-94 所示。

扫码观看
本案例视频

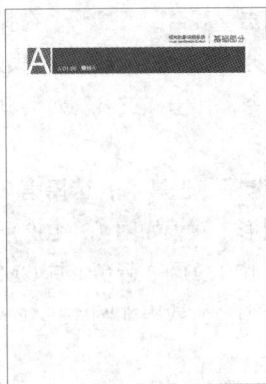

图 16-91

图 16-92

图 16-93

图 16-94

（3）选择"矩形"工具 ，在适当的位置绘制一个矩形，设置填充色为紫色（其 CMYK 值分别为 60、100、0、0），填充图形，并设置描边色为无，效果如图 16-95 所示。

（4）选择"选择"工具 ，按住 Alt+Shift 组合键的同时，垂直向下拖曳图形到适当的位置，复制图形，如图 16-96 所示。设置填充色为淡灰色（其 CMYK 值分别为 0、0、0、20），填充图形，效果如图 16-97 所示。

  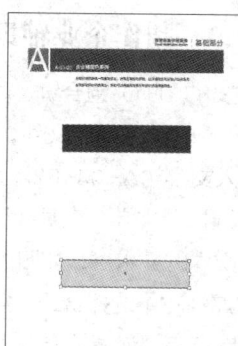

图 16-95　　　　　图 16-96　　　　　图 16-97

（5）选择"选择"工具，将两个矩形同时选取。双击"混合"工具，在弹出的对话框中进行设置，如图 16-98 所示。单击"确定"按钮，在两个矩形上单击进行混合，效果如图 16-99 所示。

（6）保持图形的选取状态。选择"对象 > 扩展"命令，弹出"扩展"对话框，选项的设置如图 16-100 所示，单击"确定"按钮，效果如图 16-101 所示。

（7）按 Shift+Ctrl+G 组合键取消图形编组。选择"选择"工具，选择第 2 个矩形，设置填充色为黄色（其 CMYK 值分别为 0、0、100、0），填充图形，效果如图 16-102 所示。分别选取下方的矩形，并依次填充为绿色（其 CMYK 值分别为 50、0、100、0）、蓝色（其 CMYK 值分别为 100、60、0、0）、橘黄色（其 CMYK 值分别为 0、60、100、0），效果如图 16-103 所示。

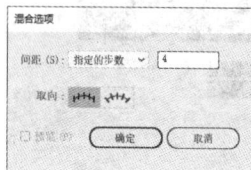 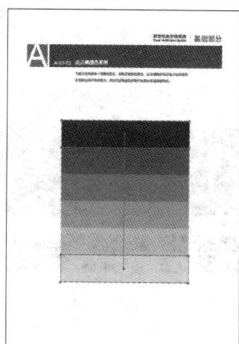 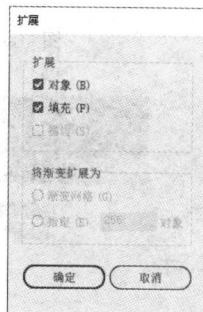

图 16-98　　　　　图 16-99　　　　　图 16-100

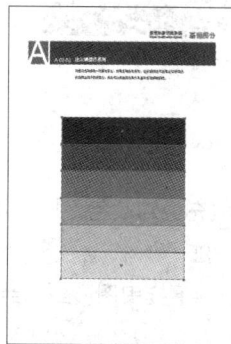  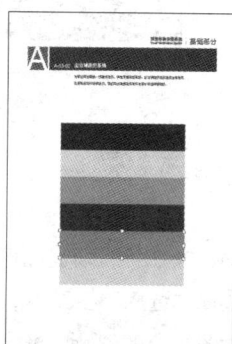

图 16-101　　　　　图 16-102　　　　　图 16-103

（8）选择"文字"工具 T ，在适当的位置输入需要的文字。选择"选择"工具 ▶ ，在属性栏中选择合适的字体并设置文字的大小，设置填充色为白色，效果如图 16-104 所示。

（9）按住 Alt+Shift 组合键的同时，垂直向下拖曳文字到适当的位置，复制文字，如图 16-105 所示。连续按 Ctrl+D 组合键，复制出多组文字，效果如图 16-106 所示。选择"文字"工具 T ，分别重新输入文字，效果如图 16-107 所示。

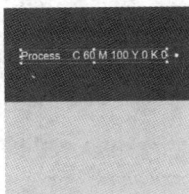 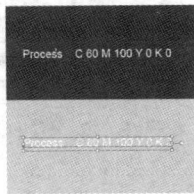  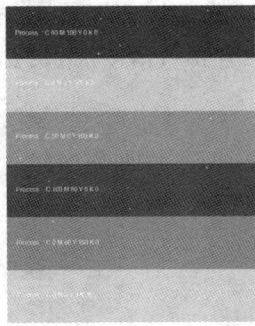

图 16-104　　　　　图 16-105　　　　　图 16-106　　　　　图 16-107

（10）企业辅助色系列就制作完成了。按 Shift+Ctrl+S 组合键弹出"存储为"对话框，将文件命名为"企业辅助色系列"，选择 AI 格式，单击"保存"按钮，保存文件。

16.1.10　制作名片

（1）按 Ctrl+O 组合键，打开云盘中的"Ch16 > 效果 > 速益达科技 VI 手册设计 > 模板 B.ai"文件，如图 16-108 所示。选择"文字"工具 T ，选取义字，如图 16-109 所示，重新输入需要的文字，效果如图 16-110 所示。

扫码观看
本案例视频

图 16-108

图 16-109

图 16-110

（2）用相同的方法更改其他文字，效果如图 16-111 所示。选择"文字"工具 T ，在适当的位置输入需要的文字。选择"选择"工具 ▶ ，在属性栏中选择合适的字体并设置文字的大小。设置填充色为淡黑色（其 CMYK 值分别为 0、0、0、80），填充文字，效果如图 16-112 所示。

图 16-111

图 16-112

（3）按 Ctrl+T 组合键弹出"字符"控制面板，将"设置行距"选项设置为 16 pt，其他选项的设置如图 16-113 所示；按 Enter 键确定操作，效果如图 16-114 所示。

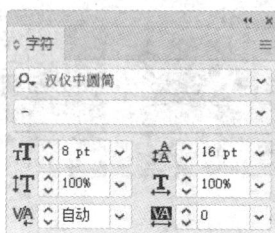

图 16-113

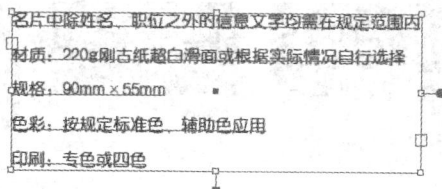

图 16-114

（4）选择"矩形"工具 ▣，在页面中单击，弹出"矩形"对话框，选项的设置如图 16-115 所示，单击"确定"按钮，得到一个矩形。选择"选择"工具 ▶，拖曳矩形到适当的位置，设置填充色为白色，并设置描边色为灰色（其 CMYK 值分别为 0、0、0、50），效果如图 16-116 所示。

（5）选择"速益达科技标志.ai"文件。选择"选择"工具 ▶，选取需要的标志和标准字，按 Ctrl+C 组合键复制。选择正在编辑的页面，按 Ctrl+V 组合键将复制的标志和标准字粘贴到页面中，拖曳标志到矩形左上角适当的位置并调整其大小，效果如图 16-117 所示。（标准字暂放置在空白处备用。）

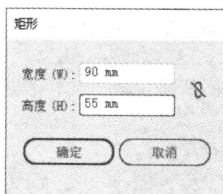

图 16-115

图 16-116

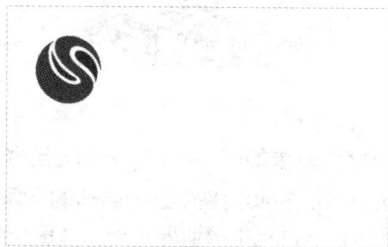

图 16-117

（6）选择"矩形"工具■，在页面中单击，弹出"矩形"对话框，选项的设置如图 16–118 所示，单击"确定"按钮，得到一个矩形。选择"选择"工具▶，拖曳矩形到适当的位置，设置填充色为蓝色（其 CMYK 值分别为 100、50、0、0），填充图形，并设置描边色为无，效果如图 16–119 所示。

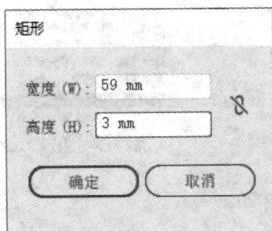

图 16–118

图 16–119

（7）选择"选择"工具▶，按住 Shift 键的同时，单击需要的图形，将其同时选取，如图 16–120 所示。选择"窗口 > 对齐"命令，弹出"对齐"控制面板，如图 16–121 所示，单击"水平右对齐"按钮▆和"垂直底对齐"按钮▆，效果如图 16–122 所示。

图 16–120

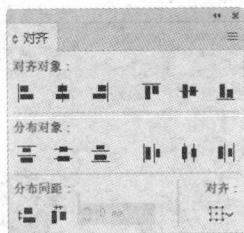

图 16–121

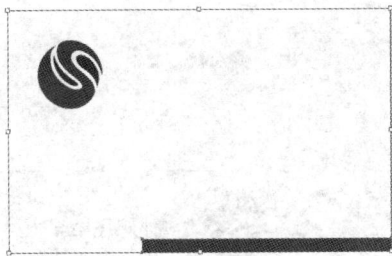

图 16–122

（8）按 Ctrl+R 组合键在页面中显示标尺。选择"选择"工具▶，在左侧标尺上向右拖曳出一条垂直参考线，如图 16–123 所示。选择"文字"工具Ｔ，在矩形中分别输入姓名和职务名称。选择"选择"工具▶，在属性栏中分别选择合适的字体并设置文字的大小，效果如图 16–124 所示。

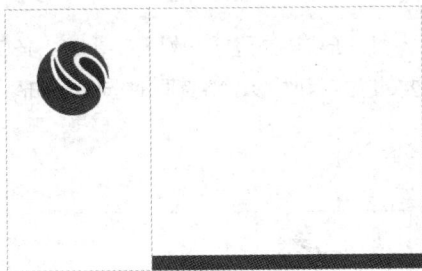

图 16–123

图 16–124

（9）选择"选择"工具▶，选取空白处的标准字（备用），适当调整文字的大小，并拖曳标准字与参考线对齐，效果如图 16–125 所示。选择"文字"工具Ｔ，在标准字的下方输入地址和联系方式。选择"选择"工具▶，在属性栏中选择合适的字体并设置文字的大小，效果如图 16–126 所示。

图 16-125

图 16-126

（10）选择"选择"工具▶，选取参考线，按 Delete 键将其删除，如图 16-127 所示。选取白色矩形，按 Ctrl+C 组合键复制，按 Ctrl+B 组合键将复制的白色矩形粘贴在后面，并拖曳其到适当的位置，效果如图 16-128 所示。设置填充色为灰色（其 CMYK 值分别为 0、0、0、10），填充图形，并设置描边色为无，效果如图 16-129 所示。

图 16-127

图 16-128

图 16-129

（11）选择"直线段"工具╱和"文字"工具 T，对图形进行标注，效果如图 16-130 所示。选择"选择"工具▶，按住 Shift 键的同时，单击需要的文字和图形，将其同时选取，如图 16-131 所示。

图 16-130

图 16-131

（12）按住 Alt+Shift 组合键的同时，垂直向下拖曳图形和文字到适当的位置，复制需要的图形和文字，并取消其选取状态，效果如图 16-132 所示。选择"选择"工具 ▶，按住 Shift 键的同时，单击需要的图形，将其同时选取。单击属性栏中的"水平左对齐"按钮 ▤，效果如图 16-133 所示。

图 16-132

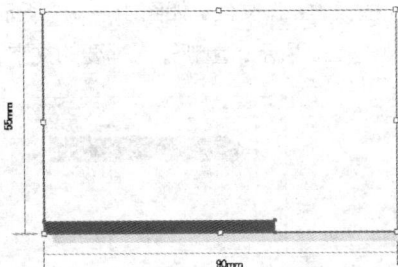

图 16-133

（13）选择"选择"工具 ▶，选取前方的蓝色矩形，设置填充色为白色，效果如图 16-134 所示。选取后方的白色矩形，设置填充色为蓝色（其 CMYK 值分别为 100、50、0、0），填充图形，效果如图 16-135 所示。

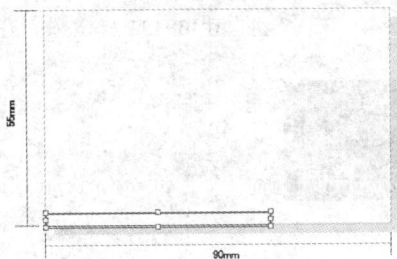

图 16-134

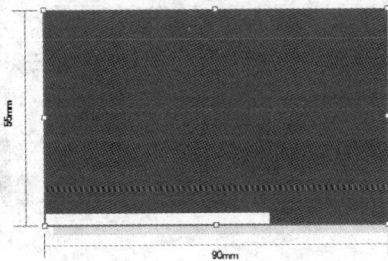

图 16-135

（14）选择"速益达科技标志.ai"文件。选择"选择"工具 ▶，选取需要的标志和标准字，按 Ctrl+C 组合键复制。选择正在编辑的页面，按 Ctrl+V 组合键将复制的标志和标准字粘贴到页面中，拖曳复制的标志和标准字到适当的位置并调整其大小，填充标志和标准字为白色，效果如图 16-136 所示。公司名片就制作完成了，效果如图 16-137 所示。

图 16-136

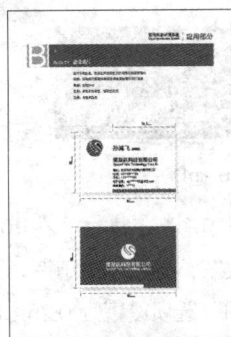

图 16-137

（15）按 Shift+Ctrl+S 组合键弹出"存储为"对话框，将文件命名为"名片"，选择 AI 格式，单击"保存"按钮，保存文件。

扫码观看
本案例视频

16.1.11　制作信纸

（1）按 Ctrl+O 组合键，打开云盘中的"Ch16 > 效果 > 速益达科技 VI 手册设计 > 模板 B.ai"文件，如图 16-138 所示。选择"文字"工具 T，选取文字，如图 16-139 所示，重新输入需要的文字，效果如图 16-140 所示。

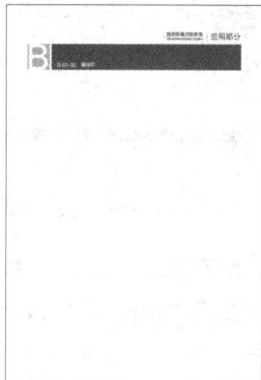

图 16-138

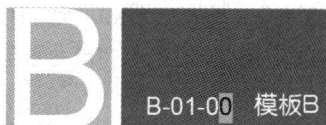

图 16-139

图 16-140

（2）用相同的方法更改其他文字，效果如图 16-141 所示。选择"文字"工具 T，在适当的位置输入需要的文字。选择"选择"工具 ▶，在属性栏中选择合适的字体并设置文字的大小。按 Alt+↓ 组合键，适当调整文字的行距。设置填充色为淡黑色（其 CMYK 值分别为 0、0、0、80），填充文字，效果如图 16-142 所示。

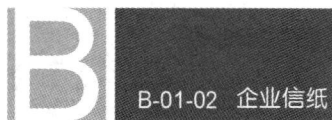

图 16-141

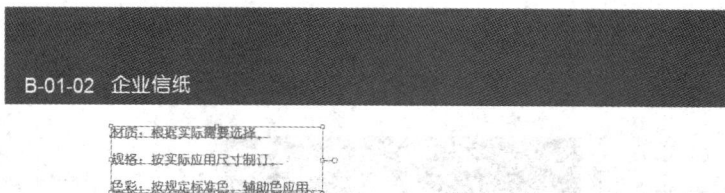

图 16-142

（3）选择"矩形"工具 ▣，在页面中单击，弹出"矩形"对话框，选项的设置如图 16-143 所示，单击"确定"按钮，得到一个矩形。选择"选择"工具 ▶，拖曳矩形到页面中适当的位置。在属性栏中将"描边粗细"选项设置为 0.25 pt，设置填充色为白色，并设置描边色为深灰色（其 CMYK 值分别为 0、0、0、90），效果如图 16-144 所示。

（4）选择"速益达科技标志.ai"文件。选择"选择"工具▶，选取需要的标志图形，按 Ctrl+C 组合键复制标志图形。选择正在编辑的页面，按 Ctrl+V 组合键将复制的标志图形粘贴到页面中，拖曳标志图形到适当的位置并调整其大小，效果如图 16-145 所示。

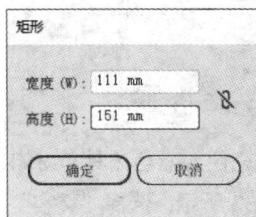

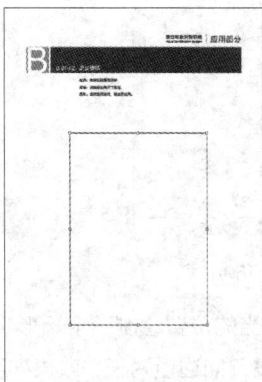

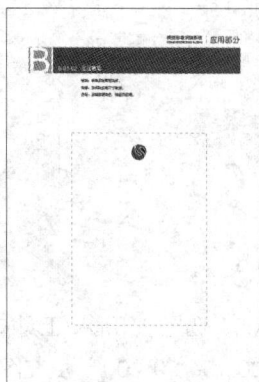

图 16-143　　　　　　　　　　图 16-144　　　　　　　　　　图 16-145

（5）选择"直线段"工具╱，按住 Shift 键的同时，在适当的位置绘制一条直线段，设置描边色为灰色（其 CMYK 值分别为 0、0、0、70），效果如图 16-146 所示。

图 16-146

（6）选择"选择"工具▶，选取上方的标志图形，按住 Alt 键的同时，向左下角拖曳标志图形到适当的位置，并调整其大小，效果如图 16-147 所示。设置填充色为浅灰色（其 CMYK 值分别为 0、0、0、5），填充标志图形，效果如图 16-148 所示。连续按 Ctrl+〔组合键，将标志图形向后移动到白色矩形的后面，效果如图 16-149 所示。

（7）选择"选择"工具▶，选取背景矩形，按 Ctrl+C 组合键复制矩形，按 Ctrl+F 组合键将复制的矩形粘贴在前面。按住 Shift 键的同时，单击标志图形，将其同时选取，如图 16-150 所示。按 Ctrl+7 组合键建立剪切蒙版，取消选取状态，效果如图 16-151 所示。

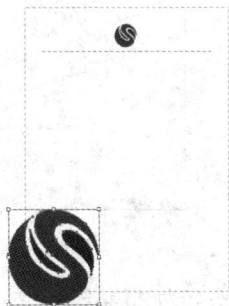

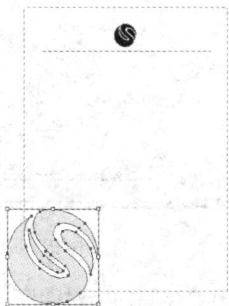

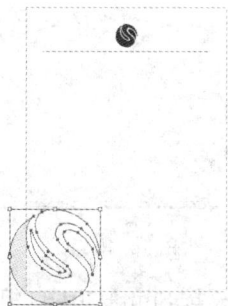

图 16-147　　　　　　　　　　图 16-148　　　　　　　　　　图 16-149

图 16-150 图 16-151

（8）选择"矩形"工具▣，在适当的位置绘制一个矩形，设置填充色为蓝色（其 CMYK 值分别为 100、50、0、0），填充图形，并设置描边色为无，效果如图 16-152 所示。选择"文字"工具 **T**，在适当的位置输入需要的文字。选择"选择"工具▶，在属性栏中选择合适的字体并设置文字的大小，效果如图 16-153 所示。

图 16-152 图 16-153

（9）选择"直线段"工具✏️和"文字"工具 **T**，对信纸进行标注，效果如图 16-154 所示。使用上述方法制作出一个较小的信纸，效果如图 16-155 所示。信纸就制作完成了，效果如图 16-156 所示。

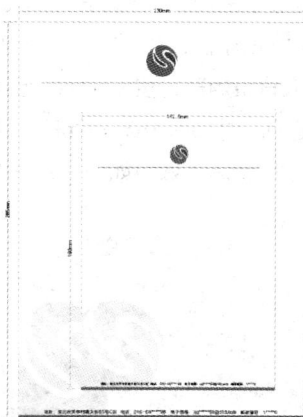
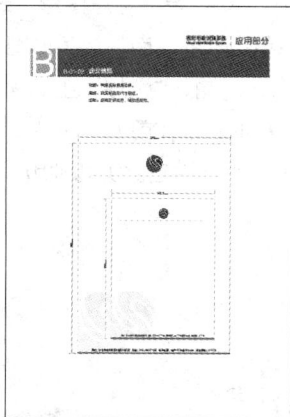

图 16-154 图 16-155 图 16-156

（10）按 Shift+Ctrl+S 组合键弹出"存储为"对话框，将文件命名为"信纸"，选择 AI 格式，单击"保存"按钮，保存文件。

16.1.12　制作信封

（1）按 Ctrl+O 组合键，打开云盘中的"Ch16 > 效果 > 速益达科技 VI 手册设计 > 模板 B"文件，如图 16-157 所示。选择"文字"工具 T，选取文字，如图 16-158 所示，输入需要的文字，效果如图 16-159 所示。

（2）用相同的方法更改其他文字，效果如图 16-160 所示。选择"文字"工具 T，在适当的位置输入需要的文字。选择"选择"工具 ，在属性栏中选择合适的字体并设置文字的大小。按 Alt+↓组合键，适当调整文字的行距。设置填充色为淡黑色（其 CMYK 值分别为 0、0、0、80），填充文字，效果如图 16-161 所示。

图 16-157

图 16-158

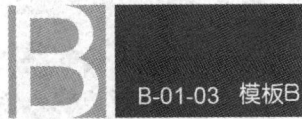

图 16-159

图 16-160

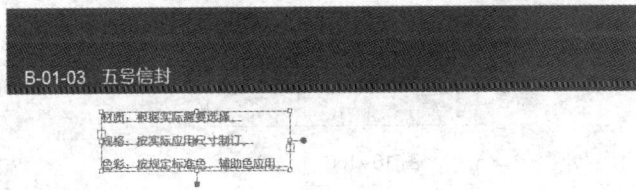

图 16-161

（3）选择"矩形"工具 ，在页面中单击，弹出"矩形"对话框，选项的设置如图 16-162 所示，单击"确定"按钮，得到一个矩形。选择"选择"工具 ，拖曳矩形到页面中适当的位置。在属性栏中将"描边粗细"选项设置为 0.25 pt，设置填充色为白色，设置描边色为灰色（其 CMYK 值分别为 0、0、0、80），效果如图 16-163 所示。

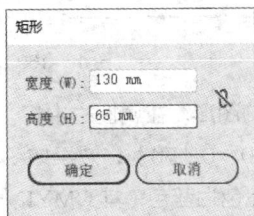

图 16-162

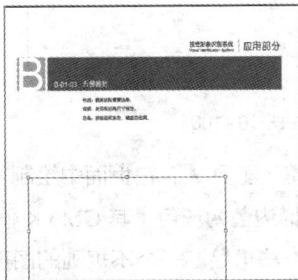

图 16-163

（4）选择"钢笔"工具 ，在页面中绘制一个不规则的图形，如图 16-164 所示。选择"选择"工具 ，在属性栏中将"描边粗细"选项设置为 0.25 pt，设置填充色为白色，设置描边色为灰色（其CMYK 值分别为 0、0、0、50），效果如图 16-165 所示。

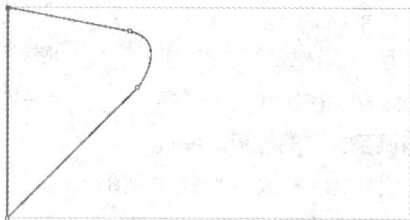

图 16-164

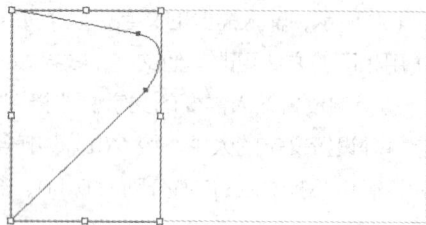

图 16-165

（5）保持图形的选取状态，双击"镜像"工具 ，弹出"镜像"对话框，选项的设置如图 16-166所示。单击"复制"按钮，复制并镜像图形，效果如图 16-167 所示。

图 16-166

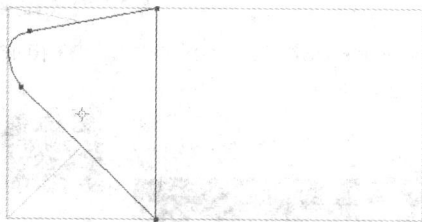

图 16-167

（6）选择"选择"工具 ，按住 Shift 键的同时，单击后方的矩形，将其同时选取，如图 16-168所示。在属性栏中单击"水平右对齐"按钮 ，效果如图 16-169 所示。

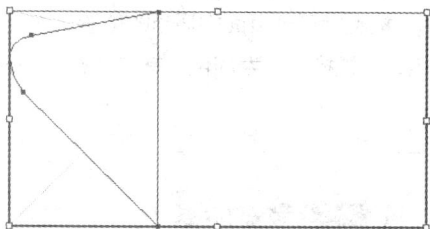

图 16-168

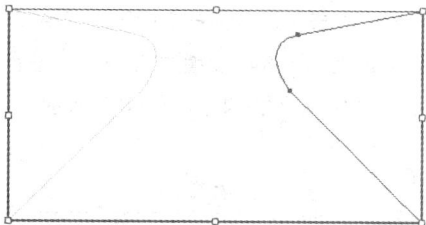

图 16-169

（7）选择"钢笔"工具 ，在页面中绘制一个不规则的图形。在属性栏中将"描边粗细"选项设置为 0.25pt，设置描边色为灰色（其 CMYK 值分别为 0、0、0、50），效果如图 16-170 所示。

（8）用相同的方法再绘制一个不规则的图形，设置填充色为蓝色（其 CMYK 值分别为 100、50、0、0），填充图形，并设置描边色为无，效果如图 16-171 所示。

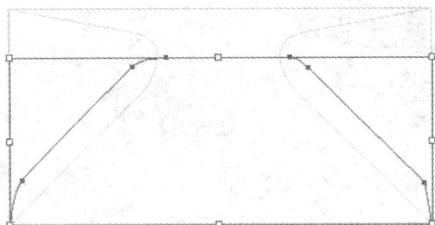

图 16-170

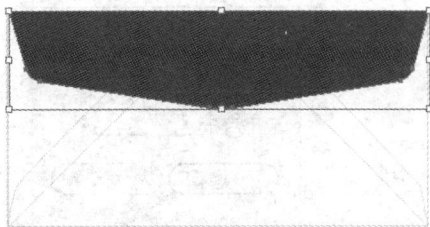

图 16-171

（9）选择"速益达科技标志.ai"文件。选择"选择"工具 ▶，选取需要的标志图形，如图 16-172 所示，按 Ctrl+C 组合键复制标志图形。选择正在编辑的页面，按 Ctrl+V 组合键将复制的标志图形粘贴到页面中，拖曳复制的标志图形到适当的位置并调整其大小。设置填充色为白色，在属性栏中将"不透明度"选项设置为 80%，按 Enter 键确定操作，效果如图 16-173 所示。

图 16-172

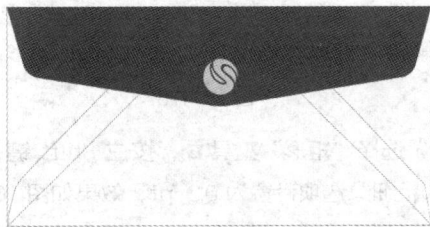

图 16-173

（10）选择"选择"工具 ▶，选取需要的图形，如图 16-174 所示。按 Ctrl+C 组合键复制图形，按 Ctrl+F 组合键将复制的图形粘贴在前面，并拖曳复制的图形到适当的位置，效果如图 16-175 所示。

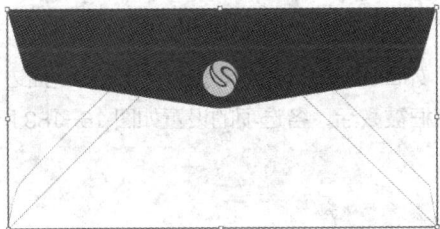

图 16-174

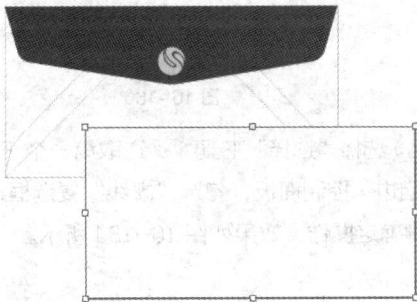

图 16-175

（11）选择"矩形"工具 ▣，在页面中单击，弹出"矩形"对话框，选项的设置如图 16-176 所示，单击"确定"按钮，得到一个矩形。选择"选择"工具 ▶，拖曳矩形到页面中适当的位置。在属性栏中将"描边粗细"选项设置为 0.25 pt，设置描边色为红色（其 CMYK 值分别为 0、100、100、0），效果如图 16-177 所示。

（12）选择"选择"工具 ▶，按住 Alt+Shift 组合键的同时，水平向右拖曳矩形到适当的位置，复制一个矩形，效果如图 16-178 所示。连续按 Ctrl+D 组合键，按需要再复制出多个矩形，效果如图 16-179 所示。

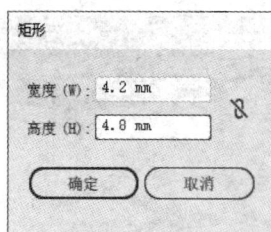

图 16-176

图 16-177

图 16-178

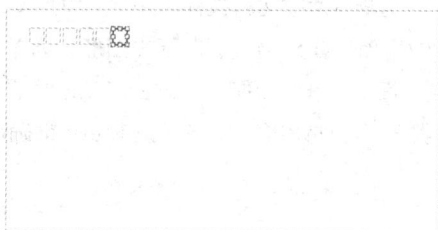

图 16-179

（13）选择"矩形"工具，按住 Shift 键，在页面中适当的位置绘制一个正方形。在属性栏中将"描边粗细"选项设置为 0.2 pt，效果如图 16-180 所示。按住 Alt+Shift 组合键的同时，水平向右拖曳图形到适当的位置，复制一个正方形，如图 16-181 所示。

图 16-180

图 16-181

（14）选择"选择"工具，选取第一个正方形，如图 16-182 所示。选择"窗口 > 描边"命令，弹出"描边"控制面板，勾选"虚线"复选框，数值框被激活，各选项的设置如图 16-183 所示。按 Enter 键确定操作，效果如图 16-184 所示。

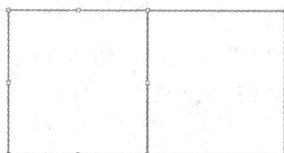

图 16-182

图 16-183

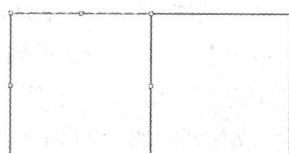

图 16-184

（15）选择"选择"工具，选取第二个正方形，如图 16-185 所示。选择"剪刀"工具，单击选取不需要的线段，如图 16-186 所示，按 Delete 键将其删除，效果如图 16-187 所示。

图 16-185

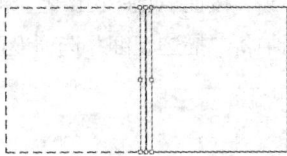

图 16-186

图 16-187

（16）选择"文字"工具，输入需要的文字。选择"选择"工具，在属性栏中选择合适的字体并设置文字的大小，效果如图 16-188 所示。在"字符"控制面板中，将"设置所选字符的字距调整"选项设置为 660，其他选项的设置如图 16-189 所示。按 Enter 键确定操作，效果如图 16-190 所示。

图 16-188

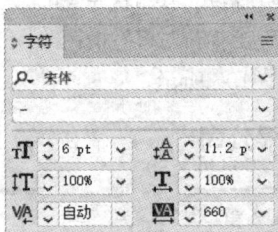

图 16-189

图 16-190

（17）选择"速益达科技标志.ai"文件。选择"选择"工具，用框选的方法选取需要的标志和标准字，按 Ctrl+C 组合键复制。选择正在编辑的页面，按 Ctrl+V 组合键将复制的标志和标准字粘贴到页面中，拖曳复制的标志和标准字到适当的位置，并调整其大小，效果如图 16-191 所示。选取标准字，按住 Alt 键的同时，将标准字拖曳到适当的位置，复制标准字并调整其大小，效果如图 16-192 所示。

图 16-191

图 16-192

（18）选择"直线段"工具 ，按住 Shift 键的同时，在适当的位置绘制一条直线段，效果如图 16-193 所示。选择"选择"工具 ，按住 Alt+Shift 组合键的同时，垂直向下拖曳直线段到适当的位置，复制一条直线段。在属性栏中将"描边粗细"选项设置为 0.25pt，效果如图 16-194 所示。

图 16-193   图 16-194

（19）选择"文字"工具 ，在适当的位置输入需要的文字。选择"选择"工具 ，在属性栏中选择合适的字体并设置文字的大小，单击"右对齐"按钮 ，效果如图 16-195 所示。按 Alt+↓组合键适当调整文字的行距，效果如图 16-196 所示。

图 16-195   图 16-196

（20）选择"矩形"工具 ，在适当的位置绘制一个矩形，如图 16-197 所示。在"描边"控制面板中勾选"虚线"复选框，数值框被激活，各选项的设置如图 16-198 所示。按 Enter 键确定操作，效果如图 16-199 所示。

图 16-197   图 16-198   图 16-199

（21）选择"圆角矩形"工具 ，在页面中单击，弹出"圆角矩形"对话框，选项的设置如图 16-200 所示，单击"确定"按钮，得到一个圆角矩形。选择"选择"工具 ，拖曳图形到适当的位置。在属性栏中将"描边粗细"选项设置为 0.25 pt，效果如图 16-201 所示。

（22）选择"矩形"工具 ，在适当的位置绘制一个矩形，如图 16-202 所示。选择"选择"工具 ，按住 Shift 键的同时，单击圆角矩形，将其同时选取。在"路径查找器"控制面板中单击"减去顶层"按钮 ，如图 16-203 所示，将生成新的对象，效果如图 16-204 所示。

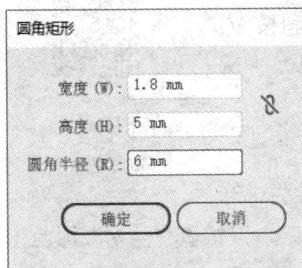
图 16-200

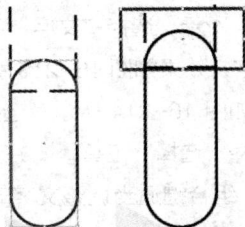
图 16-201　　图 16-202

图 16-203

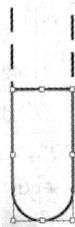
图 16-204

（23）选择"钢笔"工具 ，在适当的位置绘制一个不规则的图形，设置填充色为黑色，并设置描边色为无，效果如图 16-205 所示。选择"文字"工具 T ，在属性栏中单击"左对齐"按钮 ，输入需要的文字。选择"选择"工具 ，在属性栏中选择合适的字体并设置文字的大小，效果如图 16-206 所示。

（24）双击"旋转"工具 ，弹出"旋转"对话框，选项的设置如图 16-207 所示。单击"确定"按钮，旋转文字，效果如图 16-208 所示。

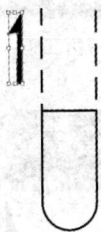
图 16-205

图 16-206

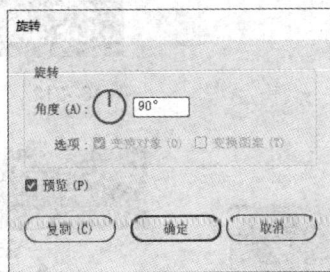
图 16-207

图 16-208

（25）选择"直线段"工具 和"文字"工具 T ，对图形进行标注，效果如图 16-209 所示。信封就制作完成了，效果如图 16-210 所示。按 Shift+Ctrl+S 组合键弹出"存储为"对话框，将文件命名为"信纸"，选择 AI 格式，单击"保存"按钮，保存文件。

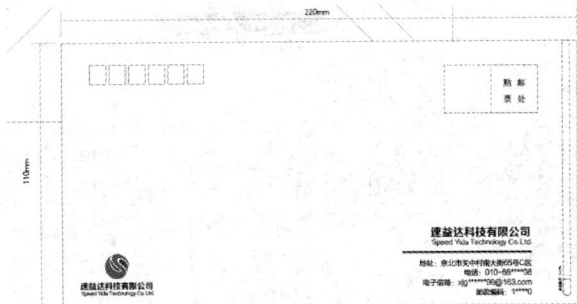
图 16-209

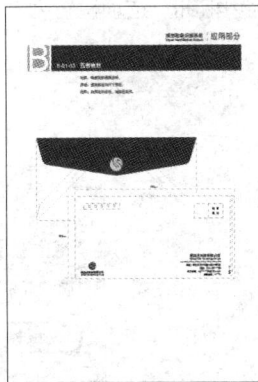
图 16-210

16.1.13 制作传真纸

（1）按 Ctrl+O 组合键，打开云盘中的"Ch16 > 效果 > 速益达科技 VI 手册设计 > 模板 B.ai"文件，如图 16-211 所示。选择"文字"工具 T ，选取文字，如图 16-212 所示，输入需要的文字，效果如图 16-213 所示。

（2）用相同的方法更改其他文字，效果如图 16-214 所示。选择"文字"工具 T ，在适当的位置输入需要的文字。选择"选择"工具 ▶ ，在属性栏中选择合适的字体并设置文字的大小。按 Alt+↓ 组合键适当调整文字的行距。设置填充色为淡黑色（其CMYK 值分别为 0、0、0、80），填充文字，效果如图 16-215 所示。

扫码观看
本案例视频

图 16-211

图 16-212

图 16-213

图 16-214

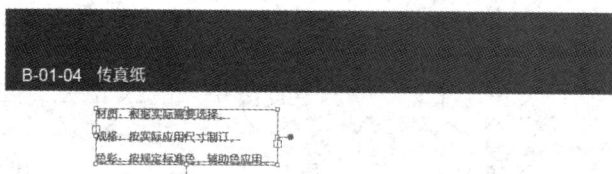

图 16-215

（3）选择"矩形"工具 ▢ ，在页面中单击，弹出"矩形"对话框，选项的设置如图 16-216 所示，单击"确定"按钮，得到一个矩形。选择"选择"工具 ▶ ，拖曳矩形到页面中适当的位置。在属性栏中将"描边粗细"选项设置为 0.25 pt，设置填充色为白色，效果如图 16-217 所示。

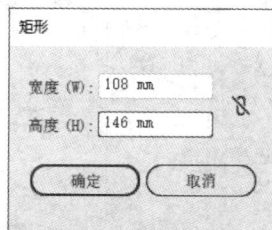

图 16-216

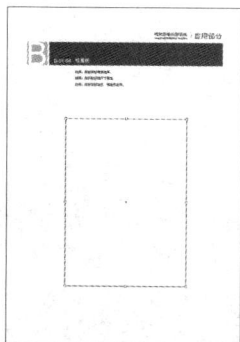

图 16-217

（4）选择"速益达科技标志.ai"文件。选择"选择"工具 ▶，选取需要的标志和标准字，按 Ctrl+C 组合键复制。选择正在编辑的页面，按 Ctrl+V 组合键将复制的标志和标准字粘贴到页面中，分别拖曳复制的标志和标准字到适当的位置并调整其大小，效果如图 16-218 所示。

图 16-218

（5）选择"文字"工具 T，在页面中输入需要的文字。选择"选择"工具 ▶，在属性栏中选择合适的字体并设置文字的大小，效果如图 16-219 所示。

（6）选择"文字"工具 T，在页面中分别输入需要的文字。选择"选择"工具 ▶，在属性栏中分别选择合适的字体并设置文字的大小，效果如图 16-220 所示。

图 16-219

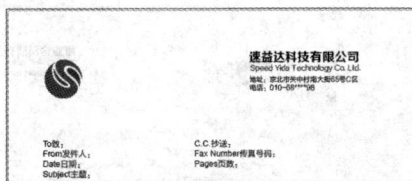

图 16-220

（7）将输入的文字同时选取，在"字符"控制面板中，将"设置行距"选项设置为 23 pt，其他选项的设置如图 16-221 所示。按 Enter 键确定操作，效果如图 16-222 所示。

（8）选择"直线段"工具 ，按住 Shift 键的同时，在适当的位置绘制一条直线段。在属性栏中将"描边粗细"选项设置为 0.25 pt，效果如图 16-223 所示。

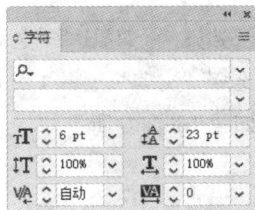

图 16-221

图 16-222

图 16-223

（9）选择"选择"工具 ▶，按住 Alt+Shift 组合键的同时，垂直向下拖曳直线段到适当的位置，复制一条直线段，效果如图 16-224 所示。连续按 Ctrl+D 组合键，按需要再复制出多条直线段，效果如图 16-225 所示。

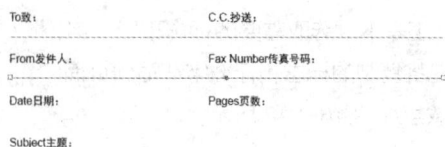

图 16-224

图 16-225

（10）选择"文字"工具 T，在页面中输入需要的文字。选择"选择"工具 ▶，在属性栏中选择合适的字体并设置文字的大小，效果如图 16-226 所示。

（11）传真纸就制作完成了，效果如图 16-227 所示。按 Shift+Ctrl+S 组合键弹出"存储为"对话框，将文件命名为"传真纸"，选择 AI 格式，单击"保存"按钮，保存文件。

图 16-226

图 16-227

16.1.14　制作员工胸卡

（1）按 Ctrl+O 组合键，打开云盘中的"Ch16 > 效果 > 速益达科技 VI 手册设计 > 模板 B.ai"文件，如图 16-228 所示。选择"文字"工具 T，选取文字，如图 16-229 所示，输入需要的文字，效果如图 16-230 所示。

扫码观看
本案例视频

图 16-228

图 16-229

图 16-230

（2）用相同的方法更改其他文字，效果如图 16-231 所示。选择"文字"工具 T，在适当的位置输入需要的文字。选择"选择"工具 ▶，在属性栏中选择合适的字体并设置文字的大小。按 Alt+↓ 组合键适当调整文字的行距。设置填充色为淡黑色（其 CMYK 值分别为 0、0、0、80），填充文字，效果如图 16-232 所示。

图 16-231

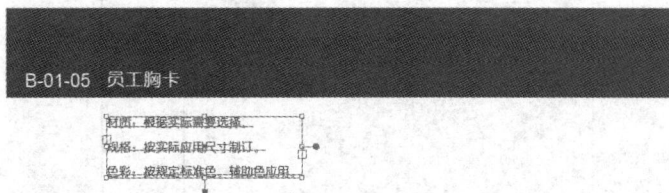

图 16-232

（3）选择"圆角矩形"工具 ▣，在页面中单击，弹出"圆角矩形"对话框，设置如图 16-233 所示。单击"确定"按钮，得到一个圆角矩形，如图 16-234 所示。

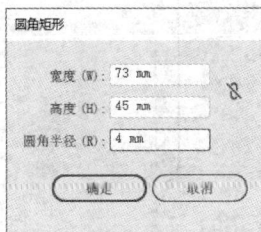

图 16-233

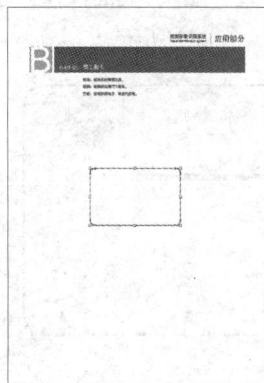

图 16-234

（4）选择"速益达科技标志.ai"文件。选择"选择"工具 ▶，选取需要的标志图形，按 Ctrl+C 组合键复制。选择正在编辑的页面，按 Ctrl+V 组合键将复制的标志图形粘贴到页面中，拖曳复制的标志图形到适当的位置并调整其大小，效果如图 16-235 所示。

（5）选择"矩形"工具 ▣，在适当的位置绘制一个矩形，设置填充色为灰色（其 CMYK 值分别为 0、0、0、10），填充图形，设置描边色为无，效果如图 16-236 所示。

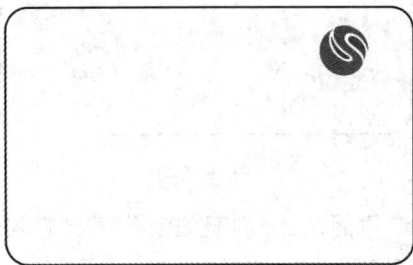

图 16-235

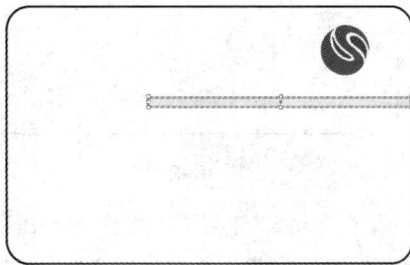

图 16-236

（6）选择"选择"工具 ▶，按 Ctrl+C 组合键复制矩形，按 Ctrl+F 组合键将复制的矩形粘贴在前面，设置填充色为青色（其 CMYK 值分别为 100、0、0、0），填充矩形。拖曳矩形右侧中间的控制点，调整其大小，效果如图 16-237 所示。再复制一个矩形，设置填充色为深蓝色（其 CMYK 值分别为 100、70、0、0），填充矩形，并调整其大小，效果如图 16-238 所示。

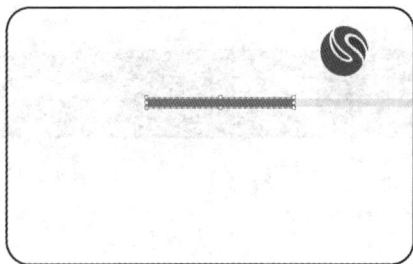
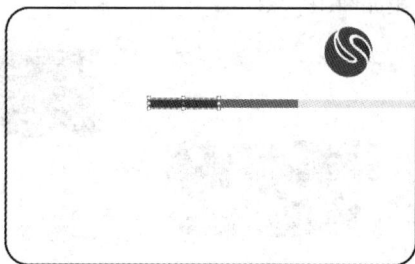

图 16-237   图 16-238

（7）选择"矩形"工具，在适当的位置再绘制一个矩形，如图 16-239 所示。选择"窗口 > 描边"命令，弹出"描边"控制面板，勾选"虚线"复选框，数值框被激活，设置各选项如图 16-240所示，效果如图 16-241 所示。

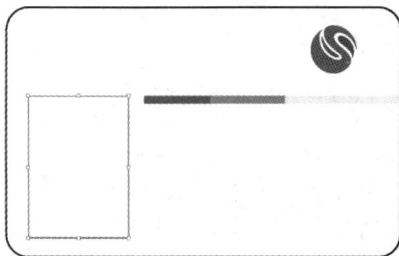

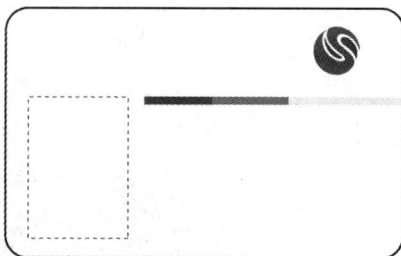

图 16-239   图 16-240   图 16-241

（8）选择"直排文字"工具，输入所需要的文字。选择"选择"工具，在属性栏中选择合适的字体并设置文字的大小。按 Alt+ → 组合键适当调整文字的字距，效果如图 16-242 所示。选择"直线段"工具，按住 Shift 键的同时，在适当的位置绘制出一条直线段，如图 16-243 所示。

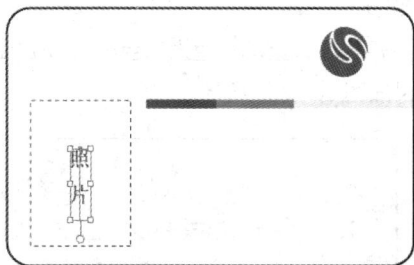
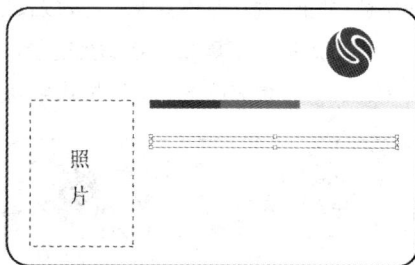

图 16-242   图 16-243

（9）选择"选择"工具，按住 Alt+Shift 组合键的同时，垂直向下拖曳直线段到适当的位置，复制一条直线段。连续按 Ctrl+D 组合键，复制出多条直线段，效果如图 16-244 所示。选择"文字"工具，分别在适当的位置输入需要的文字。选择"选择"工具，在属性栏中选择合适的字体并设置文字的大小，文字的效果如图 16-245 所示。

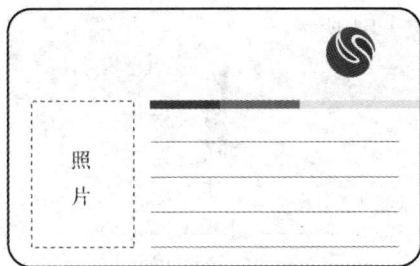

图 16-244

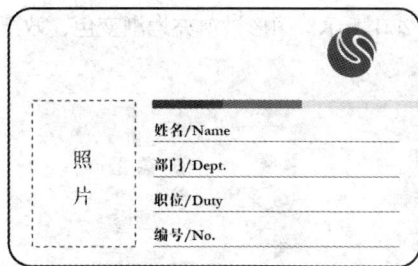

图 16-245

（10）选择"圆角矩形"工具 ▣，在页面中单击，弹出"圆角矩形"对话框，在对话框中进行设置，如图 16-246 所示。单击"确定"按钮，得到一个圆角矩形，拖曳圆角矩形到适当的位置，如图 16-247 所示。

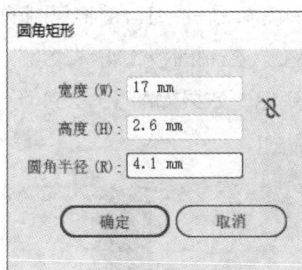

图 16-246

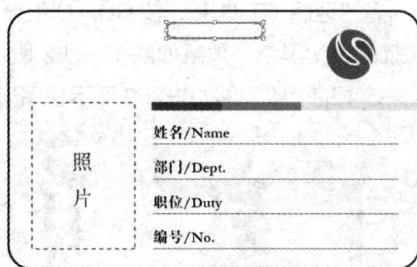

图 16-247

（11）选择"矩形"工具 ▣，在适当的位置绘制一个矩形。设置填充色为白色，在属性栏中将"描边粗细"选项设置为 0.5pt，按 Enter 键确定操作，效果如图 16-248 所示。选择"钢笔"工具 ✐，绘制一个图形，设置描边色为灰色（其 CMYK 值分别为 0、0、0、75），效果如图 16-249 所示。

图 16-248

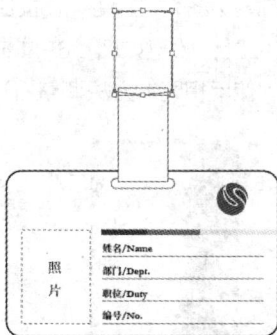

图 16-249

（12）双击"渐变"工具 ▣，弹出"渐变"控制面板，选中"线性渐变"按钮 ▣，在色带上设置 5 个渐变滑块，分别将渐变滑块的位置设置为 0%、68%、75%、97%、100%，并设置 CMYK 值分别为 0（0、0、0、0）、68（0、0、0、0）、75（0、0、0、83）、97（0、0、0、51）、100（0、0、0、51）。选中色带上方的渐变滑块，将其位置设置为 13%、35%、71%、50%，其他选项的设置如图 16-250 所示，图形被填充为渐变色，效果如图 16-251 所示。

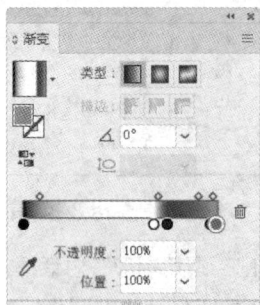

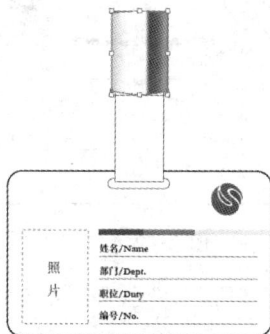

图 16-250　　　　　　　　　　　　　　图 16-251

（13）选择"选择"工具，按 Ctrl+C 组合键复制图形，按 Ctrl+F 组合键将复制的图形粘贴在前面，设置描边色为黑色，效果如图 16-252 所示。选择"渐变"控制面板，将"角度"选项设置为180°，其他选项的设置如图 16-253 所示，图形被填充为渐变色，效果如图 16-254 所示。

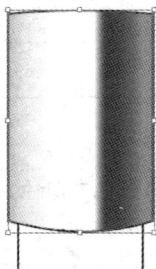
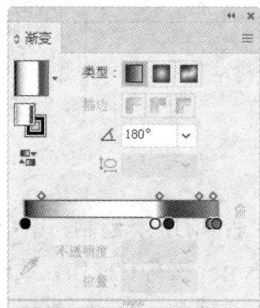

图 16-252　　　　　　　　图 16-253　　　　　　　　图 16-254

（14）选择"直接选择"工具，按住 Shift 键的同时，选取上方的两个节点，按一次↓方向键，适当调整节点的位置，效果如图 16-255 所示。选取左边的节点，拖曳控制点调整弧度，效果如图 16-256 所示。使用相同的方法调整右边的节点，效果如图 16-257 所示。

图 16-255　　　　　　　　图 16-256　　　　　　　　图 16-257

（15）选择"椭圆"工具，按住 Shift 键绘制一个圆形，如图 16-258 所示。选择"选择"工具，按 Ctrl+C 组合键复制图形，按 Ctrl+F 组合键将复制的图形粘贴在前面。按住 Shift+Alt 组合键向内拖曳控制点，等比例缩小图形，如图 16-259 所示。

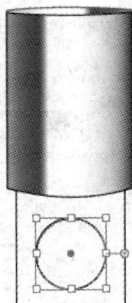
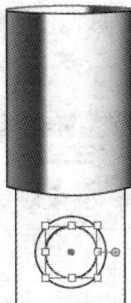

图 16-258　　　　　　　　　图 16-259

（16）选择"选择"工具 ▶，按住 Shift 键，单击两个圆形，将其同时选取。选择"窗口 > 路径查找器"命令，弹出"路径查找器"控制面板。单击"差集"按钮 ▣，如图 16-260 所示，将生成新的对象，如图 16-261 所示。

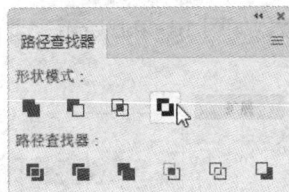
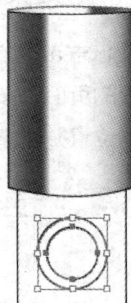

图 16-260　　　　　　　　　图 16-261

（17）双击"渐变"工具 ▣，弹出"渐变"控制面板，选中"线性渐变"按钮 ▣，在色带上设置 5 个渐变滑块，分别将渐变滑块的位置设置为 0%、69%、80%、96%、100%，并设置 CMYK 值分别为 0（0、0、0、100）、69（0、0、0、100）、80（0、0、0、0）、96（0、0、0、100）、100（0、0、0、100）。选中色带上方的渐变滑块，将其位置设置为 50%、61%、54%、50%，其他选项的设置如图 16-262 所示，图形被填充为渐变色。设置图形的笔触颜色为无，效果如图 16-263 所示。

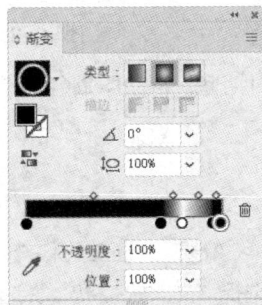
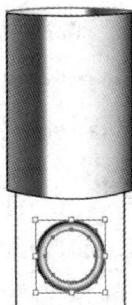

图 16-262　　　　　　　　　图 16-263

（18）选择"选择"工具 ▶，按住 Shift 键的同时，单击需要的图形，将其同时选取，如图 16-264

所示。按住 Alt 键的同时，向下拖曳图形到适当的位置，复制一组图形，效果如图 16-265 所示。

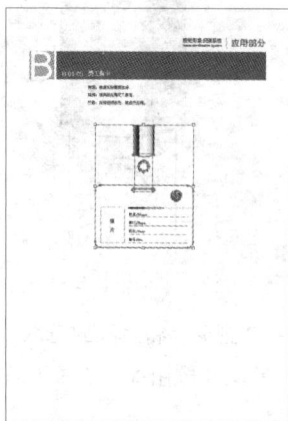

<table>
<tr><td>图 16-264</td><td>图 16-265</td></tr>
</table>

（19）选择"速益达科技标志.ai"文件。选择"选择"工具 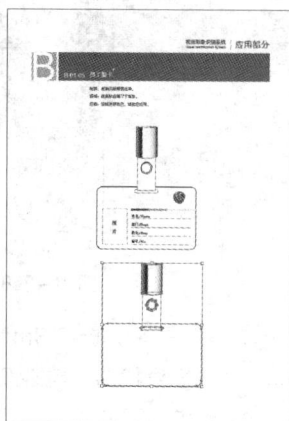，选取需要的标志和标准字，按 Ctrl+C 组合键复制。选择正在编辑的页面，按 Ctrl+V 组合键将复制的标志和标准字粘贴到页面中，拖曳复制的标志和标准字到适当的位置并调整其大小，效果如图 16-266 所示。员工胸卡就制作完成了，效果如图 16-267 所示。

<table>
<tr><td>图 16-266</td><td>图 16-267</td></tr>
</table>

（20）按 Shift+Ctrl+S 组合键弹出"存储为"对话框，将文件命名为"员工胸卡"，选择 AI 格式，单击"保存"按钮，保存文件。

16.1.15　制作文件夹

（1）按 Ctrl+O 组合键，打开云盘中的"Ch16 > 效果 > 速益达科技 VI 手册设计 > 模板 B.ai"文件，如图 16-268 所示。选择"文字"工具 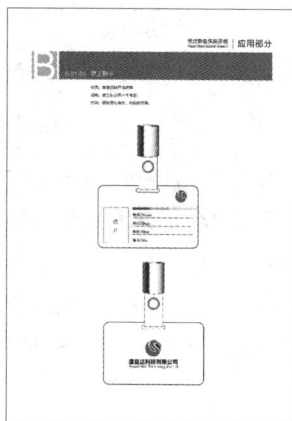，选取文字，如图 16-269 所示，输入需要的文字，效果如图 16-270 所示。

扫码观看
本案例视频

图 16-268

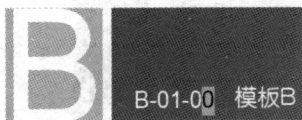

图 16-269

图 16-270

（2）用相同的方法更改其他文字，效果如图 16-271 所示。选择"文字"工具 T，在适当的位置输入需要的文字。选择"选择"工具 ▶，在属性栏中选择合适的字体并设置文字的大小。按 Alt+↓ 组合键适当调整文字的行距。设置填充色为淡黑色（其 CMYK 值分别为 0、0、0、80），填充文字，效果如图 16-272 所示。

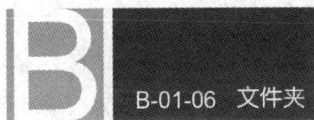

图 16-271

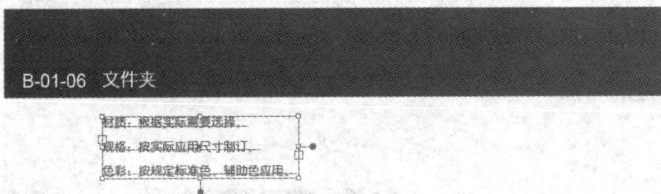

图 16-272

（3）选择"矩形"工具 ▣，在页面中单击，弹出"矩形"对话框，在对话框中进行设置，如图 16-273 所示。单击"确定"按钮，得到一个矩形。设置填充色为白色，并设置描边色为灰色（其 CMYK 值分别为 0、0、0、50），如图 16-274 所示。

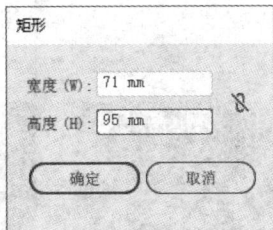

图 16-273

图 16-274

（4）选择"选择"工具 ▶，按 Ctrl+C 组合键复制图形，按 Ctrl+F 组合键将复制的图形粘贴在前面。选取复制的图形上方中间的控制点，向下拖曳到适当的位置，效果如图 16-275 所示。设置填充色为青色（其 CMYK 值分别为 100、0、0、0），填充图形，效果如图 16-276 所示。

（5）选择"矩形"工具 ▣，再绘制一个矩形，设置填充色为白色，并设置描边色为灰色（其

CMYK 值分别为 0、0、0、50），效果如图 16-277 所示。

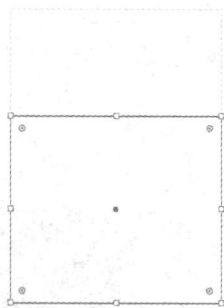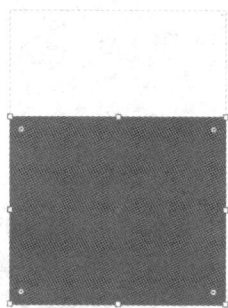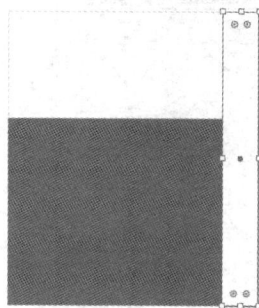

图 16-275 图 16-276 图 16-277

（6）选择"直线段"工具 ，按住 Shift 键的同时，在适当的位置绘制出一条直线段。在属性栏中将"描边粗细"选项设置为 3pt，设置描边色为淡灰色（其 CMYK 值分别为 0、0、0、30），效果如图 16-278 所示。

（7）选择"选择"工具 ，用框选的方法将左侧两个矩形和直线段同时选取，如图 16-279 所示。按住 Alt 键的同时，拖曳图形到适当的位置，复制图形，如图 16-280 所示。选择"选择"工具 ，选取中间的矩形，如图 16-281 所示。

图 16-278 图 16-279

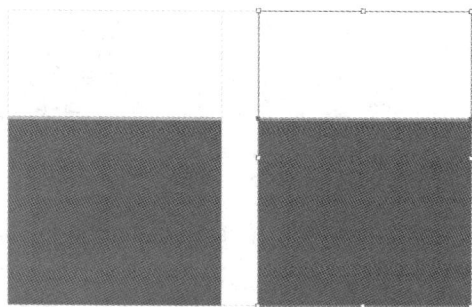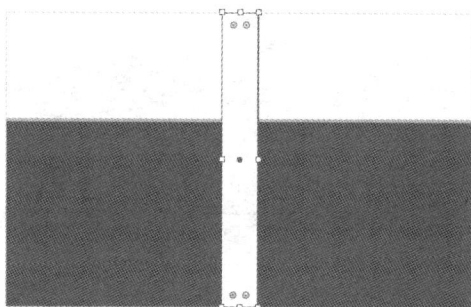

图 16-280 图 16-281

（8）按 Ctrl+C 组合键复制矩形，按 Ctrl+F 组合键将复制的矩形粘贴在前面。选取复制的矩形上方中间的控制点，向下拖曳到适当的位置，如图 16-282 所示。设置填充色为青色（其 CMYK 值分别为 100、0、0、0），填充矩形，效果如图 16-283 所示。

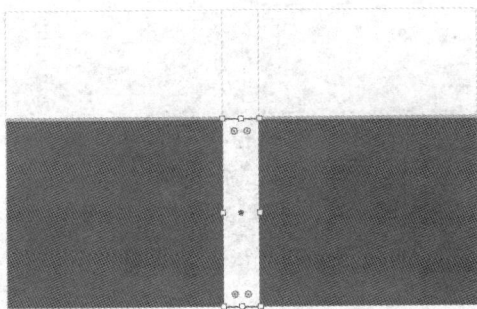
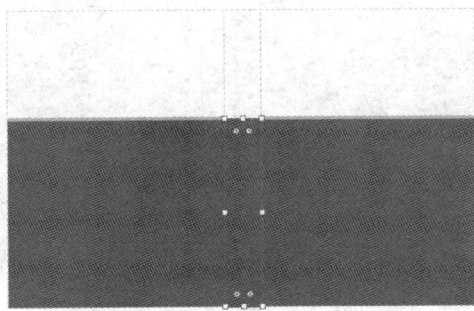

图 16-282　　　　　　　　　　　　图 16-283

（9）选择"矩形"工具 ▣，绘制一个矩形。在属性栏中将"描边粗细"选项设置为 0.25pt，设置填充色为灰色（其 CMYK 值分别为 0、0、0、30），填充图形，效果如图 16-284 所示。选择"选择"工具 ▶，按 Ctrl+C 组合键复制图形，按 Ctrl+F 组合键将复制的图形粘贴在前面，调整其大小，设置填充色为白色，设置描边色为无，如图 16-285 所示。

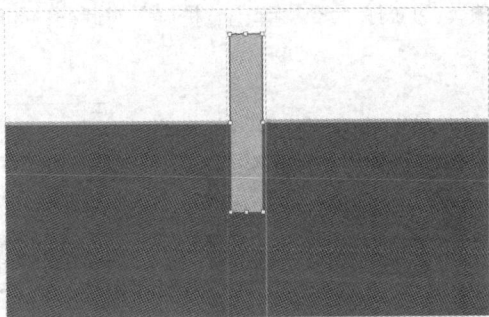

图 16-284　　　　　　　　　　　　图 16-285

（10）选择"圆角矩形"工具 ▢，在页面中单击，弹出"圆角矩形"对话框，在对话框中进行设置，如图 16-286 所示。单击"确定"按钮，得到一个圆角矩形。设置填充色为无，设置描边色为淡灰色（其 CMYK 值分别为 0、0、0、30），如图 16-287 所示。

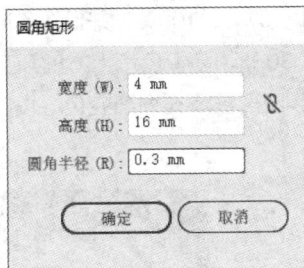
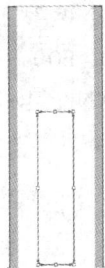

图 16-286　　　　　　　　　　　　图 16-287

（11）选择"椭圆"工具 ◯，按住 Shift 键，绘制一个圆形，设置描边色为灰色（其 CMYK 值分别为 0、0、0、80），如图 16-288 所示。选择"椭圆"工具 ◯，按住 Shift 键再绘制一个圆形，设置填充色为白色，设置描边色为无，如图 16-289 所示。

图 16-288

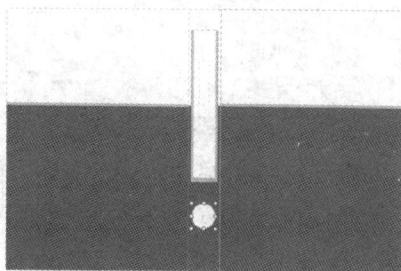

图 16-289

（12）选择"选择"工具 ▶，按 Ctrl+C 组合键复制圆形，按 Ctrl+F 组合键将复制的圆形粘贴在前面，向右微调圆形的位置。设置填充色为无，并设置描边色为灰色（其 CMYK 值分别为 0、0、0、80）。在属性栏中将"描边粗细"选项设置为 2pt，效果如图 16-290 所示。

（13）按 Ctrl+C 组合键复制圆形，按 Ctrl+F 组合键将复制的圆形粘贴在前面，设置描边色为白色，微调圆形到适当的位置，效果如图 16-291 所示。

（14）再复制一个圆形，选择"对象 > 扩展"命令，弹出"扩展"对话框，如图 16-292 所示，单击"确定"按钮，扩展圆形。

图 16-290

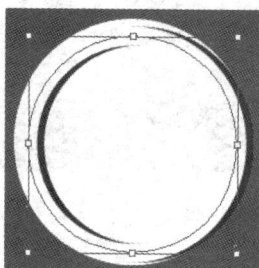

图 16-291

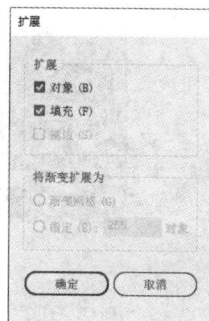

图 16-292

（15）双击"渐变"工具 ▥，弹出"渐变"控制面板，选中"线性渐变"按钮 ▮，在色带上设置 3 个渐变滑块，分别将渐变滑块的位置设置为 0%、57%、100%，并设置 CMYK 值分别为 0（0、0、0、0）、57（0、0、0、50）、100（0、0、0、30）。选中色带上方的渐变滑块，将其位置设置为 50%、50%，其他选项的设置如图 16-293 所示，图形被填充为渐变色，设置图形的笔触颜色为无，效果如图 16-294 所示。

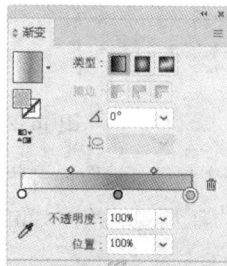

图 16-293

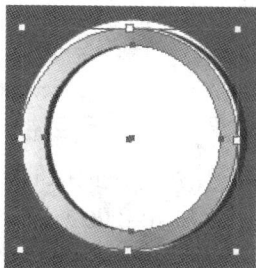

图 16-294

（16）选择"速益达科技标志.ai"文件。选择"选择"工具 ▶，选取需要的标志和标准字，按 Ctrl+C 组合键复制。选择正在编辑的页面，按 Ctrl+V 组合键将复制的标志和标准字粘贴到页面中，拖曳复制的标志和标准字到适当的位置并调整其大小，效果如图 16-295 所示。

图 16-295

（17）选择"矩形"工具 ▢，在适当的位置绘制一个矩形。在属性栏中将"描边粗细"选项设置为 0.25 pt，按 Enter 键确定操作，效果如图 16-296 所示。

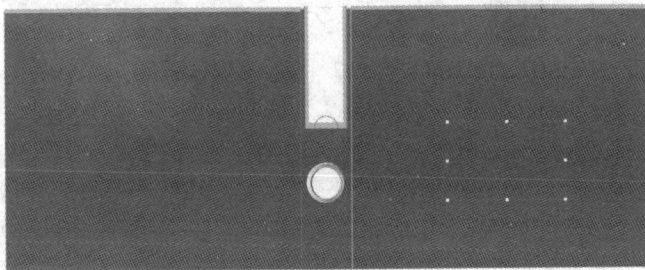

图 16-296

（18）选择"选择"工具 ▶，按 Ctrl+C 组合键复制图形，按 Ctrl+F 组合键将复制的图形粘贴在前面。按住 Shift+Alt 组合键，向内等比例缩小图形到适当的大小，设置填充色为白色，如图 16-297 所示。

（19）按 Ctrl+C 组合键复制图形，按 Ctrl+F 组合键将复制的图形粘贴在前面。选取复制的图形下方中间的控制点，向上拖曳到适当的位置。设置填充色为蓝色（其 CMYK 值分别为 100、70、0、0），填充图形，设置描边色为无，效果如图 16-298 所示。

图 16-297

图 16-298

（20）使用相同的方法再制作出一个矩形，设置填充色为灰色（其 CMYK 值分别为 0、0、0、30），填充图形，效果如图 16-299 所示。使用"文字"工具 T 和"直线段"工具 ／ 制作出图 16-300 所示的效果。

图 16-299

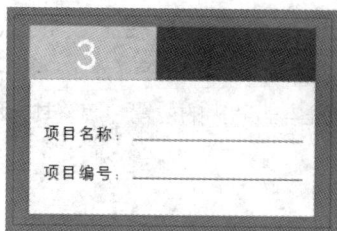

图 16-300

（21）选择"圆角矩形"工具 ▣，绘制一个圆角矩形。设置填充色为无，设置描边色为灰色（其 CMYK 值分别为 0、0、0、50），如图 16-301 所示。选择"选择"工具 ▶，按 Ctrl+C 组合键复制图形，按 Ctrl+F 组合键将复制的图形粘贴在前面。按 Shift+Alt 组合键向内等比例缩小图形到适当的大小，设置填充色为白色，如图 16-302 所示。

图 16-301

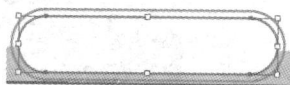

图 16-302

（22）选择"圆角矩形"工具 ▣，再绘制一个圆角矩形。双击"渐变"工具 ▣，弹出"渐变"控制面板，选中"线性渐变"按钮 ▣，在色带上设置 3 个渐变滑块，分别将渐变滑块的位置设置为 0%、50%、100%，并设置 CMYK 值分别为 0（0、0、0、72）、50（0、0、0、0）、100（0、0、0、82）。选中色带上方的渐变滑块，将其位置设置为 50%、50%，其他选项的设置如图 16-303 所示，图形被填充为渐变色。设置图形的描边色为无，效果如图 16-304 所示。

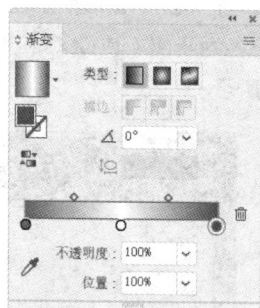

图 16-303

图 16-304

（23）选择"选择"工具 ▶，按住 Shift 键，单击需要的圆角矩形，将其同时选取。按住 Alt 键的同时，拖曳图形到适当的位置，复制图形，如图 16-305 所示。

（24）选择"文字"工具 T，输入需要的文字。选择"选择"工具 ▶，在属性栏中选择合适的字体并设置文字的大小，设置填充色为白色，效果如图 16-306 所示。

图 16-305

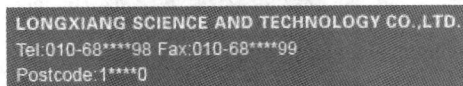

LONGXIANG SCIENCE AND TECHNOLOGY CO.,LTD.
Tel:010-68****98 Fax:010-68****99
Postcode:1****0

图 16-306

（25）选择"选择"工具 ▶，选取背景白色矩形，按 Ctrl+C 组合键复制图形，按 Ctrl+B 组合键将复制的图形粘贴在后面，拖曳图形到适当的位置，效果如图 16-307 所示。设置填充色为淡灰色（其 CMYK 值分别为 0、0、0、10），填充图形，并设置描边色为无，效果如图 16-308 所示。

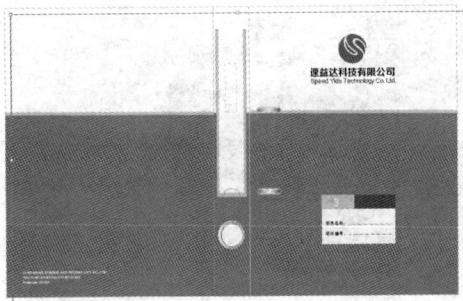

图 16-307

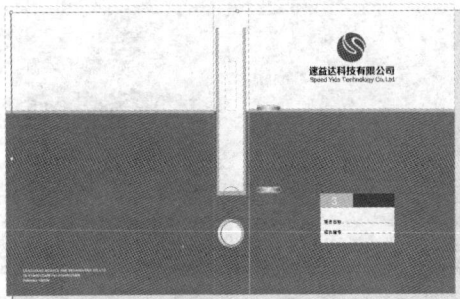

图 16-308

（26）选择"选择"工具 ▶，按住 Shift 键的同时，将需要的图形和文字同时选取，效果如图 16-309 所示。按住 Alt 键的同时，拖曳图形到适当的位置，复制图形，如图 16-310 所示。

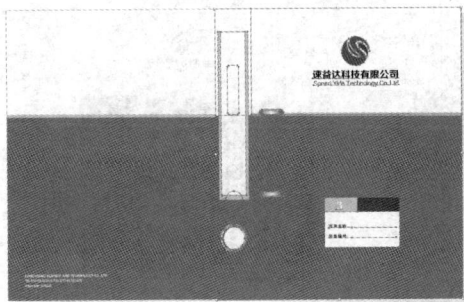

图 16-309

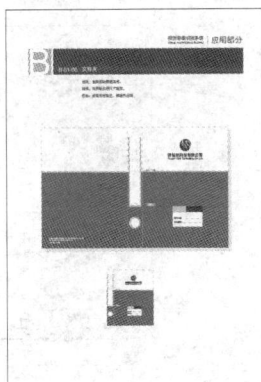

图 16-310

（27）选择"选择"工具 ▶，使用框选的方法选取需要的图形和文字，如图 16-311 所示。选择"倾斜"工具 ，按住 Alt 键的同时，在选中的图形左侧底部的节点上单击，弹出"倾斜"对话框，选项的设置如图 16-312 所示。单击"确定"按钮，将图形和文字倾斜，效果如图 16-313 所示。选择"选择"工具 ▶️ ，使用框选的方法选取需要的图形，如图 16-314 所示。

图 16-311

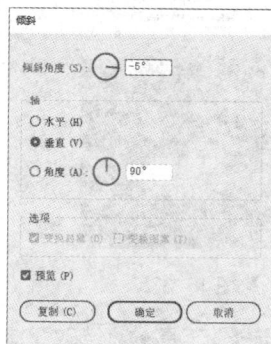

图 16-312

图 16-313

图 16-314

（28）选择"倾斜"工具 ，按住 Alt 键的同时，在选中的图形的右侧底部的节点上单击，弹出"倾斜"对话框，选项的设置如图 16-315 所示。单击"确定"按钮，将图形倾斜，效果如图 16-316 所示。

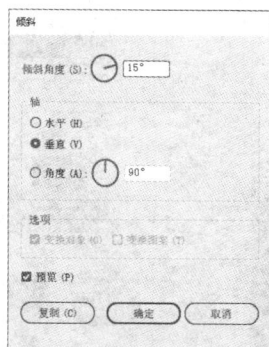

图 16-315

图 16-316

（29）选择"矩形"工具 ，沿着左侧边缘绘制一个矩形。在属性栏中将"描边粗细"选项设置为 0.25pt，设置填充色为灰色（其 CMYK 值分别为 0、0、0、40），填充图形，效果如图 16-317 所示。

（30）选择"直接选择"工具 ，按住 Shift 键的同时，依次选取需要的节点，按↑方向键，微调节点到适当的位置，效果如图 16-318 所示。

（31）按 Ctrl+Shift+ [组合键将图形置于底层，在页面的空白处单击，取消图形的选取状态，效果如图 16-319 所示。文件夹就制作完成了。

图 16-317

图 16-318

图 16-319

（32）按 Shift+Ctrl+S 组合键弹出"存储为"对话框，将文件命名为"文件夹"，选择 AI 格式，单击"保存"按钮，保存文件。

16.2 课后习题——伯仑酒店 VI 手册设计

习题知识要点

在 Illustrator 中，使用"矩形"工具、"变换"控制面板、"椭圆"工具和"文字"工具制作模板 A 和模板 B，使用"矩形网格"工具绘制需要的网格，使用"直线段"工具和"文字"工具对图形进行标注，使用"矩形"工具、"混合"工具和"文字"工具制作标准色，使用"矩形"工具、"钢笔"工具和"镜像"工具制作信封，使用"矩形"工具、"渐变"工具和"直线段"工具制作文件夹。

效果所在位置

云盘 > Ch16 > 效果 > 伯仑酒店 VI 手册设计 > 模板 A.ai、模板 B.ai、标志组合规范.ai、标准色.ai、公司名片.ai、信封.ai、纸杯.ai、文件夹.ai，效果如图 16-320 所示。

图 16-320

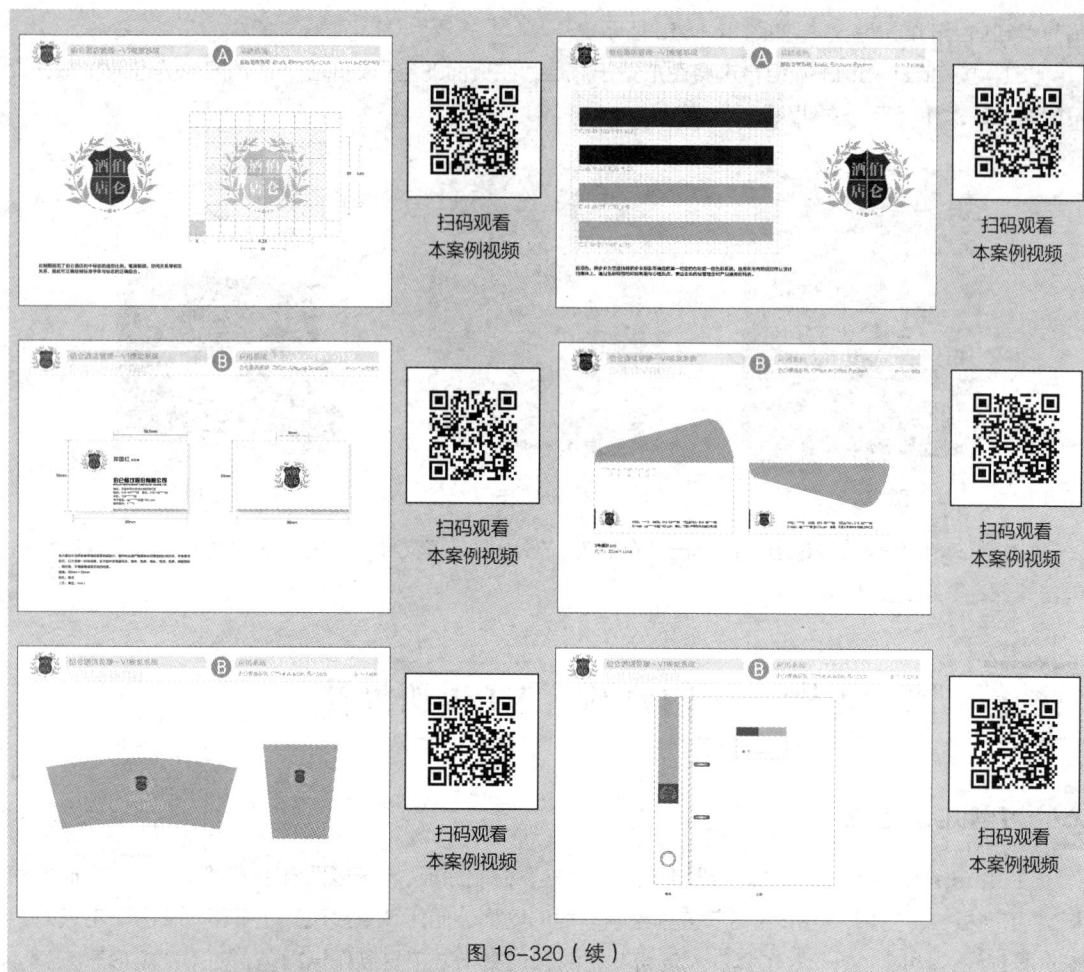

图 16-320（续）

扫码观看
本案例视频

扫码观看
本案例视频

扫码观看
本案例视频

扫码观看
本案例视频

扫码观看
本案例视频

扫码观看
本案例视频